心理院単

1500 Top Words for Grad. School Exams in Psychology

臨床心理士／公認心理師
指定大学院入試のための
必須英単語
1500

山崎有紀子 著

ナツメ社

Contents

はしがき ……………………………… 3
本書の特長と成り立ち ……………… 4
大学院入試対策と本書の活用法 …… 8
本書で使用した記号 ………………… 12

専門用語 ……………………………… 13
 臨床心理学・精神医学 …………… 14
 発達心理学 ………………………… 62
 研究法・統計学 …………………… 76
 社会心理学 ………………………… 92
 感覚・知覚・認知心理学 ………… 102
 学習心理学 ………………………… 118
 生理・神経心理学 ………………… 126
 性格・知能 ………………………… 134
 動機づけ・感情心理学 …………… 142

一般用語 …………………………… 151

付録
 【必修キーパーソン】……………… 214
 【対専門用語】……………………… 228

INDEX［単語索引］………………… 243

- コーパス作成：山崎真司
- 制作協力：石田英伸，川崎恵実，杉浦悠子，
    武井茉里，湊口碧，宮地景子，脇璃香子，
    Peter Brewerton，ローラ嶋本（順不同）
- デザイン協力：水鳥智弘［M-CRAFT］
- 編集協力：山田吉之［エディット］
- 編集担当：山路和彦［ナツメ出版企画］

はしがき

　心理系大学院受験対策の講師という，少し珍しい（？）仕事をはじめて10年以上が経ちます。当時も心理系大学院，特に臨床心理士指定大学院の受験希望者は多かったのですが，依然として競争率の高い状況が続いています。

　受験対策の中でも，特に**心理英語の受験勉強を独学で進めることは難しいと感じている受験生は多い**ようです。「志望大学院の英語の過去問を訳したり，洋書の心理学入門テキストなどを読んだりしているけれど，果たして自分の和訳が正しいのか，特に英単語の訳がこれで合っているのか自分で判断するのは限界がある」という受験生の悩みを聞いたことは数えきれないほどあります。

　確かに受験生の英文和訳を添削すると，英文構造も内容も正しく理解できている「優秀な受験生」でさえ，適切な訳で英単語が訳せていなかったり，心理学の専門用語をそれと気づかず誤訳していることが多く，非常に「惜しい」と感じることがよくあります。もちろん，英単語さえ正しく訳すことができれば英文が読めるようになるなんてことはありません。英文法が苦手な人は英文法をきちんと復習してほしいのですが，心理学の専門用語，頻出単語の正しい訳し方をマスターしておくことは心理学の英文を正しく理解するための近道です。

　本書では，**心理学の英文で頻出の英単語を厳選し，心理英語を読むときに「使える」訳し方を優先して掲載しています**。まずはこの本に掲載されている英単語を覚えることで，英和辞書を引く回数は格段に減少し，**心理英語を読むために必要な語彙を効率的に身につけることができる**でしょう。この本を上手に活用し，心理学の英文ならではの単語の訳し方，読解のスピードアップに役立ててください。

　最後に。心理学の英文を読めるようになることは，将来皆さんが研究者であれ臨床家であれ，心理学の専門家として活躍する際に必ず役に立つ武器になります。大学院入学後も，そして修了後も，研究や実践場面で最新の専門知識を得るために，ぜひこの武器を磨き続けてほしいと思います。

山崎有紀子

本書の特長と成り立ち

1. 本書の成り立ち

　心理系大学院受験における英語の勉強は，大学受験の英語の勉強とは少し異なる点があります。英文法の知識や読解力が必要な点は同じですが，大学院受験では主に心理学の専門的な文章から英文が出題されるため，心理英語に特化した語彙力が必要です。そのため，**まずは心理学で使用する英単語に絞り込んで集中的に覚えることが英語の勉強の近道となります。**

　本書では，臨床心理士／公認心理師指定大学院の過去問に的を絞り，出題頻度の高い単語を収録しました。本書に掲載されている英単語を身につけることで，心理系大学院受験に必要な英単語を効率的に学習することが期待されます。

2. 本書の特長

　心理系大学院を目指す受験生が効率的に心理英語を勉強できることを目指し，本書を作成しました。

　本書の主な特徴として，以下の3点があります。

1．臨床心理士／公認心理師指定大学院受験に特化した英単語

　臨床心理士／公認心理師指定大学院の過去問を分析し，受験に特化した英単語を厳選しました。そのため，本書では臨床心理士／公認心理師指定大学院受験で「よく出る」英単語に焦点を当てて掲載しています。

2．英単語を頻出順に掲載

　本書では，英単語は頻出順に掲載されています。本書を利用する

ことで，優先的に覚えるべき英単語が把握でき，効率的に学習することができます。

3．心理学の勉強にも利用できる例文

比較的易しい英文構造を使って，心理学やその周辺領域に関する例文を作りました。英文読解の練習に使えるのはもちろんのこと，心理学の勉強にも役立つような内容で構成しています。

3. 心理院単と「データベース」の使用

本書では頻出の英単語を選ぶために，日本臨床心理士資格認定協会の指定大学院・専門職大学院75校の過去問を最大5年分収集し，ここから得られた8960の英文をすべてデータベースに入力しました。データはエヌグラム（n-gram）と呼ばれる手法を使い，出現した単語および熟語79347語を出現回数に基づいて順位をつけ，「コーパス」と呼ばれる英単語のデータベースを作成しました。

今回作成したコーパスは一般的なコーパスと異なります。例えばFreudが出現順位1109位，つまり1109番目によく使われており，またsuperegoが6100番目によく使われるというように，**心理系大学院受験に特化したデータベースになっています**。

4. 単語の選択について

本書ではコーパスから出現頻度が高く，かつ心理系大学院受験において重要な単語を掲載しています。例えば，次のような専門用語を掲載しています。パーソナリティ personality（178位），心理療法 psychotherapy（211位），フォーカシング focusing（4076位），誘因 incentive（6101位）。

これらの専門用語については，分野別に整理し，最終的に**「臨床心理学・精神医学」**，**「発達心理学」**，**「研究法・統計学」**，**「社会心理学」**，

「感覚・知覚・認知心理学」、「学習心理学」、「生理・神経心理学」、「性格・知能」、「動機づけ・感情心理学」の9分野にまとめました。この9分野の掲載順も、過去問での頻度に従ったものとなっています。今回使用した過去問の設問がどの分野に属するかという出題比率は下表のとおりです。なお、「その他」は心理学以外の一般的な英文となります。

1. 臨床心理学・精神医学	40.5%
2. その他	15.0%
3. 発達心理学	10.1%
4. 研究法・統計学	9.3%
5. 社会心理学	6.2%
6. 感覚・知覚・認知心理学	5.7%
7. 学習心理学	5.3%
8. 生理・神経心理学	3.5%
8. 性格・知能	3.5%
10. 動機づけ・感情心理学	0.9%

　大学院受験における英語問題の出題傾向として、例年、臨床心理学・精神医学の分野や発達心理学の分野など、特定の心理学のジャンルのみから英文を出題する大学院もあります。大学院の出題傾向に合った分野を特に重点的に学習することは重要ですが、問題の出題傾向は変わることもありますので、**過去問で出ている分野のみに限定せず全分野について勉強することをおすすめします。**ただし、その時にもこの本の前に掲載した分野から順番に覚えていくのが効率的です。

　また、この本では専門の単語以外にも一般用語も掲載しています。これらの単語には、心理英語を読む上で頻出の覚えておくべき英単語や、心理学の多領域で使用されている単語、心理英語の文脈では訳し方に特徴のある単語をピックアップしています。こちらも出現頻度順に載せていますので、前から順番に覚えていくと効率的です。

例えば、観点 viewpoint（2402位）や、学部生 undergraduate（7998位）といった単語はよく出てきますので、受験生にとっては必ず覚えておくべき単語となります。また、attribute（3043位）という単語は通常は「属性，特性」や「～のせいにする」と訳しますが、心理系英語では「（原因）帰属」や「（原因）帰属させる」といったように訳すこともあります。このように**心理学の大学院受験では、訳し方に注意しないといけない英単語もあります**。英語力に自信がある方は、ぜひ例文の訳し方を参考にしてみてください。

5. 例文作成の方針について

　本書ではそれぞれの単語について意味と同時に例文を記載しています。例文はコーパスにある用例の他、心理学の教科書、雑誌、論文などからも用例を集め、それらの用例に省略、加筆や書き換えを行って作成しました。**例文の内容は、受験勉強の役に立つよう心理学の内容を中心に掲載しています**。大学院入試に出題されそうな例文になるように、また読むだけで心理英語に親しめるように配慮しました。

　なお、各例文は文字数の都合もあり、あまり複雑な構文のものは避け、中程度の難易度になるように作っています。また、英文和訳の自宅学習にも利用できるよう、和訳は出来うるかぎり直訳で訳すように心がけました。中には直訳であるために、日本語としてぎこちない和訳もありますが、これは読者が英文と和訳を照らし合わせたときに、英文の構造が理解できることを優先したためです。

　実際の大学院受験の長文問題では本書の例文よりも複雑な文も出てきますが、本書の例文がすべて英文構造も理解した上でスラスラ和訳できるならば、大学院受験で求められる英語の実力はあると考えてよいでしょう。

大学院入試対策と本書の活用法

1. 大学院入試英語問題の傾向

心理系大学院の英語試験では、主に以下のような形式で出題されています。

大学院入試英語問題の主な出題形式

> ❶ 英文和訳（全文和訳・部分和訳）
> ❷ 内容理解
> ❸ 要約問題
> ❹ 和文英訳
> ❺ 穴埋め問題・選択問題

❶ 英文和訳（全文和訳・部分和訳）

心理系大学院入試において、英語問題の出題形式は英文和訳が主流となっています。英語長文の全訳または下線部訳（部分訳）など、大学院によって全訳か部分訳かに違いはありますが（1問は全訳、もう1問は部分訳といった出題形式の大学院もあります）、いずれの場合においても、**英文の構造を理解していること、適切な日本語で単語を訳していること**（特に専門用語）、**わかりやすい文章で和訳をしていること**、の3点が和訳をする上で重要なポイントとなります。

❷ 内容理解

「指示語は何を指しているか」、「下線部で述べている内容を具体的に説明せよ」など、長文全体の内容が把握できているかを問う問題が出題されます。思考力を要する複雑な問題が出題されることは稀で、英文に書いてある内容以上のことを問うことは難関校以外ではほとんどありません。あくまでも**英文の内容を理解できているかど**

うかを確認するための問題が出題される傾向にあります。

❸ 要約問題

要約問題では，英文の内容を正しく理解していることに加え，**指定文字数で内容をまとめる力が必要です**。英文そのものの難易度は高くないのが一般的ですが，時間内に指定文字数で要約ができるように日頃から要約のトレーニングをしておくことが大切です。

❹ 和文英訳

和文英訳を課す大学院は多くはありません。しかし，和文英訳を毎年出題している大学院を受験する場合は，たとえ問題数が少なかったとしても必ず和文英訳の対策もしておきましょう。大学受験用の英作文の参考書も和文英訳対策に活用できますが，ある程度実力のある方には，**アブストラクト（論文の抄録）が日本語と英語の両方で記載されている論文を利用して和文英訳の勉強をするのがおすすめです**。

❺ 穴埋め問題・選択問題

英文のカッコの中に適切な英単語を入れる，あるいは英文の内容にふさわしい専門用語を語群の中から選択するといった問題などがあります。問題の難易度は大学院によって非常にバラツキがありますが，**穴埋め問題に関しては比較的難易度の高い問題が出題される**傾向にあります。

2．入試対策

「志望校の出題傾向に合った受験対策をする」
入試対策はこの一言に尽きます。もちろん基本的な英語力や心理学の知識を身に着けていることが大前提となりますが，ある程度基本を押さえた後は本番で通用する実践力を磨きましょう。

そのためにも志望校が決まったらできるだけ早く過去問を入手してください。先に述べたように大学院によって出題形式は様々です。**まずは志望校の出題傾向を把握し，出題傾向に沿った受験対策をしてください。**

　出題傾向を分析するポイントは以下の3点になります。

❶ 英文のジャンル

　英文の詳しい内容まで理解する必要はありませんが，**出題されている英文がどのジャンルのものか確認してください。**

　第一に確認するのは，心理学領域からの出題なのか心理学領域以外のジャンルからの出題なのかということです。ほとんどの大学院では心理学領域の英文を入試で出題していますが，一部の大学院では心理学以外のジャンルから出題しています。心理学以外のジャンルから例年出題されている大学院を受験する場合は，大学受験用の長文読解テキストなどを利用して幅広いジャンルの英文に慣れておくことも必要でしょう。

　また心理学領域から出題されている場合には，心理学領域の中でも，どの分野からの出題が多いかを整理しておきましょう。定期的に研究法の英文が出題されている，これまでに動機づけに関する英文は出題されていない，発達臨床心理学の内容が頻繁に出題されている，など出題傾向が見えてくるはずです。

❷ 英文の量

　大学院の英語試験で出題される英文の長さは，概して出題形式と関連してきます。出題形式が主に全文和訳や部分和訳など，和訳がメインの大学院では，英文の量もそれほどの長文になることはありません。一方で，内容理解や要約問題をメインで出題する大学院の場合，かなりの長文英語を出題するところもあります。いずれの場合においても正確に英文を理解することが受験生には求められますが，**特に長文が出題される大学院を受験する場合には，英文を速く読む練習も必要になります。**

❸ 出題形式

　出題形式は大学院によって様々ですので，**志望校ではどんな形式で出題しているのかを確認しておきましょう**。主に全文和訳や部分訳を出題する大学院の場合，英文を自然な日本語で訳す訓練がメインになります。また，要約や英作文を課す場合には，英文を読んで訳す訓練に加えて，要約や英作文の訓練も毎日の勉強スケジュールに組み込むようにしましょう。

3．語彙習得の重要性

　過去問を制限時間内で解いてみるとわかりますが，よほど英語が得意な受験生でない限り時間に余裕はありません。英語試験で英和辞書の持ち込みが可能な大学院も多いですが，実際にはそれほど英和辞書には頼れないのが現実です。

　わからない単語が多いと逐一辞書で調べなければいけないため，時間のロスも大きくなります。その結果，最後まで問題を解くことができなかった…という残念な結果にもなりかねません。受験生から「時間がなくて全部解けなかった」と受験後に聞くことは，とてもよくあります。

　語彙力がないために**試験本番でますます時間に追われることがないよう，語彙力強化は必須です**。心理系の英語に限っていえば，英文の中で使用される単語はそれほど多くはありません。その意味でも，本書を活用しぜひ効率よく頻出単語をマスターしてください。

4．本書の活用法

❶ 一般用語を覚える

　まずは本書後半に掲載している一般用語からマスターすることをおすすめします。一般用語に掲載されている英語は，そのほとんどが領域を問わず心理学の英文でよく使われている単語ばかりです。最

初に**一般用語を覚えておくこと**で、どんな英文にも対応できる基礎体力が養えます。

❷ **専門用語を覚える**

　一般用語をマスターしたら、次は専門用語に進んでください。専門用語は「臨床心理学・精神医学」「発達心理学」「研究法・統計学」「社会心理学」「感覚・知覚・認知心理学」「学習心理学」「生理・神経心理学」「性格・知能」「動機づけ・感情心理学」の9分野に分かれています。**最初から順番に覚えるのがおすすめですが、興味のある分野や知っている分野から覚えるのもいいでしょう。**現在の知識レベルや状況に応じて、本書を活用して着実に語彙数を増やしていきましょう。

本書で使用した記号

▼ **品詞略号**

名　名詞

動　動詞

形　形容詞

副　副詞

複　複数形
　　注意したい複数形の綴りがある場合

▼ **カッコ**

(　)　省略可能
　　　語義では(　)内をつけた意味にもなることを表す。
　　　例：**請願（書）**

注意：本書ではハイフネーションを一般的に使われる心理学辞典に合わせました。
　　　本書では self-report, working memory と表示していますが、テストや本によっては self report, working-memory のように本書とは違うハイフン表記をする場合があります。

専門用語

- [ ] treatment
- [ ] therapy
- [ ] mental
- [ ] anxiety
- [ ] patient
- [ ] case
- [ ] psychotherapy
- [ ] clinical
- [ ] functioning
- [ ] self
- [ ] client

- 心理学の各領域ごとに出題頻度の高い用語が掲載されています。専門用語の他に,その領域で利用されやすい単語から構成されています。
- まずは自分の関心のある分野や,知っている単語の多い分野から学習し,徐々に語彙数を増やしていきましょう。受験まであまり時間がない場合は,志望校の英語試験で出題されやすい分野から着手することをおすすめします。
- 専門用語の中には初めて見る用語もあるかもしれません。その場合は,心理学辞典などでその用語の定義や知識を確認してください。

[心理院単]専門用語(臨床心理学・精神医学) 310語

臨床心理学・精神医学

	Check①	▼例文の意味
treatment [trí:tmənt] 1	名治療, 処遇 動treat 治療する, 対応する, 扱う	臨床家は心理アセスメントの結果に基づいて, クライエントに適した治療を選択しなければならない。
therapy [θérəpi] 2	名セラピー, 治療	セラピー中, クライエントはたくさんの内的変化を経験し, 回復は必ずしもスムーズに進むわけではない。
mental [méntl] 3	形心的な, 内的な, メンタルの	認知心理学では, かつて行動主義におおいに無視されてきた記憶や注意, 思考といった心的過程を研究する。
anxiety [æŋzáiəti] 4	名不安 形anxious 不安な, 不安に思う	不安障害は不安症状と回避行動に特徴づけられ, 非現実的な不安に基づいている。
patient [péiʃənt] 5	名患者 形忍耐強い, 辛抱強い	セラピストは患者がリラックスして話したいことを話せるよう温かい雰囲気を作ろうとした。
case [kéis] 6	名事例, ケース, 場合	この研究の目的は, 発達障害と精神遅滞の事例の行動特徴を客観的に評価することである。
psychotherapy [sàikouθérəpi] 7	名心理療法	ラポールは, すべての形式の心理療法にとって必要な要素である。
clinical [klínikəl] 8	形臨床的な, 臨床の	臨床心理学者は, 実践と研究の両方を通してより効果的な介入を追求しつづけるべきである。
functioning [fʌ́ŋkʃəniŋ] 9	名機能 動function 機能する	防衛機制の使用は, 正常な心理的機能の一側面と見なされている。
self [sélf] 10	名自己	生後7ヶ月から9ヶ月の間に, 幼児は他者から独立した自己感を発達させはじめる。
client [kláiənt] 11	名クライエント	ロジャーズは, カウンセラーはクライエントが不一致の状態から一致の状態になるようサポートすべきと主張した。

臨床心理学とは，心理学的観点から心理面・行動面での問題にアプローチする応用心理学領域であり，精神医学とは医学的観点から精神疾患の原因や病態，治療法を明らかにする医学の一領域である。

臨床心理学・精神医学

▼[大学院受験] 完全対応例文　　　　　　　　　　　　1…11

Clinicians must choose adequate **treatments** for a client based upon the results of psychological assessments.

During **therapy**, a client may experience many inner changes, and recovery does not always go smoothly.

In cognitive psychology, we study **mental** processes such as memory, attention and thought which were largely ignored by behaviorism.

Anxiety disorder is characterized by **anxiety** symptoms and avoidance behaviors and is based upon unrealistic **anxieties**.

The therapist tried to create a warm atmosphere so that **patients** could relax and talk about whatever they wanted to talk about.

The purpose of this study is to objectively evaluate the behavioral characteristics of **cases** of developmental disorder and mental retardation.

Rapport is an essential element in all forms of **psychotherapy**.

Clinical psychologists, through both practice and research, should continue to pursue more effective interventions.

The use of defense mechanisms is regarded as an aspect of normal psychological **functioning**.

Between the ages of seven and nine months, infants begin to develop a sense of **self** as separate from others .

Rogers insisted that a counselor should support a **client** from a state of incongruence to a state of congruence.

[心理院単] 専門用語（臨床心理学・精神医学）310語

見出し語	Check	意味	▼例文の意味
depression [dipréʃən]	12	名抑うつ，うつ病 形depressive 抑うつの	ソーシャルサポートの少ない人は，より長期間の間抑うつを経験するだろう。
loss [lɔ́ːs]	13	名喪失，失うこと 動lose 失う	たいていの人は，ソーシャルサポートがあれば時間経過とともに愛する人の喪失から回復するだろう。
unconscious [ʌnkɑ́nʃəs]	14	名無意識 形無意識の 対conscious 意識の	フロイトは，神経症は過去の葛藤を無意識に抑圧することで生じると考えた。
object [ɑ́bdʒikt]	15	名対象，もの 動[əbdʒékt] 反対する	愛着の対象は，通常，赤ちゃんを継続的に世話し，赤ちゃんに適切に反応をする人である。
care [kéər]	16	名世話，保護，ケア，心配 動心配する，気にする	幼少期のケアの心理的影響を研究するために，研究者らは孤児院で育てられた子どもの発達に焦点を当てた。
grief [gríːf]	17	名悲嘆	キューブラ=ロスが提唱した死にゆく人の5つの悲嘆の段階は，否定，怒り，交渉，抑うつ，受容である。
abuse [əbjúːz]	18	名虐待 動虐待する，悪用する	児童虐待は，心理的虐待，身体的虐待，性的虐待，ネグレクトに分類される。
suicide [súːəsàid]	19	名自殺	境界性パーソナリティ障害の患者は，うつ病のみの患者よりも自殺を企図する可能性がおよそ2倍ある。
well-being [wélbiːiŋ]	20	名幸福感，ウェルビーイング	主観的幸福感には，外向性や楽観主義が関係しているが，収入や身体的魅力は関係がないようだ。
conscious [kɑ́nʃəs]	21	形意識の consciousness 意識 対unconscious 無意識の，無意識	治療的相互作用の中で，クライエントは自分自身を意識，無意識レベルの両方で自由に探求する。
normal [nɔ́ːrməl]	22	名正常，標準 形正常な，標準の 対abnormal 異常，異常な	思いがけない外傷的な出来事の後のショックと否認は正常な防衛反応である。
ego [íːgou]	23	名自我	伝統的な精神分析では，イドと超自我，またはイドと自我の間で葛藤が生じることがあると考えた。
mental health [méntl hélθ]	24	メンタルヘルス	メンタルヘルスの向上は個人にとっても国にとっても重要な課題である。

People who have little social support often experience **depression** for a longer period.

Most people can recover from the **loss** of a loved one with the passage of time, if they have social support.

Freud thought that neurosis was caused by the repression of past conflicts into the **unconscious**.

The **object** of attachment is usually the person who constantly cares for a baby and who responds to the baby appropriately.

To study the psychological effects of early **care**, researchers focused on the development of children reared in orphanages.

The five stages of **grief** in terminal patients proposed by Kübler-Ross are denial, anger, bargaining, depression and acceptance.

Child **abuse** can be categorized as psychological **abuse**, physical **abuse**, sexual **abuse**, and neglect.

Patients with borderline personality disorder are approximately twice as likely to attempt **suicide** as patients with depression alone.

A sense of subjective **well-being** seems to be related to extroversion and optimism, but not to income or physical attractiveness.

In a therapeutic interaction, the client is free to explore himself/herself at both **conscious** and unconscious levels.

Shock and denial after an unexpected traumatic event are **normal** protective reactions.

The traditional psychoanalysis believed that conflict can arise between the id and the superego or the id and the **ego**.

The improvement of **mental health** is an important task for nations as well as for individuals.

[心理院単] 専門用語(臨床心理学・精神医学) 310語

見出し語	Check①		▼例文の意味

practice
[præktis] 25
- 動 **実践する**, 訓練する
- 名 実践, 訓練, 練習

認知行動療法は, もっとも広く**実践されている**心理療法の形態の1つである。

interview
[íntərvjùː] 26
- 名 **面接**, インタビュー
- 動 面接する

治療的面接だけでなく調査的**面接**でも, 面接者と被面接者とのラポールは不可欠である。

assessment
[əsésmənt] 27
- 名 アセスメント, 査定
- 動 assess 査定する, アセスメントする

心理**アセスメント**は, クライエントを包括的に理解するために観察, 面接, 心理テストを使ってクライエントからデータを集める。

complex
[kəmpléks] 28
- 形 **複雑な**
- 名 コンプレックス
- 名 complexity 複雑性

人間の心は**複雑**で時に不合理であるので,「経済人」という概念では時に人の行動を説明することができない。

distress
[distrés] 29
- 名 **ストレス**, 苦悩, 苦しみ

心的外傷後**ストレス**が癒されるのには長い年月がかかるだろう。

awareness
[əwéərnis] 30
- 名 **意識**, 気づき
- 形 aware 気づいている

自己**意識**とセルフモニタリングは異なる現象だとよく考えられているが, お互いに関連している可能性がある。

counseling
[káunsəliŋ] 31
- 名 **カウンセリング**

カウンセリング心理学者はそれほど重篤ではない問題を扱うことが多いようである。

psychoanalysis
[sàikouənǽləsis] 32
- 名 **精神分析**, 精神分析学
- 名 psychoanalyst 精神分析家

精神分析の技法は患者の無意識の葛藤を明らかにし, その葛藤の起源を辿ることをねらいとしている。

analyst
[ǽnəlist] 33
- 名 **分析家**
- 動 analyze 分析する

分析家は, 自らの感情と患者が投影した情動を区別できると確信していなければならない。

empathy
[émpəθi] 34
- 名 **共感**
- 形 empathic 共感的な
- 動 empathize 共感する

心理療法において, セラピストに必要とされる要素の1つは**共感**である。

disease
[dizíːz] 35
- 名 **疾患**, 病気

心理学, 特に臨床心理学は人間の機能的な**疾患**モデルを使って障害を回復することに焦点を当てる。

intervention
[ìntərvénʃən] 36
- 名 **介入**
- 動 intervene 介入する

コミュニティ心理学の3つの主要概念は予防, 危機**介入**, コンサルテーションである。

narrative
[nǽrətiv] 37
- 名 **物語**, ナラティブ
- 形 物語の, ナラティブの

人間を理解するための**ナラティブ**アプローチが特に精神医学や心理療法において近年より一般的になってきている。

Cognitive behavioral therapy is one of the most widely **practiced** forms of psychotherapy.

Rapport between an interviewer and an interviewee is essential not just in therapeutic but also in research **interviews**.

Psychological **assessment** collects data from the client by using observation, interview and psychological testing to understand the client comprehensively.

Because the human mind is **complex** and at times irrational, the idea of the "economic man" sometimes fails to explain human behavior.

It often takes many years for posttraumatic **distress** to heal.

Self-**awareness** and self-monitoring are often considered as different phenomena, but they may be related to each other.

Counseling psychologists are more likely to deal with less serious problems.

The techniques of **psychoanalysis** aim to uncover the patient's unconscious conflict and to trace the conflict back to its origin.

The **analyst** has to be certain that he can distinguish between his own feelings and the patient's projected emotions.

In psychotherapy, one element essential to the therapist is **empathy**.

Psychology, especially clinical psychology, focuses on restoring damage using a **disease** model of human functioning.

The three main concepts of community psychology are prevention, crisis **intervention**, and consultation.

Narrative approaches to understanding human beings have recently become more popular, especially in psychiatry and psychotherapy.

[心理院単] 専門用語（臨床心理学・精神医学）310語

Check ○　　　　　　　　　　▼ 例文の意味

symptom
[símptəm]
38
- 名 症状，徴候
- 形 symptomatic 徴候となる

統合失調症の症状には陽性症状と陰性症状がある。

coping
[kóupiŋ]
39
- 名 対処法，コーピング
- 動 cope 対処する

情動焦点型コーピングはストレスを引き起こす問題が除去できない状況で効果的である。

maltreatment
[mæltríːtmənt]
40
- 名 虐待

児童虐待は子どもに対して有害な影響をもたらす深刻な問題である。

cope
[kóup]
41
- 動 対処する
- 名 coping 対処法，コーピング

自己主張スキルを教えるための予防プログラムは、学生が友達を作るといったある発達課題においてよく対処することに役立つだろう。

desire
[dizáiər]
42
- 名 願望
- 動 望む

フロイトは、夢は無意識の願望から生じると考えたが、ユングは夢は様々な源泉から生じると考えた。

schizophrenia
[skìtsəfríːniə]
43
- 名 統合失調症

統合失調症の発症率に性別による違いはない。

behavior therapy
[bihéivjər θérəpi]
44
行動療法

行動療法の目的は、望ましい行動を促進したり、望ましくない行動を除去したりすることである。

traumatic
[trəmǽtik]
45
- 形 トラウマの，（心的）外傷の
- 名 trauma トラウマ，心的外傷

外傷的な出来事を経験した人が、強い情動反応を示すことは自然なことである。

transference
[trænsfə́ːrəns]
46
- 名 転移
- 対 countertransference 逆転移

セラピストは治療環境の中で、クライエントが自分に対して転移していることに気づいた。

psychopathology
[sàikəpəθɑ́lədʒi]
47
- 名 精神病理，精神病理学

成人による未熟な防衛機制の使用は精神病理と関連しているかもしれない。

anxiety disorder
[æŋzáiəti disɔ́ːrdər]
48
不安障害

一般的に、不安障害の介入として、薬物療法と特定の種類の心理療法が有益である。

boundary
[báundəri]
49
- 名 境界

家族の境界が厳格すぎる場合、その家族は乖離していたり、お互いに関与していなかったりする傾向がある。

diagnosis
[dàiəgnóusis]
50
- 名 診断
- 動 diagnose 診断する

精神医学的診断は生物学的治療の決定に役立つだけでなく、特定の心理療法の選択をも方向づける。

The **symptoms** of schizophrenia include positive **symptoms** and negative **symptoms**.

Emotion-focused **coping** is effective in situations where problems which induce stress cannot be removed.

Child **maltreatment** is a serious problem that can have harmful effects on children.

A prevention program for teaching assertiveness skills may help students **cope** better with some developmental tasks such as making friends.

While Freud believed that dreams came from unconscious **desires**, Jung believed that dreams came from various sources.

There is no gender difference in the rates of **schizophrenia**.

The purpose of **behavior therapy** is to promote desirable behaviors and eliminate undesirable behaviors.

It is natural that people who have experienced **traumatic** events have strong emotional reactions.

While in the therapeutic setting, the therapist noticed that **transference** of his clients toward him occurred.

The use of immature defense mechanisms by an adult may be associated with **psychopathology**.

In general, medication and specific types of psychotherapy are effective as intervention of **anxiety disorder**.

When family **boundaries** are too rigid, the families tend to be disengaged and uninvolved.

Psychiatric **diagnosis** shapes the choice of particular psychotherapies as well as helps determine biological treatment.

[心理院単] 専門用語(臨床心理学・精神医学) 310語

見出し語	意味	例文の意味
prevention [privénʃən] 51	名 予防 / 動 prevent 予防する, 防ぐ	多くの専門家たちは, 喫煙**予防**プログラムは10代を対象にするべきだと考えてきた。
substance abuse [sʌ́bstəns əbjúːs] 52	薬物乱用	**薬物乱用**とは, タバコ, アルコールなどの刺激剤の過剰な使用と定義される。
bereaved [birí:vd] 53	形 先立たれた, 後に残された / bereavement 死別, 先立たれること	**遺族**の中には, 愛する人がなくなった数週間後あるいは数ヵ月後に抑うつ症状を示すものもいる。
project [prədʒékt] 54	動 投影する, 投射する / 形 projective 投影の	投影法テストでは, あいまいな刺激を提示された人は自分の心理的傾向をその知覚された刺激に**投影する**と仮定する。
collaboration [kəlæbəréiʃən] 55	名 コラボレーション, 協力	様々な機関にわたる**コラボレーション**は, 心理的問題を抱えた子どもに対するサービスを提供するために必要だ。
crisis [kráisis] 56	名 危機	早期完了の地位の人は, アイデンティティの**危機**を経験していないが, アイデンティティに関与している。
mourning [mɔ́ːrniŋ] 57	名 喪 / 動 mourn 悲しむ, 喪に服する	フロイトは**喪**を「愛する人の喪失に対する反応」と定義した。
session [séʃən] 58	名 セッション	7才の少年は箱庭療法によるたった1回の**セッション**で治った。
severity [səvérəti] 59	名 重篤度, (症状の)重さ / 形 severe 重篤な, 重い	症状の**重さ**にも関わらず, 多くの神経症患者は彼らの社会的責任の多くを果たすことができる。
spiritual [spíritʃuəl] 60	形 精神の, 霊的な	そのクライエントは自分自身の**精神的**部分を再発見し深めるようになった。
chronic [kránik] 61	形 慢性的な	職場での**慢性的な**ストレスは, メンタルヘルスだけでなく身体的健康にも影響するだろう。
psyche [sáik] 62	名 こころ, 魂	精神分析や深層心理学は, 人間の**こころ**の深層に焦点を当てる。
autism [ɔ́ːtizm] 63	名 自閉症	**自閉症**は子育ての不適切さの結果ではなく, 脳の機能障害が原因である。

Many professionals have thought that smoking **prevention** programs should be aimed at teenagers.

Substance abuse is defined as the overuse of stimulants such as tobacco and alcohol.

Some **bereaved** persons show some symptoms of depression for weeks or sometimes months after a loved one dies.

A projective test assumes that people presented with ambiguous stimuli will **project** their own psychological tendencies onto the perceived stimuli.

Collaboration across various agencies is needed to provide services to children with psychological problems.

Those in foreclosure status haven't gone through an identity **crisis** but have committed to an identity.

Freud defined **mourning** as "the reaction to the loss of a loved person".

A seven year-old boy was cured in only one **session** through sandplay.

Despite the **severity** of their symptoms, most neurotics can fulfill most of their social responsibilities.

The client came to rediscover and deepen the **spiritual** part of himself/herself.

Chronic stress in the workplace affects not only mental health but also physical health as well.

Psychoanalysis and depth psychology focus on the depths of the human **psyche**.

Autism is not the result of bad parenting, but it is caused by the child's brain malfunctioning.

[心理院単] 専門用語（臨床心理学・精神医学）310語

▼ 例文の意味

defense
[diféns]
64
- 名 **防衛**
- 動 defend 防衛する, 守る

その精神分析家は、29人の境界性パーソナリティ障害の患者の自我の**防衛**パターンを研究した。

psychic
[sáikik]
65
- 形 **心的, 内的, 精神の**

フロイトは、無意識の**心的**エネルギーは、基本的衝動や欲求を満たすために働くと考えた。

psychodynamic
[saikoudainǽmik]
66
- 形 **精神力動の**
- 名 psychodynamics 精神力学, 精神力動

比較的短期の**精神力動的**療法は、治療を何もしないよりも効果があるということは確かな事実だ。

resistance
[rəzístəns]
67
- 名 **抵抗**
- 動 resist 抵抗する

精神分析は、**抵抗**を明らかにし、患者が無意識の不快な考え、願望、経験に向き合えるようにすることを目的とする。

rumination
[rùːmənéiʃən]
68
- 名 **反すう**
- 動 ruminate 反すうする, 思い巡らす

抑うつ的な**反すう**を行った人は、そうでない人よりもより長い期間重度の抑うつ気分を経験した。

separation
[sèpəréiʃən]
69
- 名 **分離**
- 動 separate 区別する, 分離する

エインズワースは、**分離**不安と、愛着の不安定なタイプとの関連を明らかにした。

depressed mood
[diprést múːd]
70
- **抑うつ気分**

セロトニンレベルの不均衡が**抑うつ気分**や不安を引き起こす可能性があるということが長らく指摘されてきた。

dynamics
[dainǽmiks]
71
- 名 **力動, 原動力**
- 形 dynamic 力動的な, 力動の

セラピストが、クライエントとセラピスト間の関係における力の**力動**を理解することは重要である。

identification
[aidèntəfikéiʃən]
72
- 名 **同一視, 同一化**
- 動 identify 特定する, 同一視する

その研究は、投影と**同一視**の使用が青年期初期から増えることを示した。

intrapsychic
[ìntrəsáikik]
73
- 形 **精神(内)の**

薬物乱用に対する最初の心理社会的治療の1つは、渇望を刺激するような状況的、**精神的**手がかりを避けることである。

listening
[lísniŋ]
74
- 名 **聞くこと, 傾聴**

中断せずに**聞くこと**は簡単なように見えるが、実際にはカウンセラーにとって習得するのがとても難しいスキルである。

victim
[víktim]
75
- 名 **犠牲者, 被害者**
- 動 victimize 犠牲にする

性的虐待の**犠牲者**は、後に精神障害のリスクが高くなると報告されてきた。

withdrawal
[wiðdrɔ́ːəl]
76
- 名 **ひきこもり**

ひきこもりの症状を持つ17歳の少年は一連の心理テストを受けた。

The psychoanalyst studied ego **defence** pattern in 29 patients with borderline personality disorder.

Freud believed that unconscious **psychic** energy works to satisfy basic urges or needs.

It is certainly true that relatively brief versions of **psychodynamic** therapy are more effective than no treatment at all.

Psychoanalysis aims to uncover **resistances** and enable the patient to face his/her unconscious unpleasant ideas, desires, and experiences.

Those who engaged in depressive **rumination** experienced longer periods of severe depressed mood than those who did not.

Ainsworth revealed the connections between **separation** anxiety and an insecure type of attachment.

It has long been suggested that an imbalance in serotonin levels may cause **depressed mood** and anxiety.

It is important that therapists understand the power **dynamics** in a client-therapist relationship.

The research showed that the use of projection and **identification** increased from early adolescence.

One of the initial psychosocial treatments for substance abuse is to avoid situational and **intrapsychic** cues that stimulate craving.

Listening without interruption might seem easy, but actually it's a very difficult skill for counselors to acquire.

Victims of sexual abuse have been reported to have a greater risk of developing mental disorders.

The 17 year-old boy who developed **withdrawal** symptoms was given a series of psychological tests.

[心理院単] 専門用語（臨床心理学・精神医学）310語

見出し語	意味	例文の意味
clinical psychology [klínikəl saikάlədʒi]	臨床心理学	**臨床心理学**は、複雑で深刻な心理的問題を抱えた人を扱うことがよくある。
compensation [kὰmpənséiʃən]	名 補償 / 動 compensate 補償する、埋め合わせる	「器官劣等性」と「補償」はアドラー理論の中核をなす。
healing [híːliŋ]	名 癒し、修復 / 動 heal 癒す、治す	一部の人々は、癒しが生じるための心理的雰囲気を作ることができない。
narcissistic [nὰːrsisístik]	形 自己愛の、自己愛的な / 名 narcissism 自己愛、ナルシシズム	その両親はとても自己愛的だったので、自分の子どもの自尊感情を育てることができなかった。
resilience [rizíljəns]	名 レジリエンス	ポジティブ心理学のテーマの1つはレジリエンスであり、これはストレスに対処する能力のことである。
bullying [búliiŋ]	名 いじめ	アメリカのあるいじめ防止プログラムは、子どもがいじめに対して自己主張的に反応する手助けをする。
consultation [kὰnsəltéiʃən]	名 コンサルテーション / 名 consultant コンサルタント / 名 consultee コンサルティ	心理的虐待に苦しむ少女は、精神病院で精神科医たちのコンサルテーションを受けた。
disturbance [distə́ːrbəns]	名 障害、問題	不適応行動や心理的障害は、1つには十分なソーシャルサポートが提供されていないために生じる。
focusing [fóukəsiŋ]	名 フォーカシング	ジェンドリンは、フォーカシングと呼ばれる技法を使って誰でも自分のフェルトセンスにアクセスできるようになると考えた。
mental illness [méntl ílnis]	精神疾患	意志や忍耐力の強さに関係なく、誰もが精神疾患になりうる。
panic disorder [pǽnik disɔ́ːrdər]	パニック障害	パニック障害は、うつ病や広場恐怖といったさまざまな精神疾患を併発する傾向がある。
posttraumatic [pòustrɔːmǽtik]	形 トラウマ後の、(心的)外傷後の	心的外傷後成長とは、極めてストレスの大きい状況の後でのポジティブな心理的変化を意味する。
relaxation [riːlækséiʃən]	名 リラクゼーション / 形 relaxed リラックスした、くつろいだ	リラクゼーションは、不安を低減させるための効果的な手段である。

Clinical psychology often deals with people with complex and serious psychological problems.

"Organ inferiority" and "compensation" form the core of Adler's theories.

Some people are not able to create a mental atmosphere for healing to occur.

The parents were so narcissistic that they were not able to build their child's self-esteem.

One of the themes of positive psychology is resilience, which is the ability to cope with distress.

Certain anti-bullying programs in the United States help children respond assertively to bullying.

The girl suffering from psychological abuse underwent consultation with psychiatrists at a psychiatric hospital.

Maladaptive behavior and psychological disturbance occur in part because sufficient social support is not provided.

Gendlin believed that anyone can learn to access his/her felt sense using a technique called focusing.

Anyone can develop mental illness regardless of their strength of will or perseverance.

Panic disorder tends to be comorbid with a variety of mental disorders such as depressive disorder and agoraphobia.

Posttraumatic growth means that there are positive psychological changes after extremely stressful situations.

Relaxation is an effective means of reducing anxiety.

[心理院単] 専門用語(臨床心理学・精神医学) 310語

見出し語	意味	例文の意味
self-awareness [sèlfəwéərnis] 90	名 自己意識	鏡を使った自己認識テストの結果は、チンパンジーにも自己意識があることを意味する。
social support [sóuʃəl səpɔ́:rt] 91	ソーシャルサポート	機能不全の家族の多くは、貧困や教育の低さ、適切なソーシャルサポートの欠如に「押しつぶされている」と記述されるだろう。
stress management [strés mǽnidʒmənt] 92	ストレスマネージメント, ストレス管理	ストレスマネージメントの文献レビューは、適切にデザインされ科学的に評価された介入はほとんどないということを明らかにした。
alliance [əláiəns] 93	名 同盟	この研究の目標は、治療同盟と心理療法における結果の関係を明らかにすることであった。
anorexia nervosa [ænəréksiə nərvóusə] 94	神経性無食欲症, 拒食症	認知行動療法と家族療法は、拒食症の心理的治療に効果があると考えられている。
castration [kæstréiʃən] 95	名 去勢	去勢不安という用語は元々は男性だけに適用されたが、今では女性にも適用されている。
cognitive therapy [kágnətiv θérəpi] 96	認知療法	認知療法は、思考や感情、行動のコントロールの仕方を教えることを目的としている。
collective unconscious [kəléktiv ʌnkánʃəs] 97	集合的無意識	ユングは個人的無意識に加えて集合的無意識があると考えた。
countertransference [káuntərtrænsfə:rəns] 98	名 逆転移 反 transference 転移	フロイトは逆転移を避けるべきものと捉えていたが、現在では心理療法において有効なツールと考えられている。
family functioning [fǽməli fʌ́ŋkʃəniŋ] 99	家族機能	家族機能の得点が低い家族には、心身症患者がいる傾向があった。
irrational [irǽʃənl] 100	形 不合理な 反 rational 合理的な	不安障害の人たちは、自分の行動が不合理であることは完全に認識している。
neglect [niglékt] 101	名 ネグレクト, 育児放棄, 無視 動 無視する	ネグレクトは、子どもの発達に甚大で永続的な悪影響を与える。
neurosis [njuəróusis] 102	名 神経症	DSMではもう「神経症」を精神疾患のカテゴリーとして掲載しておらず、代わりにそれをいくつかの障害に分類している。

The findings of mirror self-recognition tests imply that chimpanzees also have **self-awareness**.

Many dysfunctional families can be described as being "overburdened" by poverty, poor education, and lack of adequate **social support**.

A review of the **stress management** literature reveals that few interventions are adequately designed or evaluated scientifically.

The goal of this study was to clarify the relation between the therapeutic **alliance** and outcome of psychotherapy.

Cognitive behavioral therapy and family therapy are thought to be effective for the psychological treatment of **anorexia nervosa**.

The term **castration** anxiety originally applied only to men but now applies to women, too.

Cognitive therapy aims to teach people how to control their thoughts, feelings and behaviors.

Jung believed that in addition to the personal unconscious, there was the **collective unconscious**.

Freud treated **countertransference** as something to be avoided, although it is now considered an effective tool in psychotherapy.

Families with low scores of **family functioning** tended to have patients with psychosomatic disorder.

Those with anxiety disorders fully recognize that their behavior is **irrational**.

Neglect causes enormous and lasting damage to a child's development.

DSM no longer lists "**neurosis**" as a category of mental illness, classifying it instead into several disorders.

[心理院単] 専門用語（臨床心理学・精神医学）310語

見出し語	Check①	▼例文の意味
play therapy [pléi θérəpi] 103	遊戯療法	遊戯療法は、量的研究に基づいた証拠が欠如していると時々批判を受ける。
regression [rigréʃən] 104	名 退行	防衛機制の退行は、創造的プロセスにおいて重要だと考えられている。
savant syndrome [sævɑ́:nt síndroum] 105	サヴァン症候群	多くの研究は、サヴァン症候群の人のおよそ10%が自閉症でもあることを示している。
separation-individuation [sèpəréiʃənindəvìdʒuéiʃən] 106	名 分離個体化	マーガレット・マーラーによる分離個体化理論は、どのように乳幼児が自身の世界についての感覚を発達させるのかを説明する。
supervision [sù:pərvíʒən] 107	名 スーパービジョン	スーパービジョンは、スーパーバイジーが専門的なカウンセリングの実践方法における専門知識を発展させることに役立つ。
addiction [ədíkʃən] 108	名 中毒 動 addict 中毒になる 名 addict 中毒患者	ある程度の共通点が見られるが、身体依存は中毒と同じではない。
alcoholism [ǽlkəhɔ:lìzm] 109	名 アルコール依存症	アルコール依存症に付随する社会的スティグマは、治療を妨害する。
cohesion [kouhí:ʒən] 110	名 凝集性 形 cohesive 凝集性のある	オルソンの円環モデルは、家族機能を決定づける3つの側面として適応性、凝集性、コミュニケーションを概念化する。
compulsive [kəmpʌ́lsiv] 111	形 強迫的な	ストレスの大きな情動を帯びた夢を経験する人は、起きているときの強迫行動が増えることを研究者は明らかにした。
cure [kjúər] 112	動 癒す、治療する 名 治療、回復	カウンセラーは病気を治療するためにクライエントに何かを行うのではなく、個人的成長を促すようにクライエントのそばにいるべきだ。
dialogue [dáiəlɔ̀:g] 113	名 対話 動 対話する	その少女は徐々に想像上の自己とのより深い対話に入り込むようになった。
holding [hóuldiŋ] 114	名 ホールディング	ウィニコットは、子どもが経験を統合するために「ホールディングの環境」が必要だと論じた。
individuation [ìndəvìdʒuéiʃən] 115	名 個性化	ユングは、個性化は中年になるまで果たすことができないと考えた。

Play therapy is sometimes criticized for lacking evidence based on quantitative research.

Regression of defense mechanisms is considered as important in the creative process.

Most studies show that about 10% of those with **savant syndrome** also have autism.

The theory of **separation-individuation** by Margaret Mahler explains how infants develop a sense of their world.

Supervision helps the supervisee to develop expertise in methods of professional counseling practice.

Physical dependence is not equivalent to **addiction** even though there is some overlap.

The social stigma attached to **alcoholism** keeps sufferers from treatment.

Olson's Circumplex Model conceptualizes flexibility, **cohesion** and communication as the three dimensions that define family functioning.

The researchers found that people who experienced dreams with stressful emotions had increased waking **compulsive** behavior.

Counselors should not do something to the clients so as to **cure** sickness but be with them in a manner that will facilitate their personal growth.

The girl gradually came to enter into a deeper **dialogue** with her imaginary self.

Winnicott theorized that a child needs a "**holding** environment" to integrate experience.

Jung believed that **individuation** cannot be achieved until middle age.

見出し語	品詞・意味	例文の意味
intersubjective [ìntərsəbdʒéktiv] 116	形 間主観的な 名 intersubjectivity 間主観性	サリヴァンの対人関係論は、精神分析の現代的間主観的視点に対する理論的枠組みを提供する。
life event [láif ivént] 117	ライフイベント	ホームズとレイの社会的再適応評価尺度によると、もっともストレスの高いライフイベントは配偶者の死である。
medication [mèdəkéiʃən] 118	名 薬物治療	不安障害の主な治療法は、薬物療法、心理療法、あるいはこの2つの組み合わせである。
mythology [miθάlədʒi] 119	名 神話, 神話学 名 myth 神話	無意識を探求するために、私たちは神話やおとぎ話を調べた。
preoccupation [pri:àkkjəpéiʃən] 120	名 没頭, 夢中	ウィニコットは、母親の特殊な精神状態を「母親の原初的没頭」と記述した。
psychosis [saikóusis] 121	名 精神病	精神病は、合理的思考や一般的な情動プロセスや思考プロセスの重度の障害を特徴とする精神疾患である。
relief [rilí:f] 122	名 軽減, 安堵 動 relieve 取り除く, 軽減する	ユーモアは、情緒的安堵をもたらすことで人がストレスに対処することに役立つだろう。
school counseling [skú:l káunsəliŋ] 123	スクールカウンセリング, 学校カウンセリング	問題解決型カウンセリングは、スクールカウンセリングの環境で使うのに適しているようだ。
school refusal [skú:l rifjú:zəl] 124	登校拒否, 不登校	研究者たちは、不登校に影響する要因を特定するために質問紙調査を実施した。
self-control [sèlfkəntróul] 125	名 セルフコントロール	セルフコントロールができるほど、先延ばしも少なくなる。
self-understanding [sèlfʌndərstændiŋ] 126	名 自己理解	その研究は、自己理解が将来の行動に対する強い予測因子であることを明らかにした。
substitution [sʌbstətjú:ʃən] 127	名 代償, 代替	症状代替の問題は、行動療法だけでなく認知療法に対しても向けられるだろう。
superego [sù:pəri:gou] 128	名 超自我	フロイトによると、パーソナリティはイド、自我、超自我の3つの構成要素から成り立っている。

Sullivan's interpersonal theory provides the theoretical framework for the contemporary **intersubjective** perspective in psychoanalysis.

According to the Holmes and Rahe social readjustment rating scale, the most stressful **life event** is the death of one's spouse.

The main treatments for anxiety disorders are **medications**, psychotherapy or some combination of the two.

In order to explore the unconscious, we researched **mythologies** and fairy tales.

Winnicott described the special mental state of a mother as "primary maternal **preoccupation**."

Psychosis is a mental disorder characterized by a severe disturbance in rational thinking and general emotional and thought processes.

Humour can help people cope with distress by providing emotional **relief**.

Solution-focused counseling seems to be suited to use in the **school counseling** setting.

Researchers carried out a questionnaire survey to identify factors influencing **school refusal**.

The more **self-control** you can exert, the less you will procrastinate.

The study found that **self-understanding** was a strong predictive factor for future behavior.

The question of symptom **substitution** can be directed not only at behavioral, but also cognitive therapy.

According to Freud, personality is composed of three elements; the id, the ego, and the **superego**.

[心理院単] 専門用語(臨床心理学・精神医学) 310語

Check ❶ ▼例文の意味

見出し語		意味	例文の意味
empathic understanding [empǽθik ʌ̀ndərstǽndiŋ] 129		共感的理解	ロジャーズは、カウンセラーの条件は**共感的理解**、無条件の肯定的関与、自己一致だと指摘した。
etiology [ìːtiálədʒi] 130		名 病因、病因論	境界性パーソナリティ障害の**病因**はまだ完全には理解されていない。
holistic [houlístik] 131		形 ホリスティックな、全体論の	臨床心理学では、クライエントのパーソナリティを**ホリスティックな**観点から捉えようとする。
hysterical [histérikəl] 132		形 ヒステリーの 名 hysteria ヒステリー	アンナ・Oの**ヒステリー**症状は、その症状と関連する忘れ去られていた出来事を思い出した後に消失した。
informed consent [infɔ́ːrmd kənsént] 133		インフォームドコンセント	**インフォームドコンセント**は、人間の研究を律するもっとも重要な倫理的ルールの1つである。
learning difficulty [lə́ːrniŋ dífikʌ̀lti] 134		学習障害	覚えておくべき重要なことは、**学習障害**の子どもたちは「怠け者」ではないということだ。
major depression [méidʒər dipréʃən] 135		大うつ(病)	精神病症状を有する**大うつ**の人は、幻覚や妄想を経験することがある。
maladjustment [mæ̀lədʒʌ́stmənt] 136		名 不適応 対 adjustment 適応	職場での**不適応**に悩む女性が、心理療法を求めてクリニックに来た。
mentality [mentǽləti] 137		名 精神性、心性	心理学者は、人間の**心性**を可能にしているプロセスを特定する必要がある。
outpatient [áutpèiʃənt] 138		名 外来患者 対 inpatient 入院患者	うつ病の**外来患者**に対する有効性の観点から心理療法は薬物療法と比較された。
self-worth [sèlf-wə́ːrθ] 139		名 自尊心、自尊感情	恥に対する敏感さを治療する心理療法はどんなものであれ、満たされていない**自尊感情**を扱うことから始めなければならない。
substance dependence [sʌ́bstəns dipéndəns] 140		薬物依存	児童期の反抗的態度は、**薬物依存**のリスクと関連するかもしれない。
symptomatology [sìmptəmətálədʒi] 141		名 症候学、症状	ADHDの子どもの縦断的研究は、彼らの半数以上が成人になってからもなおADHDの**症状**を持っていることを明らかにした。

Rogers suggested that the conditions of a counselor are **empathic understanding**, unconditional positive regard and congruence.

The **etiology** of borderline personality disorder is not yet fully understood.

Clinical psychology intends to comprehend a client's personality from a **holistic** viewpoint.

Anna O's **hysterical** symptoms disappeared after she remembered a forgotten event associated with their manifestation.

Informed consent is one of the most important ethical rules governing research on humans.

The important thing to remember is that children with **learning difficulties** are not "lazy."

People who have **major depression** with psychotic symptoms may experience hallucinations and delusions.

A woman suffering from **maladjustment** in the work place came to the clinic asking for psychotherapy.

Psychologists need to identify the processes that make human **mentality** possible.

Psychotherapy was compared with pharmacotherapy in terms of efficacy for **outpatients** with depression.

Any psychotherapy that would treat sensitivity to shame must begin by dealing with deficient feelings of **self-worth**.

Childhood defiance may be linked to risk of **substance dependence**.

A longitudinal study of children with ADHD revealed that more than half of them still had ADHD **symptomatology** in adulthood.

[心理院単] 専門用語（臨床心理学・精神医学）310語

見出し語	意味	例文の意味
apparatus [ǽpərǽtəs] 142	名 装置, 道具	フロイトが提唱した心的装置はもともと無意識, 意識, 前意識から構成されていた。
cognitive behavioral therapy [kágnətivbihéivjərəl θérəpi] 143	認知行動療法	認知行動療法はエビデンスベイスドアプローチで, クライエントの認知や思考の歪みに焦点を当てる。
comorbidity [kóumɔːrbídəti] 144	名 同時罹患, 併発 形 comorbid 合併性の	不安障害と気分障害の同時罹患の性質を理解することは重要である。
congruence [káŋgruəns] 145	名 一致, 自己一致 形 congruent 一致する	自己一致とは, セラピストの内的経験と外的経験が一体でなければならないことを意味する。
depressive disorder [diprésiv disɔ́ːrdər] 146	うつ病	うつ病の基準を満たした20人の患者がこの研究に参加した。
disorientation [disɔ̀ːriəntéiʃən] 147	名 失見当	認知症の主要な症状の1つである空間や時間の失見当は記憶の喪失と密接に関連している。
dysphoric [disfɔ́ːrik] 148	形 不快な, 不快性の	不快な気分の実験参加者は, 反すう条件に割り当てられたときには抑うつ気分がより増大した。
fixation [fikséiʃən] 149	名 固着	もし口唇期に固着が生じると, その人は他者に過剰に依存的になるだろうとフロイトは言った。
genuineness [dʒénjuinəs] 150	名 純粋性 形 genuine 純粋な, 本物の	純粋性とは, セラピストが常に自分の感情のすべてを表現しなければならないということを意味しているわけではない。
gestalt therapy [gəʃtáːlt θérəpi] 151	ゲシュタルト療法	ゲシュタルト療法は, 個人の成長のために今ここでの感情に直面し, 受け入れることに焦点をあてる。
hospitalization [hɑ̀spitəlizéiʃən] 152	名 入院	不安のために有効に機能する能力を損なっている人は, 入院を必要とする可能性がある。
humanistic psychology [hjùːmənístik saikálədʒi] 153	人間性心理学	マズローは, 人間性心理学を精神分析, 行動主義に次ぐ心理学の「第三勢力」と記述した。
humiliation [hjuːmìliéiʃən] 154	名 屈辱 動 humiliate 屈辱を与える	いくつかの研究は, 恥や屈辱が抑うつを引き起こす可能性があることを示した。

Psychic **apparatus** proposed by Freud originally consisted of the unconscious, the conscious and the preconscious.

Cognitive behavioral therapy is an evidence-based approach that focuses on the distortion of a client's cognition and thoughts.

It is important to understand the nature of **comorbidity** of anxiety and mood disorders.

Congruence means that the therapist's internal and external experiences must be one and the same.

Twenty patients who met the criteria for **depressive disorder** were enrolled in this study.

Disorientation in space and time, one of the main symptoms of dementia, is closely connected to the loss of memory.

Dysphoric participants experienced greater increases in depressed mood when assigned to a rumination condition.

Freud said if **fixation** occurs at the oral stage the individual will be over-dependent on others.

Genuineness does not mean that therapists always have to express all their feelings.

Gestalt therapy focuses on encountering and accepting our feelings in the here and now for personal growth.

A person whose anxiety is disrupting their ability to function effectively is likely to need **hospitalization**.

Maslow described **humanistic psychology** as the "third force" in psychology after psychoanalysis and behaviorism.

Some studies showed that shame and **humiliation** might cause depression.

[心理院単] 専門用語〈臨床心理学・精神医学〉310語

見出し語	訳語	例文の意味
impulse [ímpʌls] 155	名 衝動 / 形 impulsive 衝動的な	フロイトは，自我の機能はイドの望ましくない衝動を無意識のままにしておくことだと考えた。
infantile autism [ínfəntàil ɔ́:tizm] 156	早期幼児自閉症	レオ・カナーは11人の子どもの集団を研究し，早期幼児自閉症という概念を導入した。
inpatient [ínpèiʃənt] 157	名 入院患者，入院 / 対 outpatient 外来患者	パーソナリティの統合や，自我の強さ，ストレスコーピングがよい人は，入院治療を必要としないだろう。
introjection [ìntrədʒékʃən] 158	名 取り入れ / 動 introject 取り入れる	取り入れの例は，子どもが自分の内的世界に「親」を取り入れることである。
libidinal [libídənəl] 159	形 リビドーの / 名 libido リビドー	リビドーの衝動を満たすことの失敗は，個人のパーソナリティの発達やメンタルヘルスに影響を及ぼすことがあるとフロイトは考えた。
mindfulness [máindfəlnəs] 160	名 マインドフルネス	マインドフルネスの技法は，一般的にストレスマネージメントや不安障害に有益である。
paranoia [pærənɔ́iə] 161	名 妄想，パラノイア / 形 paranoid 妄想の，偏執的な	心理的治療は通常，抑うつや妄想といった病理的状態に対して用いられる。
person-centered approach [pə̀:rsnséntərd əpróutʃ] 162	パーソンセンタードアプローチ	カウンセリングに対するパーソンセンタードアプローチは，クライエントを彼ら自身の専門家とみなす。
personality disorder [pə̀:rsənǽləti disɔ́:rdər] 163	パーソナリティ障害	パーソナリティ障害の人は，ストレスに対する未熟で不適切な対処法を使う。
physical abuse [fízikəl əbjú:z] 164	身体的虐待	身体的虐待のリスクがある幼い子どものいる家族のための早期予防プログラムがいくつか利用できる。
projection [prədʒékʃən] 165	名 投影 / 形 projective 投影的な，投影の / 動 project 投影する	投影とは，望ましくない思考や感情を他者に帰属させることを特徴とする防衛機制である。
psychoanalyst [saikóuænəlist] 166	名 精神分析家 / 名 psychoanalysis 精神分析	ジョン・ボウルビィは，1950年代から1960年代に愛着理論の発展に取り組んだ精神分析家である。
psychosomatic [sàikəsəmǽtik] 167	形 心身の	心身症は，心的要因で引き起こされると考えられる身体疾患を意味する。

Freud believed that the function of the ego is to keep unwanted **impulses** of the id unconscious.

Leo Kanner studied a group of eleven children and introduced the concept of **infantile autism**.

An individual with better personality integration, ego strength, and stress coping may not require **inpatient** treatment.

An example of **introjection** is where a child introjects "parents" into its internal world.

Freud believed that failure to satisfy **libidinal** drives can affect the development of an individual's personality and mental health.

Mindfulness techniques are generally useful for stress management and anxiety disorders.

Psychological treatment is usually indicated for pathological conditions, such as depression and **paranoia**.

The **person-centered approach** to counseling regards the client as the expert on himself/herself.

People with **personality disorders** use immature and inappropriate ways of coping with stress.

Some early prevention programs for families with young children at risk for **physical abuse** are available.

Projection is a defense mechanism that is characterized by attributing undesirable thoughts and feelings to other people.

John Bowlby was the **psychoanalyst** who worked on developing attachment theory in the 1950s and 1960s.

Psychosomatic disorder means a physical disease that is believed to be caused by mental factors.

[心理院単] 専門用語（臨床心理学・精神医学）310語

見出し語	訳語	例文の意味
rational-emotive therapy [ræʃənlimóutiv θérəpi] 168	論理療法, 論理情動療法	実証に基づいた認知行動療法の一種である論理情動療法は、社会不安の治療のために利用された。
self-defeating [sèlfdifí:tiŋ] 169	形 自滅的な	認知行動療法家は、クライエントの現在の問題と自滅的行動パターンに焦点をあてるだろう。
self-regulation [sèlfrègjuléiʃən] 170	名 自己調整	適度なレベルの自尊感情は、上手な自己調整につながるとその研究は示唆した。
self-representation [sèlfrèprizentéiʃən] 171	名 自己表象	研究者は、幸福感の自己表象を評価する短い質問紙を利用した。
shy [ʃái] 172	形 シャイな 名 shyness シャイネス	調査は、大学生の50％以上が自分のことを「シャイ」だと考えていることを明らかにした。
social withdrawal [sóuʃəl wiðdrɔ́:əl] 173	社会的ひきこもり	オペラント条件づけの手続きを使った行動療法が、社会的ひきこもりを扱うときに使われてきた。
sympathy [símpəθi] 174	名 同情	同情という用語は、他者の苦境を和らげるべきものとして意識することが高まっていることを指す。
thinness [θínəs] 175	名 やせ 形 thin やせている	やせに対する社会文化的プレッシャーは、摂食障害の発症に寄与する重要な要因だろう。
unipolar [jú:nipóulər] 176	形 単極性の, 単極型の	研究者は、単極型うつ病と診断された患者におけるネガティブな反すう特性を検証した。
urge [ə́:rdʒ] 177	名 衝動 動 駆り立てる	研究者たちは、特に非合理的な行為の後に手を洗いたくなる衝動を記述するために「マクベス効果」という用語を作った。
abandonment depression [əbǽndənmənt dipréʃən] 178	見捨てられ抑うつ	境界性パーソナリティ障害の人は、見捨てられ抑うつを防ぐことが必要である。
acting out [ǽktiŋ áut] 179	行動化, アクティングアウト	行動化は、その人が再び平穏を感じるのに時々役立つことがある。
acute stress disorder [əkjú:t strés disɔ́:rdər] 180	急性ストレス障害	心理的デブリーフィングは、急性ストレス障害の治療に有効ではないことが証明された。

Rational-emotive therapy, an empirically based form of cognitive behavior therapy, was used to treat social anxiety.

A cognitive-behavioral therapist would center on a client's current problems and **self-defeating** behavioral patterns.

The study suggested that a moderate level of self-esteem led to successful **self-regulation**.

Researchers used a brief questionnaire that assessed **self-representation** of well-being.

A survey revealed that more than 50 percent of college students thought of themselves as being "**shy**".

Behavioral therapy using operant conditioning procedures has been used in dealing with **social withdrawal**.

The term **sympathy** refers to the heightened awareness of another's predicament as something to be alleviated.

The sociocultural pressure for **thinness** may be a significant factor contributing to the development of eating disorders.

The researcher examined the negative rumination trait in patients diagnosed with **unipolar** depression.

Researchers coined the term "the Macbeth effect" to describe the **urge** to wash one's hands, especially after an unethical act.

People with borderline personality disorder need to defend themselves against **abandonment depression**.

Acting out can sometimes help the person feel peaceful once again.

Psychological debriefing has proven to be ineffectual in the treatment of **acute stress disorder**.

[心理院単] 専門用語（臨床心理学・精神医学）310語

見出し語	Check	訳語	▼ 例文の意味
agoraphobia [ǽgərəfóubiə] 181		名 広場恐怖	広場恐怖の人は，公衆の場所や見知らぬ場所に恐怖を感じる。
alexithymia [əléksiθàimiə] 182		名 アレキシサイミア	高レベルのアレキシサイミアの人たちは，他者との関わるのが難しい。
ambivalence [æmbívələns] 183		名 アンビバレンス 形 ambivalent 相反する感情を持つ	2つの対立する感情や衝動が同時に存在するアンビバレンスをクライエントの恐怖反応と見なすことは役に立つことがある。
amplification [æmpləfikéiʃən] 184		名 拡充(法)	夢に取り組むユング派の技法は「拡充法」と呼ばれる。
antidepressant [æntidiprésənt] 185		名 抗うつ剤	抗うつ剤はうつ病に効果がある場合とない場合がある。
antisocial personality disorder [æntisóuʃəl pə̀ːrsənǽləti disɔ́ːrdər] 186		反社会性パーソナリティ障害	薬物療法は，反社会性パーソナリティ障害の人の気分の変動を安定させるために使われることもある。
applied behavioral analysis [əplaid bihéivjərəl ənǽləsis] 187		応用行動分析，ABA	応用行動分析は，自閉症スペクトラムの子どもにもっとも広く使われている治療法の1つである。
archetype [ɑ́ːrkitàip] 188		名 元型	ユングは，集合的無意識の内容を元型と呼んだ。
Asperger syndrome [ǽspərgéər síndroum] 189		アスペルガー症候群	アスペルガー症候群の正確な原因はまだ明らかではないが，遺伝的要因が関与しているようだ。
autism spectrum [ɔ́ːtizm spéktrəm] 190		自閉症スペクトラム	自閉症スペクトラム障害の子どもは，みずから学習意欲を持つことが難しい。
autogenic training [ɔ̀ːtoudʒənik tréiniŋ] 191		自律訓練法	自律訓練法はシュルツによって開発されたリラクゼーション法であり，通常ストレス軽減のために使われる。
automatic thought [ɔ̀ːtəmǽtik θɔ́ːt] 192		自動思考	認知療法の父であるベックは，抑うつの中心にあるものは否定的な「自動思考」だと説明した。
avoidant personality disorder [əvɔ́idənt pə̀ːrsənǽləti disɔ́ːrdər] 193		回避性パーソナリティ障害	回避性パーソナリティ障害の人は，他人と一緒にいることにしばしば不安を感じる。

42

Those suffering from **agoraphobia** experience fear of public and unfamiliar places.

Those who have high level of **alexithymia** have difficulty relating to others.

It can be helpful to regard **ambivalence**, the coexistence of two opposite feelings or impulses, as a client's fear response.

A Jungian technique of working with dreams is called "**amplification**".

Antidepressants are sometimes effective for depressive disorder and sometimes not.

Medications may be used to stabilize mood swings in people with **antisocial personality disorders**.

Applied behavioral analysis is one of the most widely used treatments for children with autistic spectrum disorder.

Jung called the contents of the collective unconscious **archetypes**.

Although the exact cause of **Asperger syndrome** is still unclear, genetic factors seem to be involved.

Children with **autism spectrum** disorder have difficulties motivating themselves to learn.

Autogenic training is a relaxation technique developed by Schultz and usually used for reducing stress.

Beck, the father of cognitive therapy, explained that what is central to depression are the negative "**automatic thoughts**".

People with **avoidant personality disorder** often feel insecure in the company of others.

[心理院単] 専門用語 (臨床心理学・精神医学) 310語

見出し語	訳	▼例文の意味
binge eating [bíndʒ íːtiŋ] 194	むちゃ食い	神経性大食症（過食症）は、**むちゃ食い**と自己嘔吐や下剤による排出を特徴とする摂食障害である。
bipolar disorder [baipóulər disɔ́ːrdər] 195	双極性障害	多くの研究では、**双極性障害**の発症率に性差はないと報告している。
borderline personality disorder [bɔ́ːrdərlàin pə̀ːsənǽləti disɔ́ːrdər] 196	境界性パーソナリティ障害	**境界性パーソナリティ障害**は、一般的には自己イメージ、感情、対人関係の著しい不安定さに特徴づけられる。
bulimia nervosa [bjuːlímiə nərvousə] 197	神経性大食症、過食症	**神経性大食症**に対する単一の原因はなく、多くの原因がこの問題に影響しているだろう。
burnout syndrome [bə́ːnaut síndroum] 198	燃え尽き症候群	**燃え尽き症候群**の人は、だまされている、給料を十分に支払われていない、十分に感謝されていないという感情を経験する。
catharsis [kəθάːrsis] 199	名 カタルシス	これらの結果は、**カタルシス**としての攻撃性という考えと相反する。
client centered therapy [kláiənt séntərd θérəpi] 200	クライエント中心療法	**クライエント中心療法**は、自己実現の原則に基づいている。
co-dependency [kòudipéndənsi] 201	名 共依存	**共依存**は、恥や不安、拒絶や見捨てられることに対する恐怖といったネガティブな情動を引き起こす。
collage therapy [kəláːʒ θérəpi] 202	コラージュ療法	**コラージュ療法**は、神経症、うつ、統合失調症などの様々な病気に適用されてきた。
constellation [kànstəléiʃən] 203	名 布置	ユングは、夢や神話は元型的イメージの**布置**であると述べた。
conversion disorder [kənvə́ːrʒən disɔ́ːrdər] 204	転換性障害	身体表現性障害の1つは**転換性障害**である。これは以前「ヒステリー」と呼ばれていた。
crisis intervention [kráisis intərvénʃən] 205	危機介入	**危機介入**の主要な目的は、クライエントの目下の危機を解決することである。
daily hassles [déili hǽslz] 206	デイリーハッスルズ	慢性頭痛の患者は、統制群よりも有意に**デイリーハッスルズ**の頻度が高いことを報告した。

Bulimia nervosa is a type of eating disorder characterized by **binge eating** and purging by self-induced vomiting or laxatives.

Most studies report that there are no gender differences in the prevalence of **bipolar disorder**.

Borderline personality disorder is typically characterized by marked instability in self-image, affect and interpersonal relationships.

There is no single cause of **bulimia nervosa** and many causes may contribute to the problem.

People suffering from **burnout syndrome** experience feeling cheated, underpaid, not appreciated enough.

These findings contradicted the idea of aggression as **catharsis**.

Client centered therapy is based on the principle of self-actualization.

Co-dependency leads to negative emotions such as shame, anxiety and fear about being rejected or abandoned.

Collage therapy has been applied to various illnesses such as neurosis, depression and schizophrenia.

Jung stated that dreams and myths are **constellations** of archetypal images.

One of the somatoform disorders is **conversion disorder**, which was formerly called "hysteria".

The major goal of **crisis intervention** is to resolve the client's immediate crisis.

Chronic headache patients reported a significantly higher frequency of **daily hassles** than the control group.

[心理院単]専門用語(臨床心理学・精神医学) 310語

見出し語	意味	例文の意味
defense mechanism [diféns mékənizm] 207	防衛機制	防衛機制は人を不安から守るために使われる無意識の機制である。
delirium [dilíəriəm] 208	名 せん妄	振戦せん妄のリスクが高い人は,病院での入院治療が必要かもしれない。
delusion [dilúːʒən] 209	名 妄想	認知症の人は,家族が自分のものを盗もうとしていると信じ込むといった妄想を経験するかもしれない。
dementia [díménʃə] 210	名 認知症	高齢者の聴覚の喪失は認知症と関連するかもしれないという示唆がある。
denial [dənáiəl] 211	名 否認	否認などの回避反応は長期的にはネガティブ情動を低減するのに効果的ではない。
dependent personality disorder [dipéndənt pə̀ːrsənǽləti disɔ́ːrdər] 212	依存性パーソナリティ障害	依存性パーソナリティ障害の人は自分の子どもを過剰にコントロールする傾向があることを研究は示唆してきた。
depersonalization [diːpə̀ːrsənəlizéiʃən] 213	名 離人症, 離人症性障害	特に疲労しているときや,深刻な危険を伴う状況では,誰もがある程度の離人症を経験するだろう。
depressive position [diprésiv pəzíʃən] 214	抑うつポジション	抑うつポジションの間に,乳幼児は愛する対象が自己の外部にいることを徐々に認識していく。
depth psychology [dépθ saikálədʒi] 215	深層心理学	現代の深層心理学は,意識と無意識の関係を探求したカール・ユングとジークムント・フロイトの業績に端を発する。
developmental disorder [divéləpmèntl disɔ́ːrdər] 216	発達障害	発達障害の子どもを持つ母親に関する研究はたくさんある。
displacement [displéismənt] 217	名 置き換え	置き換えは防衛機制の1つであり,衝動のターゲットを変えることである。
dissociative disorder [disóuʃièitiv disɔ́ːrdər] 218	解離性障害	解離性障害と診断された患者たちは精神科医によって面接された。
dissociative fugue [disóuʃièitiv fjuːg] 219	解離性遁走	頻繁に解離性遁走をする患者は,解離性同一性障害である傾向がある。

Defense mechanisms are unconscious mechanisms used to protect an individual from anxiety.

People at high risk of **delirium** tremens may need inpatient treatment at hospital.

People with dementia may experience a **delusion** in which they believe that family members are stealing from them.

There is a suggestion that hearing loss in older people may be linked to **dementia**.

Avoidance responses such as **denial** are not effective at reducing negative emotions in the long run.

Research has suggested that people with **dependent personality disorder** tend to over control their children.

All people may experience some degree of **depersonalization**, particularly in the context of fatigue or in situations involving serious danger.

During the **depressive position**, an infant increasingly recognizes that the loved object is outside the self.

Modern **depth psychology** originates in the work of Carl Jung and Sigmund Freud, who explored the relationship between the conscious and the unconscious.

There are a great number of studies on mothers who have children with **developmental disorders**.

Displacement is one of the defense mechanisms that involves altering the target of an impulse.

Patients who were diagnosed as having a **dissociative disorder** were interviewed by a psychiatrist.

Patients with frequent **dissociative fugues** tend to have dissociative identity disorder.

[心理院単] 専門用語（臨床心理学・精神医学）310語

▼ 例文の意味

語	訳	例文の意味
dissociative identity disorder [disóuʃièitiv aidéntəti disɔ́:rdər] 220	解離性同一性障害	解離性同一性障害の心理療法は、様々なパーソナリティを1つのまとまったパーソナリティに統合することに焦点をあてる。
double bind [dʌ́bl báind] 221	ダブルバインド，二重拘束	ベイトソンは，ダブルバインドを「どんなことをしても勝つことができない状況」と定義した。
dream analysis [drí:m ənǽləsis] 222	夢分析	フロイトは自由連想法と夢分析を精神分析の基盤とした。
dysthymic disorder [disθáimik disɔ́:rdər] 223	気分変調性障害	気分変調性障害の患者における自殺行動の割合は，大うつ病患者における割合と同程度であった。
eating disorder [í:tiŋ disɔ́:rdər] 224	摂食障害	摂食障害は，性役割の感覚とやせ志向の文化的価値が関係しているようだ。
ego boundary [í:gou báundəri] 225	自我境界	自我境界の喪失は，統合失調症患者における主な障害の1つである。
empowerment [impáuəmənt] 226	名 エンパワーメント	エンパワーメントは，個人，集団，コミュニティといった様々なレベルで生じる。
encounter group [inkáuntər grú:p] 227	エンカウンターグループ	エンカウンターグループは，参加者が他の参加者との交流を通じて自分自身をより理解するのに役立つ。
endogenous [endádʒənəs] 228	形 内因性の	内因性うつの1つの例は，季節性情動障害，すなわち季節うつ病である。
evidence based approach [évədəns béist əpróutʃ] 229	エビデンスベイスドアプローチ	エビデンスベイスドアプローチとナラティブアプローチは，心理療法の実践において統合されるべきだ。
exposure therapy [ikspóuʒər θérəpi] 230	エクスポージャー療法	多くの研究が，エクスポージャー療法が強迫性障害の治療に高い効果があることを示唆してきた。
expressive therapy [iksprésiv θérəpi] 231	表現療法	表現アートセラピーとも呼ばれる表現療法は，芸術表現を通して人が心理的問題を克服するのに役立つ。
facilitator [fəsílətèitər] 232	名 ファシリテーター 動 facilitate 促進する，促す	ファシリテーターは，集団心理療法において，よくも悪くも結果に影響を与えるだろう。

Psychotherapy for **dissociative identity disorder** focuses on the integration of various personalities into one cohesive personality.

Bateson defined the **double bind** as "a situation in which no matter what you do, you can't win".

Freud made free association and **dream analysis** the cornerstones of psychoanalysis.

The rates of suicidal behavior in patients with **dysthymic disorder** were similar to the rates in patients with major depression.

Eating disorders seem to be related to a sense of gender roles and thinness-oriented cultural values.

A loss of **ego boundaries** is one of the main disturbances in a patient with schizophrenia.

Empowerment takes place at different levels such as individual, group, and community.

Encounter groups help participants understand more about themselves through interaction with other participants.

One example of **endogenous** depression is seasonal affective disorder or seasonal depression.

Evidence based approaches and narrative approaches should be integrated into psychotherapeutic practice.

A number of studies have suggested that **exposure therapy** is highly effective in treating obsessive-compulsive disorder.

Expressive therapy, also called expressive arts therapy, helps people overcome psychological problems through artistic expression.

A **facilitator** can have an influence on positive and negative outcomes in group psychotherapy.

[心理院単] 専門用語（臨床心理学・精神医学）310語

見出し	Check①		▼例文の意味
fairy tale [féəri téil]	233	おとぎ話	神話や**おとぎ話**や昔話の中のイメージは元型の現れだとユングは考えた。
fantasy [fǽntəsi]	234	名**ファンタジー，空想**	クラインは，乳幼児が持っているもっとも基本的な**ファンタジー**は「よい」おっぱいと「悪い」おっぱいのイメージだと考えた。
flashback [flǽʃbæk]	235	名**フラッシュバック**	**フラッシュバック**とは，あたかもトラウマ的出来事が再び起こっているかのように感じる心理的現象である。
flooding [flʌ́diŋ]	236	名**フラッディング**	**フラッディング**とは行動療法の一種であり，患者は恐怖がなくなるまで一番恐怖を感じる状況に何度もさらされる。
free association [fríː əsòusiéiʃən]	237	自由連想	**自由連想**では，患者は心に思い浮かんだすべてのことを話すことが求められる。
fulfill [fulfíl]	238	動満たす，**発揮する** 名fulfillment 充足，成就	ロジャーズは，人間が潜在能力を**発揮する**能力は，実現傾向と呼ばれる内的衝動であると考えた。
generalized anxiety disorder [dʒénərəlaizd æŋzáiəti disɔ́ːrdər]	239	全般性不安障害	**全般性不安障害**の人は，日常生活についての持続的で過度な不安を経験する。
genogram [dʒénəgræm]	240	名**ジェノグラム，世代関係図**	家族療法家は，家族歴において何度も生じている破壊的パターンを明らかにするために**ジェノグラム**をよく使う。
hallucination [həlùːsənéiʃən]	241	名**幻覚**	多くの参加者が，感覚遮断実験の最中に**幻覚**を経験したと報告した。
histrionic personality disorder [histriánik pə̀ːrsənǽləti disɔ́ːrdər]	242	演技性パーソナリティ障害	自殺企図は**演技性パーソナリティ障害**の人においてよく見られる。
hypnotize [hípnətàiz]	243	動**催眠をかける** 名hypnotism 催眠術	**催眠をかけられた**目撃者は，本当の記憶と空想を区別することができないかもしれない。
hypochondriasis [hàipoukəndráiəsis]	244	名**心気症**	認知行動療法は，通常の医療よりも**心気症**の症状の軽減に有効のようだ。
id [id]	245	名**イド**	**イド**は生まれたときから存在し，心的エネルギーの源泉となる。

Jung believed that the images in myths, **fairy tales** and folktales are manifestations of archetypes.

Klein assumed that the most basic **fantasies** young infants possess are images of the "good" breast and the "bad" breast.

Flashbacks are a psychological phenomenon, in which a person feels as if a traumatic event is happening again.

Flooding is a form of behavior therapy where the patient is repeatedly exposed to their most feared situation until the fear itself fades away.

In **free association** the patient is required to say everything that goes through his/her mind.

Rogers believed that the human ability to **fulfill** their potential is an innate drive called the actualizing tendency.

People with **generalized anxiety disorder** experience persistent and excessive anxiety about everyday life.

Family therapists often use **genograms** to detect recurrent destructive patterns in the family history.

Many participants reported that they experienced **hallucinations** during a sensory deprivation experiment.

Suicide attempts are often found in people with **histrionic personality disorder**.

Hypnotized eyewitnesses may have problems distinguishing between a true recollection and a fantasy.

Cognitive behavior therapy seems to be more effective in alleviating the symptoms of **hypochondriasis** than usual medical treatments.

The **id** is present at birth and serves as the source of psychic energy.

[心理院単] 専門用語（臨床心理学・精神医学）310語

見出し語	訳語	▼例文の意味
insomnia [insámniə] 246	名 不眠症	その調査の結果は、暗闇の恐怖がなんらかの不眠症を引き起こすのかもしれないということを意味した。
institutionalize [ìnstətjúːʃənəlàiz] 247	動 施設に収容する	施設に収容された高齢者が精神疾患を持っている可能性があることをその調査は示唆した。
intake interview [ínteik íntərvjùː] 248	インテーク面接	インテーク面接では、セラピストはクライエントの現在の問題だけでなく、彼らの生育歴についてもたずねるだろう。
intellectualization [intəlèktʃuəlizéiʃən] 249	名 知性化	防衛機制として知性化を利用する人は、抽象的思考を行うことで内的葛藤や不安をコントロールする。
intrusive thought [intrúːsiv θɔ́ːt] 250	侵入思考	強迫性障害になった人には侵入思考があり、これらの思考がますます不安やストレスにつながる。
irrational belief [iræʃənl bilíːf] 251	不合理な信念	認知行動療法家は、治療の成功の鍵は不合理な信念をつきとめ変えることだと見ている。
joining [dʒɔ́iniŋ] 252	名 ジョイニング	家族療法家は、その家族の構造にアクセスするために「ジョイニング」と呼ばれる技法を使う。
manic defense [mǽnik diféns] 253	躁的防衛	クラインは、躁的防衛とは抑うつポジションにおける痛みや不安の万能的否認だと述べた。
masked depression [mǽskt dipréʃən] 254	仮面うつ病	研究者たちは、仮面うつ病のスクリーニングテストを開発し、その後その妥当性を検証した。
mental disorder [méntl disɔ́ːrdər] 255	精神障害	客観的に診断をすることが比較的容易な精神障害もあるが、診断が難しいものもある。
mental retardation [méntl riːtɑːrdéiʃən] 256	精神遅滞	精神遅滞に関する多くの研究は、精神遅滞の人の成長や発達に影響するQOL（生活の質）を扱ってきた。
mood disorder [múːd disɔ́ːrdər] 257	気分障害	アメリカでの調査は、およそ20%の成人が気分障害になったことがあると推測した。
mourning work [mɔ́ːrniŋ wə́ːrk] 258	喪の作業	人は喪の作業を通して失った対象から徐々に分離することができる。

The result of the research implied that a fear of the dark may trigger some **insomnia**.

The research suggested the possibility that aged people who were **institutionalized** have psychiatric disorders.

During the **intake interview**, the therapist will ask not only the client's current problem but also his/her life history.

People who use **intellectualization** as a defense mechanism control internal conflict and anxiety by engaging in abstract thinking.

People who develop obsessive-compulsive disorder have **intrusive thoughts** and these thoughts lead to more anxiety and distress.

Cognitive-behavioral therapists see the key to success in therapy as identifying and changing **irrational beliefs**.

Family therapists use a technique called "**joining**" to access the family's structure.

Klein described that the **manic defense** was omnipotent denial of pain and anxiety in the depressive position.

The researchers developed the screening test for **masked depression** and then examined its validity.

For some **mental disorders**, it is relatively easy to make a diagnosis objectively, but others are more difficult.

Many studies on **mental retardation** have dealt with the QOL that affect the growth and development of a person with **mental retardation**.

The survey in the United States estimated that roughly 20 percent of adults have suffered from **mood disorder**.

People are gradually able to separate from the lost object through **mourning work**.

[心理院単] 専門用語（臨床心理学・精神医学）310語

英語	日本語	▼例文の意味
mutism [mjú:tizm] 259	名 かん黙	場面かん黙は，学校といった環境やなじみのない他者のいる状況で見られるだろう。
narcissistic personality disorder [nà:rsisistik pà:rsənǽləti disɔ́:rdər] 260	自己愛性パーソナリティ障害	自己愛性パーソナリティ障害の人は，地位の高い他者によってしか自分は理解されえないと感じているかもしれない。
narcolepsy [ná:rkəlèpsi] 261	名 ナルコレプシー	ナルコレプシーの主な症状は，日中の過度の眠気と異常なREM睡眠である。
object relations theory [ábdʒikt riléiʃən θí:əri] 262	対象関係論	対象関係論は，母親との関係は最初のそしてもっとも重要な関係だと強調する。
Oedipus complex [édəpəs kəmpléks] 263	エディプスコンプレックス	超自我は，エディプスコンプレックスを乗り越える過程で生まれる。
overdiagnose [òuvərdaiəgnòus] 264	動 過剰診断する	ADHDは一部の文化では過剰診断されていると研究者は記した。
panic attack [pǽnik ətǽk] 265	パニック発作	パニック障害は予期せぬパニック発作が繰り返し起こることに特徴づけられる不安障害である。
paranoid personality disorder [pǽrənɔ̀id pà:rsənǽləti disɔ́:rdər] 266	妄想性パーソナリティ障害	妄想性パーソナリティ障害の人はしばしば他者に批判的であり，他者からの批判を受け入れることができない。
paranoid-schizoid position [pǽrənɔ̀idskítsɔid pəzíʃən] 267	妄想-分裂ポジション	妄想-分裂ポジションの間，乳幼児は内的対象と外的対象を区別することができない。
pervasive developmental disorder [pərvéisiv divèləpmèntl disɔ́:rdər] 268	広汎性発達障害	広汎性発達障害の子どもに対して応用行動分析療法は有効だと考えられている。
posttraumatic stress disorder [pòustrɔ:mǽtik strés disɔ́:rdər] 269	心的外傷後ストレス障害，PTSD	心理的治療は，心的外傷後ストレス障害の症状軽減に効果があると提唱されてきた。
preconscious [pri:kánʃəs] 270	名 前意識	フロイトは前意識を，すぐに意識することはできないが，努力すれば意識的に思い出せるものと考えた。
projective identification [prədʒéktiv aidèntifəkéiʃən] 271	投影性同一視	投影性同一視は，境界性パーソナリティ障害で見られる原始的防衛機制である。

Selective **mutism** may be seen in settings such as school or in the presence of others with whom children are not familiar.

Individuals with **narcissistic personality disorder** may feel that they can only be understood by other people who are of high status.

The main symptoms of **narcolepsy** are excessive daytime sleepiness and abnormal REM sleep.

Object relations theory emphasizes that the relationship with a mother is the first and most important one.

The superego is born in the process of overcoming the **Oedipus complex**.

The researchers noted that ADHD was being **overdiagnosed** in some cultures.

Panic disorder is an anxiety disorder characterized by repeated, unexpected **panic attacks**.

People with **paranoid personality disorder** are often critical of others and have difficulty accepting criticism from others.

During the **paranoid-schizoid position**, an infant cannot distinguish between inner and outer objects.

Applied behavior analytic treatment is considered to be effective for children with **pervasive developmental disorders**.

Psychological treatments have been advocated as being effective in reducing symptoms of **posttraumatic stress disorder**.

Freud conceived of **preconscious** as what is not in immediate awareness but can be consciously recalled with effort.

Projective identification is a primitive defense mechanism observed in borderline personality disorder.

[心理院単] 専門用語（臨床心理学・精神医学）310語

見出し語	Check	訳	▼例文の意味
psychodrama [sáikoudrà:mə] 272	☐☐	名 心理劇, サイコドラマ	心理劇は、ロールプレイングを通してクライエントが自分の問題を探究する集団療法の一形態である。
psychogenic [sàikoudʒénik] 273	☐☐	形 心因性の	以前は心因性健忘と呼ばれていた解離性健忘は、トラウマ体験によって引き起こされる記憶障害である。
rapprochement [ræprouʃmá:ŋ] 274	☐☐	名 再接近	再接近期には、幼児は再び母親との親密さを求める。
rationalization [ræʃənələzéiʃən] 275	☐☐	名 合理化	合理化は、受け入れがたい感情や行動を正当化しようとするときに合理的な説明を与えてくれる。
reaction formation [riækʃən fɔ:rméiʃən] 276	☐☐	反動形成	反動形成は防衛規制の1つであり、受け入れがたい思考や情動は正反対のものに変えられる。
reality testing [riæləti téstiŋ] 277	☐☐	現実検討(力)	パーソナリティ構造が境界水準の人は不安定な現実検討力を持っている。
recurrence [riká:rəns] 278	☐☐	名 再発 動 recur 再発する 形 recurrent 繰り返される	うつ病は非常に再発率の高い病気なので、再発予防が必要とされる。
reframing [rifréimiŋ] 279	☐☐	名 リフレーミング	「リフレーミング」は、現在の問題に対して異なる視点を提供するために家族療法で使用される。
role playing [róul pleiiŋ] 280	☐☐	ロールプレイング	ロールプレイングは、特に他者と仲良くするのが苦手な発達障害の人にとって役に立つ訓練である。
schizoid personality disorder [skitsɔid pà:rsənæləti disɔ́:rdər] 281	☐☐	スキゾイドパーソナリティ障害	すべてのパーソナリティ障害と同じように、ラポールとサポートがスキゾイドパーソナリティ障害の人に対する優れた治療の鍵である。
self-help group [sèlfhélp grú:p] 282	☐☐	自助グループ	自助グループのメンバーは自尊心が高まり、不安が低減した。
schizotypal personality disorder [skitsoutáipəl pà:rsənæləti disɔ́:rdər] 283	☐☐	統合失調型パーソナリティ障害	統合失調症型パーソナリティ障害の治療は一般的によく訓練されたセラピストとの長期にわたる心理療法を伴う。
social anxiety disorder [sóuʃəl ænzáiəti disɔ́:rdər] 284	☐☐	社交性不安障害	多くの研究は、社交性不安障害は10代にもっとも発症しやすいということを証明してきた。

Psychodrama is one form of group therapy in which clients explore their problems through roleplaying.

Dissociative amnesia, formerly called **psychogenic** amnesia, is a memory disorder that is caused by traumatic experiences.

During the **rapprochement** sub phase, the infant once again seeks to be close to the mother.

Rationalization offers rational explanations in an attempt to justify unacceptable feelings or behavior.

Reaction formation is one of the defense mechanisms in which unacceptable thoughts or emotions are turned into the opposite.

People with a borderline level of personality organization have unstable **reality testing**.

As depression is a highly recurrent disorder, prevention of **recurrence** is needed.

"**Reframing**" is used in a family therapy to offer a different perspective on present problems.

Role playing is a helpful practice especially for people with developmental disorders who have difficulty getting along with others.

As with all personality disorders, rapport and support are the keys to good treatment for people with **schizoid personality disorder**.

Members of a **self-help group** increased their self-esteem and decreased their anxiety.

Treatment of **schizotypal personality disorder** generally involves long-term psychotherapy with a well-trained therapist.

Many studies have demonstrated that **social anxiety disorder** is most likely to develop in the teenage years.

[心理院単] 専門用語（臨床心理学・精神医学）310語

英語	日本語	例文の意味
social skill [sóuʃəl skil] 285	ソーシャルスキル	適応的な**ソーシャルスキル**は、子どもが環境の変化に適応したり、争いを避けたりするのに役立つ。
social skills training [sóuʃəl skilz tréiniŋ] 286	ソーシャルスキルトレーニング	社会的孤立と診断された女子高校生は、**ソーシャルスキルトレーニング**に参加することで社交的になることを学習するだろう。
somatoform disorder [sòmátəfɔːrm disɔ́ːrdər] 287	身体表現性障害	**身体表現性障害**のクライエントは、医学的にも生物学的にも原因のない小さな痛みや苦痛を絶えず経験するかもしれない。
splitting [splítiŋ] 288	名 分裂 / 動 split 分ける、分裂させる	乳幼児は**分裂**という機制を使って、自分自身を守り安心感を維持する。
squiggle method [skwígl méθəd] 289	スクイッグル法	ウィニコットは、子どもとの関係を確立し意思疎通をするために、**スクイッグル法**と呼ばれる描画法を考案した。
stressor [strésər] 290	名 ストレッサー / 対 stress ストレス	ソーシャルサポートは、**ストレッサー**の知覚にも影響するだろう。なぜならば多くのソーシャルサポートがある人はあまり抑うつ的にならない傾向があるからだ。
sublimation [sÀbliméiʃən] 291	名 昇華	フロイトはレオナルド・ダ・ヴィンチの絵画は母親との親密さに対するあこがれの**昇華**であると論じた。
synchronicity [siŋkrənísəti] 292	名 シンクロニシティ	**シンクロニシティ**という用語は、2つかそれ以上の因果的に無関係な出来事の意味ある同時発生を述べるためにユングによって作られた。
systematic desensitization [sistəmǽtik diːsènsətaizéiʃən] 293	系統的脱感作（法）	セラピストは、クライエントがクモ恐怖を克服する手助けをするために**系統的脱感作**を使用することを決めた。
test battery [tést bǽtəri] 294	テストバッテリー	臨床心理士は、利用可能な多くの測定ツールから適切な**テストバッテリー**を選択しなければならない。
token economy [tóukən ikánəmi] 295	トークンエコノミー	**トークンエコノミー**は、望ましい行動に対してトークンを得る行動修正システムである。
transactional analysis [trænsǽkʃənl ənǽləsis] 296	交流分析	**交流分析**は、私たちがどのように他者と関わっているかを説明するために3つの異なる自我状態を定義する。
transitional object [trænsíʃənəl ábdʒikt] 297	移行対象	ドナルド・ウィニコットによって名づけられた**移行対象**とは、乳幼児にとって初めての自分ではない所有物である。

Adaptive **social skills** can help children adjust to changes in their environments and help avoid conflicts.

A high-school girl diagnosed with social isolation could learn to become sociable by participating in **social skills training**.

Clients with **somatoform disorders** may constantly experience minor aches and pains without medical or biological cause.

Infants protect themselves and keep themselves feeling safe by using the **splitting** mechanism.

Winnicott invented a drawing technique called the **squiggle method** to establish contact and communicate with a child.

Social support should affect the perception of **stressors**, because those with many social supports tend to be less depressed.

Freud argued that Leonardo da Vinci's paintings were **sublimation** of his longing for intimacy with his mother.

The term **synchronicity** is coined by Jung to describe meaningful coincidence of two or more causally unrelated events.

The therapist decided to use **systematic desensitization** in order to help a client overcome her fear of spiders.

A clinical psychologist must select an appropriate **test battery** from the many available measuring tools.

A **token economy** is a system of behavior modification in which a person earns tokens for desirable behavior.

Transactional analysis defines three different ego states to explain how we relate to others.

The **transitional object**, termed by Donald Winnicott, is the first not-me possession for an infant.

[心理院単] 専門用語(臨床心理学・精神医学) 310語

英語	日本語	▼ 例文の意味
unconditional positive regard [ʌnkəndíʃənəl pázətiv rigá:rd] 298	無条件の肯定的関心(肯定的関与)	無条件の肯定的関心がなければ、子どもは自信や自尊心や他人を信頼する能力を発達させることはできない。
working through [wə́:rkiŋ θrú:] 299	徹底操作	徹底操作によって患者は内的葛藤に対してある程度のコントロールを得て、それを解決することが可能になる。
wound [wú:nd] 300	名 傷、傷つき 動 傷つける	心理療法では、患者の児童期の傷つきを理解することは重要だ。
basic fault [béisik fɔ:lt] 301	基底欠損	バリントは、パーソナリティにおけるかなり早期の基本的心的障害を記述するために基底欠損という用語を導入した。
adjustment disorder [ədʒʌ́stmənt disɔ́:rdər] 302	適応障害	ストレスの多い生活経験に対処できないときに適応障害は生じる。
affect attunement [əfékt ətjú:nmənt] 303	情動調律	この研究は、女性の方が男性よりも、他者の情動調律の様々なレベルを識別するのがうまいことを明らかにした。
as-if personality [əzif pə̀:rsənǽləti] 304	かのようなパーソナリティ	境界例は、かのようなパーソナリティという概念に特徴づけられる。
general adaptation syndrome [dʒénərəl ædəptéiʃən sindroum] 305	汎適応症候群	セリエは、汎適応症候群をストレスに対する身体の短期的および長期的な反応と記述した。
good-enough mother [gúdinʌ́f mʌ́ðər] 306	ほどよい母親	ウィニコットによると、ほどよい母親は赤ちゃんにコントロール感と万能感を与えてくれる。
undoing [ʌndú:iŋ] 307	打ち消し	打ち消しとは、よい行為で補うことで過去のある行為を撤回しようとすることである。
object loss [ábdʒikt lɔ́:s] 308	対象喪失	ある精神分析家はトラウマと対象喪失の理論を再検証しはじめた。
obsessive-compulsive disorder [əbsésivkəmpʌ́lsiv disɔ́:rdər] 309	強迫性障害	強迫性障害の人には強迫思考と強迫行為の両方がある。
script analysis [skrípt ənǽləsis] 310	脚本分析	脚本分析とは、交流分析における方法の1つであり、脚本とは無意識的な人生プランを意味する。

Without **unconditional positive regard**, the child cannot develop self-confidence, self-esteem or the ability to trust others.

Working through enables the patient to gain some degree of control over inner conflicts and to resolve them.

In psychotherapy, it is essential to understand patients' childhood **wounds**.

Balint introduced the term **basic fault** to describe the very early and fundamental psychic damage in the personality.

Adjustment disorder occurs when an individual is unable to cope with stressful life experiences.

The study revealed that females discriminate different levels of **affect attunement** in others better than males.

Borderline cases are characterized by the concept of **as-if personality**.

Selye described **general adaptation syndrome** as the body's short-term and long-term reactions to stress.

According to Winnicott, the **good-enough mother** gives the baby a sense of control and omnipotence.

Undoing is the attempt to take back some act in the past by compensating with a good act.

A psychoanalyst began to re-examine the theories of trauma and **object loss**.

People with **obsessive-compulsive disorder** have both obsessive thoughts and compulsive behavior.

Script analysis is one of the methods in transactional analysis and a script means an unconscious life plan.

[心理院単] 専門用語（発達心理学）89語

発達心理学

	Check❶	▼例文の意味
development [divéləpmənt] 1	名 発達，開発 動 develop 発達する，開発する，(病気に)なる	発達とは，個体の発生から死までに生じる様々な変化を指す。
play [pléi] 2	名 遊び 動 遊ぶ，果たす，演じる	遊びは，子どもの社会的発達，情緒的発達，心理的発達に不可欠である。
infant [ínfənt] 3	名 乳児，幼児，乳幼児 名 infancy 乳児期	「ストレンジシチュエーション法」を使って，研究者は親が部屋を退出したり部屋に戻ってきたときに乳児が示す反応を観察した。
childhood [tʃáildhud] 4	名 児童期	児童期の後半には，子どもは，友達との関係における信頼と親密さを重視する。
develop [divéləp] 5	動 発達する，発達させる，(質問紙などを)開発する，(病気に)なる，(病気に)かかる 名 development 発達，開発	パーソナリティは遺伝と環境の相互作用によって発達するということが一般的に受け入れられている。
growth [gróuθ] 6	名 成長，発展 動 grow 成長する	パーソンセンタード療法を含む人間性心理学的アプローチは，個人の成長や自己実現に焦点を当てる。
attachment [ətǽtʃmənt] 7	名 愛着，アタッチメント	ボウルビーは，赤ちゃんが母親に対していだいていく情緒的絆を「愛着」と名づけた。
adolescence [ædəlésns] 8	名 青年期 名・形 adolescent 青年，青年期の	青年期の同一性地位には，彼らの親とのコミュニケーションスタイルと部分的に関連があるようだ。
autonomy [ɔːtánəmi] 9	名 自律性	学習者の自律性を促進する学習システムが必要とされる。
identity [aidéntəti] 10	名 アイデンティティ，同一性 動 identify 特定する，同一視する	最近では多くの人が青年期を過ぎても自らの同一性に悩むけれども，同一性達成は青年の発達課題である。
aging [éidʒiŋ] 11	名 エイジング，老化，加齢	健康的なエイジング（ヘルシーエイジング）に寄与している明確な要因はまだ特定されていない。

発達心理学は、生まれてから死に至るまでの一生涯を研究対象とし、時間の経過による発達的変化の一般的法則や特徴を研究する領域である。近年は、中年期・高齢期の発達的変化も注目されている。

▼[大学院受験]完全対応例文　　　　　　　　　　　1…11

Development refers to the various changes that occur from an individual's birth to their death.

Play is essential for children's social, emotional and psychological development.

Using the "Strange Situation Procedure", researchers observed responses shown by **infants** to their parents leaving the room and coming back into the room.

In the later period of **childhood**, children focus on trust and intimacy in peer relationships.

It is generally accepted that personality **develops** through an interaction between nature and nurture.

Humanistic psychological approaches including person-centered therapy focus on personal **growth** and self-actualization.

Bowlby named the emotional bond of a baby with its mother "**attachment**".

The identity status of an **adolescence** seems to be partially related to their communication style with their parents.

A learning system which promotes learners' **autonomy** is essential.

Identity achievement is a developmental task of an adolescent, although in recent years, many people still worry about their **identity** after adolescence.

The specific factors contributing to healthy **aging** have not been identified yet.

[心理院単] 専門用語（発達心理学）89語

語	意味	▼例文の意味
adulthood [ǽdʌlthud] 12	名 成人期	児童期に形成された内的ワーキングモデルは、**成人期**の親密な対人関係に永続的な影響を与えることがある。
juvenile [dʒúːvənl] 13	形 青少年の 名 青少年	家族だけでなく、友人関係が、**青少年**の発達にとって重要な役割を果たす。
mature [mətjúər] 14	形 成熟した 動 成熟する 名 maturation 成熟	脳が**成熟**するにつれて、赤ちゃんは自分の生活で重要な光景をより注視するようになる。
peer [píər] 15	名 仲間, 同僚	教師によれば、その少年は**仲間**との対人関係上の問題を持っている。
secure [sikjúər] 16	形 安心した, 安全な, 安定した 動 守る, 安全にする 名 security 安全性	愛着障害のある子どもは一般的に大人になってから、自分の子どもと**安定した**基盤を作ることができない親になる。
maternal [mətə́ːrnl] 17	形 母の, 母性の	**母性**行動と子どもの発達の特徴との関係を検証した研究がいくつかある。
novel [nɑ́vəl] 18	形 新奇な, 新しい 名 novelty 新奇性	乳児はなじみのある刺激よりも、**新奇**刺激をより長い間見た。
bond [bɑ́nd] 19	名 絆 動 結びつける, くっつける	最近の研究で、親密な**絆**は新しい経験に対する関心を高めることが明らかにされた。
caregiver [kέrgivər] 20	名 養育者, 介護者	**養育者**と子どもの関係の質は、子どものその後の愛着形成に大きな影響を及ぼす。
competence [kɑ́mpətəns] 21	名 コンピテンス, 能力 形 competent 能力のある, 有能な	社会的**コンピテンス**は、子どもの様々な適応上の成果に寄与している。
lifetime [láiftaim] 22	名 生涯	私たちが提起しなければならない重要な問いは、人のパーソナリティは**生涯**にわたって変化するのかどうかということである。
elderly people [éldərli píːpl] 23	高齢者	その研究は、記憶法だけでなく有酸素運動も**高齢者**の記憶力を向上させることができると指摘している。
longevity [lɑndʒévəti] 24	名 長寿	日本は**長寿**の国として知られており、女性の平均寿命は80歳を超え、男性の平均寿命も80歳に近い。

The internal working model formed in childhood can have a lasting effect on intimate personal relations in **adulthood**.

Relationships not only with family, but also friends plays an important role in **juvenile** development.

As the brain becomes **mature**, a baby pays close attention to important sights in their lives.

According to his teacher, the boy has interpersonal difficulties with his **peers**.

Children with attachment disorder generally grow up to be parents who cannot create a **secure** foundation with their own children.

Some researches examined the relationship between **maternal** behavior and the features of children's development.

The infant watched **novel** stimuli for a longer period of time than familiar stimuli.

Recent studies have revealed that close **bonds** increase our interest in new experiences.

The quality of the **caregiver**-child relationship has a great effect on later attachment formation in a child.

Social **competence** contributes to a variety of adaptive outcomes among children.

The important question we must raise is whether the personality of an individual changes over a **lifetime**.

The research suggests that not only memory techniques but also aerobic exercise can improve memory in **elderly people**.

Japan is known as a nation of **longevity**, and the average life expectancy is over 80 for women and almost 80 for men.

[心理院単] 専門用語（発達心理学） 89語

見出し	意味	▼例文の意味
onset [á:nset] 25	名 開始，始まり	性的成熟の**開始**である思春期は，非常に大きな身体的，情緒的変化を引き起こす。
secure base [sikjúər béis] 26	安全基地	子どもは親との安定した愛着を形成することによって**安全基地**を得る。
vocabulary [voukǽbjulèri] 27	名 語彙	子どもは通常，模倣を通して音や**語彙**を学習する。
operation [àpəréiʃən] 28	名 操作，働き 動 operate 操作する，働く	ピアジェは，問題解決のときに使う論理的原則を表すために「**操作**」という単語を使った。
puberty [pjú:bərti] 29	名 思春期	**思春期**は性的，身体的成熟とともに，心理的にも不安定さを感じる「疾風怒濤の時代」とみなされている。
assimilation [əsìməléiʃən] 30	名 同化 対 accommodation 調節	ピアジェによると，**同化**とは新しい情報や経験を既存の考えに合うように修正することである。
separation anxiety [sèpəréiʃən ænzáiəti] 31	分離不安	**分離不安**は早期児童期では正常であると認識することは重要だ。
transition [trænzíʃən] 32	名 移行期，過渡期，推移	青年期は，児童期から成人期の間の心理的社会的**移行期**と定義することができる。
accommodation [əkàmədéiʃən] 33	名 調節 対 assimilation 同化	同化と**調節**は，認知発達における2つの基本的なプロセスである。
developmental psychology [divèləpmɛ́ntl saikɑ́lədʒi] 34	発達心理学	ジャン・ピアジェの業績は**発達心理学**の進展に多大な貢献をした。
readiness [rédinis] 35	名 レディネス，準備性	研究者たちは，学生が数学を学習するための**レディネス**について教師が洞察を得られる評価ツールを開発した。
temper [témpər] 36	名 気質，かんしゃく，短気 動 和らげる，抑える	就学前児童の**かんしゃく**は一般的であり，そのパターンは女の子と男の子で似ている。
visual cliff [víʒuəl klif] 37	視覚的断崖	乳児の奥行知覚を調べるために，**視覚的断崖**装置が開発された。

Puberty, the **onset** of sexual maturity, causes enormous physical and emotional changes.

A child gains a **secure base** by forming a secure attachment with his/her parents.

Children usually learn the sounds and **vocabulary** through imitation.

Piaget used the word "**operation**" to refer to logical principles we use when solving problems.

Puberty is considered an "age of storm and stress," along with sexual and physical maturation, feelings of psychological instability are experienced.

According to Piaget, **assimilation** means modifying new information or experiences to fit into our existing ideas.

It is important to recognize that **separation anxiety** is normal during early childhood.

Adolescence can be defined as the period of psychological and social **transition** between childhood and adulthood.

Assimilation and **accommodation** are two basic processes in cognitive development.

The work of Jean Piaget contributed significantly to the growth of **developmental psychology**.

Researchers developed an assessment tool to give teachers insights into aspects of their students' **readiness** for learning mathematics.

Bad **temper** among preschoolers are common and the pattern is the same for girls and boys.

The **visual cliff** apparatus was developed to examine depth perception in infants.

[心理院単] 専門用語（発達心理学）89語

語	意味	例文の意味
weaning [wíːniŋ] 38	名 離乳 動 wean 離乳させる	青年の心理的**離乳**のプロセスはまだ明白に説明されていない。
youth [júːθ] 39	名 **青年, 青年期**	登校拒否の**青年**の多くは幅広い内在化問題と外在化問題を示す。
basic trust [béisik trʌ́st] 40	**基本的信頼**	エリクソンによると、乳児の心理社会的課題は「**基本的信頼**」を発達させることである。
coordination [kouɔ̀ːrdənéiʃən] 41	名 **協応** 動 coordinate 協応させる	共同注視には、自己、他者そして対象あるいは出来事との間の注意の**協応**を伴う。
cross-sectional study [krɔ́ːssékʃənl stʌ́di] 42	**横断的研究** 対 longitudinal study 縦断的研究	**横断的研究**はデータ収集は容易であるが、因果関係に関する推論ができない。
habituation [həbìtʃuéiʃən] 43	名 **馴化** 動 habituate 馴化する、慣れる 対 dishabituation 脱馴化	エクスポージャー法は、恐怖対象への**馴化**を促進することによって作用する。
intimate [íntəmət] 44	形 **親密な** 名 intimacy 親密、親密性	他者と**親密な**関係を作ることができる大人になるためには幼児期の安定した愛着が必要である。
life cycle [láif sáikl] 45	**ライフサイクル**	エリクソンの**ライフサイクル**論によると、人は発達の8つの段階を通過しなければならない。
longitudinal study [làndʒətjúːdənl stʌ́di] 46	**縦断的研究** 対 cross-sectional study 横断的研究	「シアトル研究」は、成人の知能に関する有名な**縦断的研究**であり、50年以上の間行われている。
mistrust [mistrʌ́st] 47	名 **不信** 動 不信を抱く、疑う 対 trust 信頼、信頼する	エリクソンの発達理論の最初の心理社会的課題は「信頼-**不信**」と呼ばれている。
neonatal [nìːənéitəl] 48	形 **新生児の** 名 neonate 新生児	流産や死産、**新生児**の死は、親、特に母親にとって痛烈な喪失となりえることが今では認識されている。
primitive [prímətiv] 49	形 **原始的な**	防衛機制が**原始的**で未熟であるほど、それは効果的ではないだろう。
symbolic play [simbálik pléi] 50	**象徴遊び**	介入グループの自閉症児は、母親とのやりとりの中でより多様な**象徴遊び**を示した。

The psychological **weaning** process of adolescents has not been clearly explained yet.

Many **youths** who refuse school show a wide range of internalizing and externalizing problems.

According to Erikson, an infant's psychosocial task is to develop "**basic trust**".

Joint attention involves the **coordination** of attention between the self, another person and an object or event.

Although it is easy to collect data, **cross-sectional studies** do not allow for inferences about causality.

Exposure therapy works by promoting **habituation** to the feared object.

Secure attachment in infancy is necessary to become an adult capable of maintaining **intimate** relationships with others.

According to Erikson's **life cycle** theory, people must pass through a series of eight stages of development.

The "Seattle Study" is a famous **longitudinal study** on adult intelligence, which has been conducted for over 50 years.

The first psychosocial task of Erikson's developmental theory is called "trust-**mistrust**."

It is now recognized that a miscarriage, stillbirth, or **neonatal** death can be a devastating loss to the parent, especially the mother.

The more **primitive** and immature a defense mechanism is, the less effective it may be.

The autistic children in the intervention group showed more diverse types of **symbolic play** during interaction with their mothers.

[心理院単] 専門用語（発達心理学）89語

英語	意味	▼例文の意味
temperament [témpərəmənt] 51	名 気質	気質に関する多くの研究が、子どもの発達が気質の影響を受けるということを示してきた。
toddler [tádlər] 52	名 幼児、よちよち歩きの子	幼児は母親との交流と同じように、仲間との交流が好きになり始めるだろう。
circular reaction [sə́ːrkjulər riǽkʃən] 53	循環反応	第一次循環反応と呼ばれる下位段階では、乳児は自分の身体を使う行為を繰り返す。
cohort [kóuhɔːrt] 54	名 コホート	コホートは、同じ時代に生まれた人たちの集団のことを指す。
concrete operational stage [kánkriːt àpəréiʃənl stéidʒ] 55	具体的操作期	具体的操作期の子どもは論理的に推論することができるが、抽象的概念を理解するのは難しい。
conservation [kànsərvéiʃən] 56	名 保存 動 conserve 保存する	ピアジェによれば、前操作期の子どもは、保存の法則が理解できない。
critical period [krítikəl píəriəd] 57	臨界期	科学者の中には、言語の獲得には臨界期があると考えているものもいる。
egocentrism [iːgouséntrizm] 58	名 自己中心性	前操作期の自己中心性を証明するために、ピアジェは三つ山課題を設けた。
epigenetic theory [èpidʒənétik θíːəri] 59	漸成説	エリクソンの漸成説によると、私たちは8つの段階で自らのパーソナリティを展開することによって発達する。
external speech [ikstə́ːrnl spíːtʃ] 60	外言 対 internal speech 内言	ヴィゴツキーは『内言は自分自身に対する発話であり、外言は他者に対する発話である』と説明した。
foreclosure [fɔːrklóuʒər] 61	早期完了(型)	マーシャによれば、早期完了型の地位の人は、児童期に両親によって与えられたアイデンティティや価値観を盲目的に受け入れている。
formal operation [fɔ́ːrməl àpəréiʃən] 62	形式的操作	形式的操作期の人は、理論的に考え、事実とは逆の命題を構築することができる。
hospitalism [háspitəlizm] 63	名 ホスピタリズム	ホスピタリズムの特徴は、身体発達の遅れや知覚運動スキルや言語の障害である。

Many studies on **temperament** have shown that children's development is influenced by **temperament**.

Toddlers will begin to enjoy interacting with peers as well as with their mothers.

In the substage called primary **circular reactions**, infants repeat actions that involves his/her own body.

Cohort refers to a group of individuals born in the same time period.

Children who are in the **concrete operational stage** are able to reason logically but have difficulty understanding abstract concepts.

According to Piaget, preoperational children cannot understand the principle of **conservation**.

Some scientists believe that there may be a **critical period** for the acquisition of languages.

To demonstrate **egocentrism** in the preoperational stage, Piaget set up his three-mountains task.

According to Erikson's **epigenetic theory**, we develop through unfolding our personalities in eight stages.

Vygotsky explained that "internal speech is speech for oneself, **external speech** is speech for others."

According to Marcia, those at **foreclosure** status blindly accept the identity and values they received during childhood from their parents.

An individual in the stage of **formal operations** is able to think theoretically and construct contrary-to-fact propositions.

The characteristics of **hospitalism** are retarded physical development and disruption of perceptual-motor skills and languages.

[心理院単] 専門用語（発達心理学）89語

▼ 例文の意味

identity diffusion
[aidéntəti difjúːʒən] 64
アイデンティティ拡散

アイデンティティ拡散の地位の人は、職業について決定もしていないし、そのことについてそれほど関心もない。

imprinting
[ímprintiŋ] 65
名 刷り込み、インプリンティング

コンラート・ローレンツは、刷り込みを科学的に研究した最初の人であった。

internal speech
[intə́ːrnl spíːtʃ] 66
内言
対 external speech 外言

ヴィゴツキーはゆるやかな発達過程を通じて、内言は外言を基盤として生み出されると論じた。

internal working model
[intə́ːrnl wə́ːrkiŋ mádl] 67
内的ワーキングモデル

子どもの養育者との愛着関係は、子どもの内的ワーキングモデルに影響するため重要である。

maternal deprivation
[mətə́ːrnl dèprəvéiʃən] 68
母性剥奪、マターナルディプリベーション

愛着障害は、早期児童期の母性剥奪によって生じることがある。

object permanence
[ábdʒikt pə́ːrmənəns] 69
対象の永続性

対象の永続性を獲得した子どもは、対象が見えないときでもそれが存在していることを認識している。

parallel play
[pǽrəlèl pléi] 70
並行遊び

2歳ごろの子どもは、交流することなく他の子どものそばで遊ぶ並行遊びを楽しむ。

preferential looking method
[prèfərénʃəl lúkiŋ méθəd] 71
選好注視法

ファンツは、選好注視法を使って生後4ヶ月の赤ちゃんでも単純なものよりも複雑なものを見るのを好むことを示した。

preoperational period
[priàpəréiʃənl píəriəd] 72
前操作期

前操作期の子どもは、心的世界と物理的世界を区別することができない。

preschooler
[príːskúːləʳ] 73
名 就学前児童、幼児

幼児はたくさんの刺激あふれるゲームを通して認知発達を高めるだろう。

psycho-social moratorium
[sáikousóuʃəl mɔ̀ːrətɔ́ːriəm] 74
心理社会的モラトリアム

心理社会的モラトリアムの時期には、青年は様々な役割を自由に試してみる。

schema
[skíːmə] 75
名 シェマ、スキーマ

ピアジェは、人が世界を理解することを可能にする心的構造を説明するためにシェマという用語を導入した。

sibling
[síbliŋ] 76
名 きょうだい

二卵性双生児は、他のきょうだいと同様に、遺伝子の約半分を共有する。

Those with a status of **identity diffusion** have neither decided upon an occupation nor are they much concerned about it.

Konrad Lorenz was the first to study **imprinting** in a scientific manner.

Vygotsky argued that **internal speech** is generated based on external speech via gradual development.

The child's attachment relationship with his/her caregiver is important because it affects the child's **internal working model**.

Attachment disorder can be caused by **maternal deprivation** in early childhood.

The child who has achieved **object permanence** realizes that the object exists even when it can't be seen.

Children around age two enjoy **parallel play** where they play beside another child without interacting.

Fantz showed that babies as young as 4 months old preferred looking at complex objects rather than simple ones by using a **preferential looking method**.

Children in the **preoperational period** cannot distinguish the mental world from the physical world.

Preschoolers can improve their cognitive development through a lot of stimulating games.

During a period of **psycho-social moratorium**, adolescents feel free to experiment with different roles.

Piaget introduced the term **schema** to describe mental structures that enable people to understand the world.

Fraternal twins, like any other **siblings**, share about half of their genes.

[心理院単] 専門用語（発達心理学）89語

見出し語	Check	意味	▼例文の意味
tantrum [tǽntrəm]	77	名 かんしゃく	研究者たちは、幼い子どもが頻繁に長時間にわたって暴力的なかんしゃくを起こすのは、深刻な情緒的問題や行動上の問題の徴候かもしれないと指摘した。
theory of mind [θíːəri əv máind]	78	心の理論	子どもたちは、およそ3歳ごろに心の理論を獲得しはじめる。
vocalization [vòukəlaizéiʃən]	79	名 発声，声に出すこと 動 vocalize 声に出す，発音する	母親がさまざまな複雑な発声をジェスチャーに付け加えていることは興味深い。
zone of proximal development [zóun əv práksimal divéləpmənt]	80	発達の最近接領域	発達の最近接領域という概念はロシアの学者ヴィゴツキーの研究から始まった。
animism [ǽnəmizm]	81	名 アニミズム	前操作期の子どもが示す特徴の一つはアニミズムである。
chumship [tʃʌ́mʃip]	82	名 チャムシップ	サリヴァンは、前青年期の同性友人関係をチャムシップと定義した。
false belief task [fɔ́ːls bəlíːf tǽsk]	83	誤信念課題	高機能自閉症の人の中には、誤信念課題を通過する人もいた。
gang age [gǽŋ eidʒ]	84	ギャングエイジ	心理学者は後期児童期を「ギャングエイジ」と呼ぶ。なぜならば、この時期の子どもたちは仲間との活動に興味があるからだ。
identity crisis [aidéntəti kráisis]	85	アイデンティティ危機	アイデンティティ危機とは、青年が直面する最も重要な葛藤の1つである。
midlife crisis [mídlaif kráisis]	86	中年期危機	カール・ユングは中年期危機を正常な成熟過程だと記した。
nuclear family [njúːkliər fǽməli]	87	核家族	第二次大戦後以降、日本では核家族が一般的になってきた。
role-taking [róultèikiŋ]	88	名 役割取得	研究者は、10歳から15歳の期間の道徳発達と役割取得の関係を調査した。
three mountains task [θríː máuntənz tǽsk]	89	三つ山課題	三つ山課題は、子どもの視点の理解をテストするために開発された。

The researchers suggested that long, frequent and violent **tantrums** in young children may be a sign of serious emotional or behavioral problems.

Children start to acquire **theory of mind** at about three years old.

It is interesting that the mother adds different complex **vocalizations** to her gestures.

The concept of the **zone of proximal development** was originated from the work of Russian scholar Vygotsky.

One of features children display during the preoperational stage is **animism**.

Sullivan defined the same sex friendship during preadolescence as the **chumship**.

Some of high-functioning individuals with autism could pass **false belief tasks**.

Psychologists call late childhood as the "**gang age**", because children in this period are interested in activities with their peers.

Identity crisis is one of the most important conflicts an adolescent faces.

Carl Jung described **midlife crisis** as a normal part of the maturing process.

Since the end of World War II the **nuclear family** has become popular in Japan.

A researcher investigated the relationship between moral development and **role-taking** during the years 10 to 15.

The **three mountains task** was developed to test children's understanding of perspective.

[心理院単]専門用語（研究法・統計学）102語

研究法・統計学

	Check①	▼例文の意味
research [rísə:rtʃ] 1	名調査，研究	動物研究は，人間のコミュニケーションが他の動物のものとは異なることを証明している。
control [kəntróul] 2	動統制する，コントロールする，支配する 名統制，コントロール，支配	実験者は，調べたい変数以外のすべての変数を統制しなければならない。
test [tést] 3	動検証する，テストする 名テスト	私たちは，参加者が不安な気分のときには，ネガティブ出来事を思い出しやすいという仮説を検証した。
data [déitə] 4	名データ	心理学では，客観的データに基づいた結論に焦点を当てる。
condition [kəndíʃən] 5	名条件 動条件づける 名conditioning 条件づけ	ある条件では，参加者は単語リストを学習し，その後それを再生しなければならなかった。
subject [sʌ́bdʒikt] 6	名参加者，被験者，主題 形(be subject to ~) ~にかかりやすい，~を受けやすい，~を受けさせる	さまざまな理由で，大学生が心理学研究の参加者として選ばれる傾向がある。
experiment [ikspérəmənt] 7	名実験 動実験する	パブロフは犬を使った実験を行うことで古典的条件づけのメカニズムを明らかにした。
mean [mí:n] 8	名平均 動意味する 名meaning 意味	実験群と統制群の平均値の差をt検定を用いて検証した。
measure [méʒər] 9	動測定する 名測定 名measurement 測定	知能検査は，知能を客観的に測定するための科学的なツールとして開発された。
hypothesis [haipɑ́θəsis] 10	名仮説 動hypothesize 仮説を立てる 形hypothetical 仮説上の，仮想の	ある仮説を持っていて，それが正しいかどうか知りたい場合は，仮説検証型の研究を行う必要がある。
rate [réit] 11	動評定する 名割合 名rating 評価	大学生たちは，彼らの私生活でどれぐらいストレスを抱えているかを5件法で評定するように求められた。

> 心理学の研究では、客観性の高い結果を導くために、数ある研究法の中から適切な方法を選択し、実施することが求められる。研究から得られたデータは一般的に統計手法を用いて処理される。

▼[大学院受験]完全対応例文　　　　　　　　　　1…11

研究法・統計学

Animal **research** demonstrates that human communication is different from that of other animals.

An experimenter must **control** all the variables except for the variable that the experimenter wants to examine.

We **tested** the hypothesis that participants in an anxious mood, would be more likely to retrieve negative events.

Psychology focuses on conclusions which are based upon objective **data**.

In one **condition**, participants were to learn word lists and then recall them.

For various reasons, university students are likely to be selected as **subjects** of psychological studies.

Pavlov clarified the mechanisms of classical conditioning by conducting **experiments** with dogs.

The difference between the **mean** scores of the experimental group and the control group was verified using a t-test.

Intelligence tests have been developed as a scientific tool to objectively **measure** intelligence.

If you have a specific **hypothesis** and want to know whether it is correct or not, you need to conduct a **hypothesis** verification study.

University students were asked to **rate** on a 5-point scale how stressed they were in their personal lives.

[心理院単] 専門用語（研究法・統計学）102語

▼例文の意味

significantly
[signífikəntli]
- 副 有意に、非常に
- 形 significant 有意な、重要な

ソーシャルスキルの得点は、ソーシャルスキルトレーニングの前よりも後の方が**有意に**高かった。

interaction
[intərǽkʃən]
- 名 交互作用、相互作用
- 動 interact 相互作用する

分散分析の結果は、記憶成績に対する学習状況とテスト状況の**交互作用**を示した。

scale
[skéil]
- 名 尺度、基準
- 動 測定する

回答者は、自己愛と学業の動機づけと、帰属スタイルの**尺度**を含む質問紙に回答するよう求められた。

survey
[sərvéi]
- 名 調査
- 動 調査する

参加者は、生活と人間関係における主観的幸福についての**調査**に記入するよう求められた。

value
[vǽlju:]
- 名 値、価値
- 動 評価する
- 形 valuable 価値がある

相関係数の**値**はプラス1からマイナス1にわたる。

chance
[tʃǽns]
- 名 偶然、可能性、機会
- 動 偶然〜する

もしも帰無仮説が棄却されたなら、それは観察された差異は**偶然**のみによらないということを意味する。

population
[pɑ̀pjuléiʃən]
- 名 母集団
- 対 sample 標本

推測統計は、標本から**母集団**についての結論を導き出すために使われる。

complete
[kəmplí:t]
- 動 仕上げる、完成させる、行う、(質問紙などに)記入する
- 形 完全な、徹底した

実験参加者は、退屈な課題を1時間で**行う**よう求められ、その後その課題が楽しかったかどうかたずねられた。

design
[dizáin]
- 名 デザイン、計画
- 動 デザインする、計画する

あなたが研究で使用する統計技法は実験**デザイン**によって決定される。

participant
[pɑrtísəpənt]
- 名 参加者
- 動 participate 参加する

ダブルブラインドテストは、**参加者**も調査者も誰がどの処遇を受けたか知らないという方法である。

conclusion
[kənklú:ʒən]
- 名 結論
- 動 conclude 結論づける

本研究は、ロールプレイングが確かにコミュニケーションスキルの向上に役立つという**結論**を導いた。

average
[ǽvəridʒ]
- 名 平均
- 動 平均する
- 形 平均の

平均的には、女性は男性よりもある言語スキルや社会スキルは高い。

procedure
[prəsí:dʒər]
- 名 手続き
- 動 proceed 進む、続ける

どのタイプのテストと**手続き**がクライエントの情報を得るのにもっとも有益であるのかを決定することが重要である。

The score for social skills were **significantly** higher after the social skills training than before it.

Results of ANOVA showed a mutual **interaction** between learning situations and test situations on recollection performance.

The respondents were asked to fill out a questionnaire which included **scales** of narcissism, academic motivation and attribution style.

The participants were asked to complete a **survey** about subjective happiness in their life and relationships.

The **value** of a correlation coefficient ranges between +1 to −1.

If the null hypothesis is rejected, that means an observed difference is not due to **chance** alone.

Inferential statistics are used to draw conclusions about the **population** from the sample.

Experiment participants were requested to **complete** a boring task in one hour, then they were asked whether they enjoyed it.

The statistical techniques you will use in your study are determined according to your experimental **design**.

A double blind test is a technique where neither the **participant** nor the investigator knows who receives what treatment.

This study drew the **conclusion** that role-playing was certainly useful in improving of communication skills.

On **average**, women do better at certain verbal and social skills than men.

It is important to determine what types of tests and **procedures** might be the most successful in gaining information about a client.

見出し語	意味	▼例文の意味
sample [sǽmpl]	名 標本, サンプル / 名 sampling 標本抽出, サンプリング / 対 population 母集団	**標本**の選択は調査研究を行う上で重要なステップである。
validity [vəlídəti]	名 妥当性 / 形 valid 妥当な	この尺度は日本の研究で広く使われており, その信頼性と**妥当性**は他の研究者たちによって証明されてきた。
causal [kɔ́ːzəl]	形 原因の, 因果関係の / 名 cause 原因 / 動 cause 引き起こす	実験研究の利点は, 相関関係だけでなく**因果関係**も明らかにすることである。
investigation [invèstəgéiʃən]	名 調査 / 動 investigate 調査する	エクマンとフリーセンによって行われた異文化間**調査**は, 6 か7つの個別情動があることを示唆した。
laboratory [lǽbərətɔ̀ːri]	名 実験室, 研究室	**実験室**で検証された学習原理の中には, 日常生活での行動に応用できるものがある。
self-report [sélfripɔ̀ːrt]	名 自己報告	**自己報告**尺度は, 自己評価を歪めるような防衛を頻繁に使う人のアセスメントには不適当である。
observation [ὰbzərvéiʃən]	名 観察 / 動 observe 観察する	観察研究は, 自然な状況での**観察**によって人間の本質を理解しようとする試みである。
variable [vέəriəbl]	名 変数 / 形 変わりやすい, 変化しやすい	2つの**変数**の因果関係を知りたいときは, 質問紙法よりも実験法の方が好ましい。
examine [igzǽmin]	動 調査する, 検証する / 名 examination 調査	本研究の目的は, フロー体験が主観的幸福感と関連するか**検証**することである。
comparison [kəmpǽrəsn]	名 比較	既婚者と未婚者の幸福感の**比較**に有意差はなかったと研究者は報告した。
null hypothesis [nʌ́l haipάθəsis]	帰無仮説	第1種の過誤は, **帰無仮説**が実際には真であるのにそれを棄却するときに生じる。
trial [tráiəl]	名 試行	各**試行**の前に, 幼児は視覚的断崖装置の浅い側に置かれた。
variance [vέəriəns]	名 分散, バラツキ	実際, 知能の**分散**の約半分が遺伝の個人差で説明できる。

Selecting a **sample** is an important step in conducting a research study.

This scale is widely used in studies in Japan and its reliability and **validity** have been proven by other researchers.

The advantage of experimental studies is not just to clarify correlational relationships but also **causal** relationships.

The cross-cultural **investigations** carried out by Ekman and Friesen suggest that there are either six or seven distinct emotions.

Some principles of learning verified in a **laboratory** can be applied to behaviors in everyday life.

Self-report measures are inadequate for the assessment of people who frequently use defenses that distort self-evaluation.

Observational study is an attempt to understand human nature by **observation** of natural situations.

If you want to know the causal relationship between two **variables**, an experimental method is preferable to a survey method.

The purpose of this study is to **examine** whether flow experience is related to a subjective sense of well-being.

The researchers reported that the **comparison** of married and non-married persons' feelings of well-being was not significant.

A type I error occurs when one rejects the **null hypothesis** when it is in fact true.

Before each **trial**, infants were placed on the shallow side of the visual cliff apparatus.

Indeed, genetic differences among individuals can account for about half of the **variance** in intelligence.

[心理院単] 専門用語（研究法・統計学）102語

見出し語	Check	意味	▼ 例文の意味
generate [dʒénərèit]	38	動 生成する，生み出す / 形 generative 生成的な	心理学の研究は，仮説を生成し，その仮説を検証するという2つのプロセスを含んでいる。
manipulation [mənìpjuléiʃən]	39	名 操作 / 動 manipulate 操作する，処理する	観察法と実験法の違いのひとつは，独立変数の操作があるかどうかである。
methodology [mèθədálədʒi]	40	名 方法，方法論	ナラティブな方法論は，これまでの心理学の主流であった量的研究の限界を補う。
baseline [béislain]	41	名 ベースライン	単一事例研究デザインには，少なくとも1回のベースライン期と1回の処遇期がある。
correlation [kɔ̀:rəléiʃən]	42	名 相関，相関関係	一卵性双生児間のIQの相関は，二卵性双生児間のIQの相関よりも高い。
index [índeks]	43	名 指標，指数 / 動 索引に載せる	不安を測定する生理的指標として心拍反応が用いられた。
likelihood [láiklihùd]	44	名 可能性，見込み / 形 likely 〜しそうである	多くの研究が，児童期の身体的虐待歴は大人になってから攻撃的な人間になる可能性を高めることを示してきた。
case study [kéis stʌ́di]	45	ケーススタディ，事例研究	臨床心理学では，実験研究よりも事例研究の方が多く行われてきた。
conduct [動 kəndʌ́kt, 名 kʌ́ndʌkt]	46	動 行う，導く / 名 行い	高いメタ認知は，よい学業成績へ導くという考えを証明するために私は調査を行った。
introspection [ìntrəspékʃən]	47	名 内省，内観 / 動 introspect 内省する，内観する	ヴントは，人の意識を研究するために内省を使用した。
independent variable [ìndipéndənt vɛ́əriəbl]	48	独立変数 / 対 dependent variable 従属変数	独立変数とは実験者が操作できる変数である。
reliability [rilàiəbíləti]	49	名 信頼性	テストの安定性の指標である再検査信頼性は.70を超えるべきである。
statement [stéitmənt]	50	名 (質問)項目，述べること，発言	回答者の約半分が，「親友のような他者を深く思いやることは私にとって重要だ」といった質問項目に同意した。

Psychological research involves two processes; **generating** a hypothesis and then testing it.

One of the differences between observational methods and experimental methods is whether there is **manipulation** of the independent variables or not.

Narrative **methodology** compensates for the limits of quantitative research, which, till now, has been a mainstream of psychology.

Single-case research design includes at least one **baseline** phase and one treatment phase.

The **correlation** of IQ between identical twins is higher than the **correlation** of IQ between fraternal twins.

Heart rate response was used as a physiological **index** measuring anxiety.

Many studies have showed that a history of physical abuse in childhood increases one's **likelihood** of becoming an aggressive person in adulthood.

In clinical psychology, **case studies** have been conducted more often than experimental studies.

I **conducted** research to verify the idea that high levels of metacognition can lead to good academic performance.

Wundt used **introspection** to study human consciousness.

An **independent variable** is one which an experimenter can manipulate.

Test-retest **reliability**, an index of test stability, should be beyond .70.

About half of the respondents agreed with the **statement** that said, "Caring deeply about another person such as a close friend is very important to me".

[心理院単] 専門用語（研究法・統計学）102語

見出し語	Check	訳語	▼例文の意味
control group [kəntróul grúːp] 51	☐☐	統制群 対 experimental group 実験群	実験群の得点は、統制群の得点よりも高かった。
external validity [ikstə́ːrnl vəlídəti] 52	☐☐	外的妥当性	外的妥当性は、ある研究で明らかにされた原理が他のテスト参加者や状況にあてはまる程度のことである。
inventory [ínvəntɔ̀ːri] 53	☐☐	名 質問紙、目録	BDIは抑うつ症状の重篤度を測定するためにもっとも広く使われている自己報告質問紙のひとつだ。
mode [móud] 54	☐☐	名 モード、最頻値	モード（最頻値）は中心傾向の指標であり、それはもっとも頻出する値のことである。
quantitative [kwántətèitiv] 55	☐☐	形 量的な 名 quantity 量 動 quantify 量で表す 対 qualitative 質的な	伝統的な量的調査には、長所も短所もあることを肝に銘じておこう。
main effect [méin ifékt] 56	☐☐	主効果	ジェンダーの主効果が身体不満感において見られた。
psychometric [sàikəmétrik] 57	☐☐	形 心理測定の、計量心理の 名 psychometrics 計量心理学	計量心理テストは、ある心理的側面を査定するための標準化された方法である。
questionnaire [kwèstʃənéər] 58	☐☐	名 質問紙	大学生のグループは、友人関係のストレスを測定する新しい質問紙を開発した。
replicate [réplikèit] 59	☐☐	動 追試する、再現する 名 replication 追試、再現	私たちの考えを検証するために、スタンバーグの研究に1つ修正を加えて追試した。
statistics [stətístiks] 60	☐☐	名 統計学、統計 名 statistic 統計量	心理学の研究を行う上で、統計学の基本的知識は重要になるだろう。
subscale [sʌ́bskéil] 61	☐☐	名 下位尺度	MMPIは10の臨床的下位尺度と、受検態度を査定する妥当性尺度で構成されている。
summary [sʌ́məri] 62	☐☐	名 要約、サマリー 動 summarize 要約する	この要約では、私たちはフロイトの業績に対する批判の1つについて触れるつもりである。
cross-cultural [krɑ́ːskʌ́ltʃərəl] 63	☐☐	形 異文化間の、比較文化的な	心理学における異文化間研究は、人間のある心理的傾向が普遍的なものであるのかどうかを教えてくれる。

The scores in the experimental group were higher than those in the **control group**.

External validity is the extent to which a principle revealed in certain studies can be applied to other test subjects or situations.

BDI is one of the most widely used self-report **inventories** to measure the severity of depressive symptoms.

The **mode** is an index of central tendency, meaning the most frequently occurring value.

Keep in mind that traditional **quantitative** survey methods have both advantages and disadvantages.

The **main effect** of gender was seen in body dissatisfaction.

Psychometric tests are standardized methods to assess particular psychological aspects.

A group of university students developed a new **questionnaire** measuring the stress of friendship.

We **replicated** Stanberg's study with one modification to test our idea.

A basic knowledge of **statistics** will be important in conducting psychological studies.

MMPI consists of 10 clinical **subscales** and validity scales to assess the person's test-taking attitude.

In this **summary** we will deal with just one of the criticisms of Freud's work.

Cross-cultural studies in psychology tell us whether certain psychological tendencies in human beings are universal or not.

[心理院単] 専門用語（研究法・統計学）102語

見出し	訳・関連語	▼例文の意味
dependent variable [dipéndənt véəriəbl] 64	従属変数 対 independent variable 独立変数	従属変数とは，独立変数によって影響する変数のことである。
experimental group [ikspèrəméntl grúːp] 65	実験群 対 control group 統制群	この研究では，実験群は認知行動療法に基づいた2週間の心理教育プログラムに参加した。
internal validity [intə́ːrnl vəlídəti] 66	内的妥当性	内的妥当性とは，従属変数のデータが独立変数の変化によってのみ生じる程度のことである。
positivist [pázitivist] 67	名 実証主義者 形 実証主義の	実証主義の方法論は，幅広いリサーチクエスチョンに答えるのが得意である。
assign (A to B) [əsáin] 68	動 (AをBに)割り当てる 名 assignation 割り当て	実験参加者はランダムに実験群か統制群に割り当てられた。
Cronbach's alpha [kránbætʃiz ǽlfə] 69	クロンバックのアルファ（係数）	この研究で実施した質問紙の信頼性を確認するために，クロンバックのアルファ係数を算出した。
effect size [ifékt sáiz] 70	効果量	メタ分析では，治療効果の大きさを測定するために効果量の指標が計算される。
experimental condition [ikspèrəméntl kəndíʃən] 71	実験条件	独立変数の操作によって，実験条件と統制条件間の従属変数の統計的有意差をもたらした。
internal consistency [intə́ːrnl kənsístənsi] 72	内的整合性	内的整合性とは，テストの各項目が同じ構成概念を測定している程度のことである。
interval scale [íntərvəl skéil] 73	間隔尺度	間隔尺度の一般的な例は，気温の華氏目盛である。
operationalization [ouprǽʃənəlizéiʃən] 74	名 操作主義 動 operate 操作する	操作主義によってあいまいな概念が量的に測定できる。
significant difference [signífikənt dífərəns] 75	有意差	この研究は，実験群の得点と統制群の得点に有意差があることを示した。
test-retest reliability [téstriːtèst rilàiəbíləti] 76	再検査信頼性	再検査信頼性とは2つの得点の相関によって測定される。

Dependent variables are variables which are affected by independent variables.

In this study, the **experimental group** participated in a 2-week psycho-educational program based on cognitive behavioral therapy.

Internal validity is the extent to which the data of dependent variables occurs only due to the changes of independent variables.

Positivist methodology is successful at answering a wide swath of research questions.

Experiment participants were randomly **assigned** to the experimental group or to the control group.

The coefficient of **Cronbach's alpha** was calculated to confirm the reliability of the questionnaire used in this research.

In meta-analysis, an **effect size** index is calculated to measure the magnitude of a treatment effect.

The manipulation of the independent variable resulted in a statistically significant difference in the dependent variable between the **experimental condition** and the control condition.

Internal consistency is the extent to which each item of a test measures the same construct.

A common example of an **interval scale** is the Fahrenheit scale of temperature.

Operationalization allows fuzzy concepts to be measured quantitatively.

This study has shown that there is a **significant difference** between the score of the experimental group and that of the control group.

Test-retest reliability is measured by a correlation between the two sets of scores.

語	意味	▼例文の意味
administer [ædmínəstər] 77	動 実施する，行う 名 administration 実施，運営	日本人の政治に対する態度を理解するために大規模な調査が実施された。
coefficient [kòuifíʃənt] 78	名 係数	相関係数は，2つの変数間の相関の程度を示す指標である。
confounding [kənfáundiŋ] 79	名 交絡	交絡因子とは，独立変数と従属変数の両方に関連する外部変数のことである。
content analysis [kəntént ənæləsis] 80	内容分析	その心理学者は，自由回答式の質問に対する参加者の回答の内容分析に基づいて結論を導いた。
counterbalance [káuntəbæləns] 81	名 カウンターバランス，相殺 動 相殺する	20単語のリストの提示順序は参加者間で相殺された。
factor analysis [fæktər ənæləsis] 82	因子分析	キャッテルは，因子分析として知られる統計手法を使って16の主要なパーソナリティ因子を特定した。
Likert scale [líkərt skéil] 83	リッカート尺度	リッカート尺度は，態度を測定するためにもっとも広く使われている評価尺度の1つである。
meta analysis [métə ənæləsis] 84	メタ分析	心理療法の有効性を検証するために，メタ分析を行う研究が年々増加している。
nominal scale [námənl skéil] 85	名義尺度	名義尺度とは，行動をカテゴリー化する方法であり，実際の数字は単なるラベルである。
normal distribution [nɔ́ːrməl distrəbjúːʃən] 86	正規分布	正規分布では，中央値，最頻値，平均値は同じである。
open-ended question [òupənéndid kwéstʃən] 87	自由回答式質問法	研究者たちは，患者の主観的経験に対する洞察を得るために自由回答式質問法を利用した。
ordinal scale [ɔ́ːrdənəl skéil] 88	順序尺度	順序尺度は基本的に順位であるが，数値間の間隔は必ずしも等しくない。
outlier [áutlàiər] 89	名 はずれ値，異常値	データが対称分布をしており，はずれ値がない場合には，平均は非常に役立つだろう。

A large-scale investigation was **administered** to understand Japanese people's attitude toward politics.

A correlation **coefficient** is an index to show the degree of correlation between two variables.

Confounding factors are the external variables which are related to both independent variables and dependent variables.

The psychologist drew the conclusion based on the **content analysis** of the participants' responses to open-ended questions.

The order of presentation of the 20 word lists was **counterbalanced** across the participants.

Cattell, using a statistical technique known as **factor analysis**, identified 16 key personality factors.

A **Likert scale** is one of the most widely used rating scales to measure attitudes.

To examine the effectiveness of psychotherapy, **meta analysis** studies are increasing year by year.

A **nominal scale** is a way of categorizing behavior, where the actual numbers are simply labels.

In a **normal distribution**, the median, the mode and the mean values are equivalent.

The researchers used **open-ended questions** to gain insight into the patient's subjective experiences.

An **ordinal scale** is basically rank order but the intervals between the numbers are not necessarily equal.

The mean can be very useful when the data have a symmetric distribution and do not contain **outliers**.

[心理院単] 専門用語（研究法・統計学）102語

見出し語	訳語	例文の意味
qualitative approach [kwάlətèitiv əpróutʃ] 90	質的アプローチ	私たちは質的アプローチを用いて，治療がうまくいった20人のクライエントのナラティブの変容を検証した。
random assignment [rǽndəm əsáinmənt] 91	ランダム割り当て	ランダム割り当ては，すべての参加者が各実験条件に割り当てられる機会を等しくすることを確実にする。
random sampling [rǽndəm sǽmpəliŋ] 92	無作為抽出，ランダムサンプリング	無作為抽出は，調査研究において偏りのない結果に至るための最善の方法である。
ratio scale [réiʃou skéil] 93	比率尺度	重さは測定可能な絶対ゼロ点を持っていることから，比率尺度の一例である。
regression analysis [rigréʃən ənǽləsis] 94	回帰分析	データの回帰分析は，他者への情動表出が主観的幸福感と有意に正の関係があることを示した。
respondent [rispá:ndənt] 95	名 回答者	回答者の半分以上が，自分は他人の影響を受けているということを認めた。
semi-structured [sèmistrʌ́ktʃərd] 96	形 半構造化の	半構造化面接では，前もって研究したい仮説とそれを検証するためのいくつかの質問を必要とする。
situation sampling method [sitʃuéiʃən sǽmpliŋ méθəd] 97	場面見本法	場面見本法は，様々な場所や様々な状況で行動を観察することを意味する。
standard deviation [stǽndərd di:viéiʃən] 98	標準偏差	もっとも広く使われている散らばりの測度は標準偏差である。これは平均からの各得点の偏差に基づいている。
standardize [stǽndərdàiz] 99	動 標準化する 名 standardization 標準化	ターマンは，アメリカ人参加者の標本を使ってビネーのオリジナルの知能テストを標準化した。
subgroup [sʌ́bgru:p] 100	名 下位グループ	実験群の参加者はさらにランダムに各下位グループへと割り当てられた。
analogue study [ǽnəlɔ̀:g stʌ́di] 101	アナログ研究	アナログ研究の参加者は，臨床母集団とは，年齢や教育水準といったいくつかの変数において違うことがある。
double blind test [dʌ́bl bláind tést] 102	二重盲検法，ダブルブラインドテスト	二重盲検法では，参加者も実験者も誰がどのグループなのか知らない。

We examined narrative change in twenty successfully-treated clients using a **qualitative approach**.

Random assignment ensures that all participants have equal chances of being assigned to each experimental condition.

Random sampling is the best way to achieve unbiased results in a survey research.

Weight is an example of the **ratio scale** because it has an absolute zero point that we can measure.

Regression analysis of the data showed that emotional expressions to others had a significantly positive relationship with subjective well-being.

More than half of the **respondents** admitted that they were influenced by other people.

A **semi-structured** interview requires advance preparation of a hypothesis you want to research and some questions to test it.

Situation sampling method means to observe behavior in different locations and under different situations.

The most widely used measure of spread is the **standard deviation**, which is based on the deviation of each score from the mean.

Terman **standardized** Binet's original intelligence test using a sample of American participants.

Test subjects of the experimental group were randomly divided further into each of the **subgroups**.

Participants in **analogue studies** can differ from clinical populations in some variables such as age and educational level.

In **double blind tests**, neither participants nor experimenters are aware of who belongs to which group.

[心理院単] 専門用語(社会心理学) 63語

社会心理学

語	Check①	▼ 例文の意味
role [róul] 1	名 役割	青年期においてもっとも重要な課題の一つは, 様々な役割を試してみることだ。
attitude [ǽtitʃùːd] 2	名 態度	人々の政治に対する態度は, マスメディアによって大きく左右される。
solitary [sɑ́lətèri] 3	形 孤独の 名 solitude 孤独	高齢者の孤独死を防ぐ援助をするためのサービスがいくつかある。
bias [báiəs] 4	名 偏見, バイアス 動 偏見を持つ, 偏る	調査をするときには, テスト回答者の自己申告バイアスの可能性を考慮しなければならない。
self-disclosure [sèlfdisklóuʒər] 5	名 自己開示	この研究はオンラインでの自己開示と, 信頼感の関係について検証した。
stereotype [stériətàip] 6	名 ステレオタイプ	年齢に関連するステレオタイプの活性化は, 高齢者の記憶に悪い影響を及ぼすことが示されてきた。
gender [dʒéndər] 7	名 ジェンダー	2歳までに, 子どもたちは通常ジェンダーアイデンティティを発達させ始めた。
attraction [ətrǽkʃən] 8	名 魅力 動 attract ひきつける 形 attractive 魅力的な	態度の類似性は, 対人魅力に影響を及ぼすことを多くの研究は示してきた。
authority [əθɔ́ːrəti] 9	名 権威	ミルグラムは, いかに人間が権威にたやすく服従するかを示す衝撃的な実験を行った。
imitate [ímətèit] 10	動 模倣する 名 imitation 模倣	興味深いことに, 多くの研究者がチンパンジーに人間の発話を模倣するよう教えようとしてきた。
isolation [àisəléiʃən] 11	名 孤立 動 isolate 孤立させる, 分離する, 隔離する	社会的孤立は喫煙, 肥満, 高血圧と同じぐらい疾病率の大きなリスク要因である。

> 社会心理学は,他者との相互作用という観点から研究対象にアプローチする。研究対象として扱う範囲は幅広く,個人レベルのものから集団レベル,社会レベルのものまで多岐にわたる。

▼[大学院受験] 完全対応例文

One of the most important tasks during adolescence is to experiment with different **roles**.

People's **attitude** toward politics is greatly affected by the mass media.

There are a number of services to help prevent the **solitary** deaths of elderly people.

When conducting a survey, the possibility of a test respondent's self-reporting **biases** must be considered.

This research examined the relationship between online **self-disclosure** and a sense of trust.

Activation of age-related **stereotypes** has been shown to negatively affect memory in older adults.

By the age of two, children usually have developed a **gender** identity.

The effect of similarity of attitude on inter personal **attraction** has been shown in many studies.

Milgram conducted a shocking experiment that showed how easily people obeyed **authority** figures.

Interestingly, many researchers have tried to teach chimpanzees to **imitate** human speech.

Social **isolation** is as significant risk factor for morbidity as smoking, obesity, and high blood pressure.

[心理院単] 専門用語(社会心理学) 63語

見出し語	意味	▼例文の意味
justice [dʒʌ́stis] 12	图公正, 正義	分配的**公正**は公正の1種であり, 公平な利益や負担の分配に関するものである。
misattribution [misætrəbjúːʃən] 13	图誤帰属	**誤帰属**のもっとも有名な実験では, 男性参加者はつり橋を渡るように求められた。
eye contact [ái kάntækt] 14	アイコンタクト	社会性不安障害の人は, **アイコンタクト**をすることに居心地の悪さを感じるようだ。
reciprocal [risíprəkəl] 15	形互恵的, 互恵的な 图reciprocity 互恵性	自分の人間関係を**互恵的**だと見る傾向には文化的違いがあるかもしれない。
self-consciousness [sèlfkάntʃəsnəs] 16	图自意識, 自己意識	青年期の女子の方が青年期の男子よりも**自意識**のレベルは高いということを研究は報告した。
social referencing [sóuʃəl réfərənsiŋ] 17	社会的参照	**社会的参照**は, 自分と他者をすばやく比較する能力を伴う。
socialization [sòuʃəlizéiʃən] 18	图社会化 動socialize 社会化する, 社会生活に適応させる	自閉症の疑いがある子どものアセスメントでは, 言語, **社会化**, 認知, 学業の能力に焦点をあてる。
workplace [wɔ́ːrkpleis] 19	图職場	**職場**ストレスが女性に及ぼす影響についての研究は徐々に増えている。
appearance [əpíərəns] 20	图見かけ, 外見	被験者は大学生の面接を見て, その後彼の**外見**を評定した。
gesture [dʒéstʃər] 21	图ジェスチャー, 身ぶり 動身ぶりで表す	本研究は, 観察法を使って母親と乳幼児の間の指さしの**ジェスチャー**の機能を検証した。
leader [líːdər] 22	图リーダー 图leadership リーダーシップ	民主主義的**リーダー**は, グループメンバーの協同を重視する。これはもっとも効果のあるリーダーシップスタイルだと考えられている。
conformity [kənfɔ́ːrməti] 23	图同調 動conform 同調する, 従う	他者への**同調**によって, 私たちは周囲の環境に適応することができる。
impression [impréʃən] 24	图印象 形impressive 印象的な	先行研究は, ある決定的なラベルはその人の全体的**印象**を変容させるということを証明した。

Distributive **justice** is one type of **justice** which is concerned with the fair distribution of benefits and burdens.

In the most famous experiment of **misattribution**, male subjects were asked to cross a suspension bridge.

People with social anxiety disorder are likely to be uncomfortable making **eye contact**.

There may be cultural differences in the tendency to see one's relationship as **reciprocal**.

A study reported that levels of **self-consciousness** are higher in adolescent girls than in adolescent boys.

Social referencing involves the ability to make rapid comparisons between oneself and other people.

The assessment of children suspected of having autism may focus on language, **socialization**, cognitive and academic abilities.

Studies regarding the effects of **workplace** stress on women are gradually increasing.

Subjects watched an interview of a university student and then rated his physical **appearance**.

This study examined the functions of the pointing **gesture** in mothers and their infants using an observational method.

The democratic **leader** values collaboration among the members of the group, which is thought to be the most effective leadership style.

Conformity with other people helps us adapt to our surrounding environment.

The previous study demonstrated that certain crucial labels could transform an entire **impression** of the individual.

[心理院単] 専門用語（社会心理学） 63語

見出し語	品詞・語義	例文の意味
informal [infɔ́ːrməl] 25	形 非公式な, 非形式的な 対 formal 公式な, 形式的な	評価的なフィードバックはそれが公式なものか**非公式**なものかに関わらず, 様々な反応を引き起こす。
delinquent [dilíŋkwənt] 26	形 非行の 名 非行少年 delinquency 非行	**非行**少年は孤独感や不満足感を抱いている傾向がある。
morale [mərǽl] 27	名 モラール	高齢者の認知能力, 社会性, **モラール**に影響するもっとも重要な要因の1つは, 適切な生活環境である。
obedience [oubíːdiəns] 28	名 服従 形 obedient 従順な 動 obey 服従する, 従う	ミルグラムの実験で命令に従うことを拒否した参加者は概して盲目的な**服従**にまつわる経験を過去にしていた。
persuasive [pərswéisiv] 29	形 説得的な, 説得力のある 名 persuasion 説得	もし聴衆がすでに共感的であるならば, 早口で話すよりもゆっくり話した方が**説得力がある**。
prejudice [prédʒudis] 30	名 偏見, 先入観 動 偏見を持たせる	あるアメリカの女性教師は, ロール・プレイングを用いて**偏見**についての授業を果敢にも行った。
reactance [riǽktəns] 31	名 リアクタンス	**リアクタンス**のレベルが高いうつ病のクライエントは指示的アプローチからの恩恵をあまり受けない。
social psychology [sóuʃəl saikάlədʒi] 32	社会心理学	今日では, 共感は発達心理学や**社会心理学**の領域での科学的関心の的である。
action research [ǽkʃən risə́ːrtʃ] 33	アクションリサーチ	レヴィンによって開発された**アクション・リサーチ**は, 社会心理学や教育心理学の領域で使われることがある。
altruism [ǽltruizəm] 34	名 愛他性 形 altruistic 愛他的な	**愛他性**とは, 報酬を得る期待を考慮せずに行う向社会的行動を意味する。
bystander effect [báistændər ifékt] 35	傍観者効果	「**傍観者効果**」についての研究の発端は, キティ・ジェノベーゼ殺人事件であった。
cautious shift [kɔ́ːʃəs ʃíft] 36	コーシャスシフト 対 risky shift リスキーシフト	個人がより大きな責任を負っているときには, 意思決定において**コーシャスシフト**を取る傾向がある。
cognitive dissonance theory [kάgnətiv dísənəns θíːəri] 37	認知的不協和理論	**認知的不協和理論**は, 私たちが態度や信念の間に一貫性を求める傾向を持っていると説明する。

Whether evaluative feedback is formal or **informal**, it elicits a variety of responses.

A juvenile **delinquent** tends to have a sense of isolation or dissatisfaction.

One of the most important factors that can affect cognitive ability, sociability and **morale** of elderly persons is a suitable living environment.

In the Milgram's experiment, the volunteers who refused to obey the order generally had some previous experience with unthinking **obedience**.

If the audience is already sympathetic, then talking slowly is more **persuasive** than talking quickly.

A female American teacher bravely conducted a lesson about **prejudice** using role-playing.

Depressed clients with a high level of **reactance** benefit less from directive approaches.

Today, empathy is a topic of scientific interest in the fields of developmental and **social psychology**.

Action research, developed by Levin, can be used in the field of social psychology and educational psychology.

Altruism means prosocial behavior a person carries out without considering expectation of obtaining any reward.

The impetus to study the "**bystander effect**" was the Kitty Genovese murder case.

When individuals take on greater responsibility, they are apt to take a **cautious shift** in decision making.

Cognitive dissonance theory explains that we have a tendency to seek consistency among our attitudes and beliefs.

[心理院単] 専門用語（社会心理学）63語

見出し	Check	訳語	▼ 例文の意味
elaboration likelihood model [ilæbəréiʃən láiklihùd mádl] 38	☐☐	精緻化見込みモデル	精緻化見込みモデルは，中心経路と周辺経路という2つの説得経路があるという仮定に基づいている。
fundamental attribution error [fʌndəméntl ætrəbjúːʃən érər] 39	☐☐	根本的帰属の誤り	根本的帰属の誤りとは，他者の行動をパーソナリティや特性といったその人の内的要因に帰属させる傾向を指す。
group polarization [grúːp pòulərizéiʃən] 40	☐	集団分極化	よく訓練された専門家でさえも，集団分極化の力に影響されてしまうようだ。
halo effect [héilou ifékt] 41	☐	ハロー効果	たとえ私たちの判断はハロー効果の影響を受けていると言われたとしても，いつそれが私たちに影響しているのか気づくことはないだろう。
helping behavior [hélpiŋ bihéivjər] 42	☐	援助行動	多くの研究は，暴力的なビデオゲームが攻撃的思考や行動を増加させ，援助行動や他者への共感を低減させることを示してきた。
in-group [ingrúːp] 43	☐☐	名 内集団 対 out-group 外集団	実験参加者は，外集団よりも自分の内集団に属する人の顔の方をよく覚えていた。
marginal man [máːrdʒinl mæn] 44	☐	周辺人	クルト・レヴィンは青年を児童期と成人期の周辺にいる「周辺人」として記述した。
norm [nɔːrm] 45	☐☐	名 規範，基準 形 normative 規範の，基準の	社会的規範は，私たちに集団場面でのふるまい方について期待されている考えを提供してくれる。
out-group [áutgrùːp] 46	☐	名 外集団 対 in-group 内集団	たとえ2つの集団が多くの点で類似していたとしても，人は自分の内集団は外集団よりもすぐれていると考える傾向がある。
positive illusion [pázətiv ilúːʒən] 47	☐	ポジティブ幻想	適度なポジティブ幻想は，精神的健康によい影響を及ぼす。
primary group [práimeri grúːp] 48	☐	一次集団 対 secondary group 二次集団	クーリーは，家族のような親密で直接的なつながりを記述するために一次集団という用語を作った。
prisoners' dilemma [prízənərz dilémə] 49	☐	囚人のジレンマ	囚人のジレンマゲームは，社会的状況における人間の行動とその結果を理解することに役立つ。
prosocial behavior [prousóuʃəl bihéivjər] 50	☐	向社会的行動	もしも援助することが援助を提供した人になんらかの点で利益となるならば，向社会的行動が起きる可能性は高くなる。

Elaboration likelihood model is based on the presumption that there are two paths to persuasion: the central path and the peripheral path.

Fundamental attribution error refers to the tendency to attribute others' behavior to their own internal factors like personality or traits.

It seems that even well-trained professionals are subject to the forces of **group polarization**.

Even if we are told that our judgments are affected by the **halo effect**, we may have no awareness of when it influences us.

Many studies have shown that violent video games increase aggressive thoughts and behavior, and decrease **helping behavior** and empathy for others.

Participants showed better memory for faces belonging to their **in-group** than the out-group.

Kurt Lewin described the adolescent as a "**marginal man**" who is on the margin between childhood and adulthood.

Social **norms** provide us with an expected idea of how to behave in the group settings.

Even if two groups are similar in many respects, people tend to think their in-group is superior to the **out-group**.

Moderate **positive illusions** affect mental health.

Cooley coined the term **primary group** to describe intimate face-to-face associations such as family.

The **prisoners' dilemma** game helps us understand human behavior and its consequences in social settings.

The likelihood of **prosocial behavior** occurring increases if helping benefits the individual providing help in some way.

[心理院単] 専門用語（社会心理学）63語

英語	Check	日本語	▼例文の意味
risky shift [rískı ʃíft] 51		リスキーシフト 対 cautious sift コーシャスシフト	リスキーシフトとは, 集団のときに, よりリスクの伴う決定を行う傾向のことである。
secondary group [sékəndèri grúːp] 52		二次集団 対 primary group 一次集団	一次集団は, 二次集団よりも人のアイデンティティに影響を与えるようだ。
self-fulfilling prophecy [sélffulfiliŋ práfəsi] 53		自己成就的予言	教師の生徒に対する期待が生徒の成績に影響するというピグマリオン効果は, 自己成就的予言の一例である。
self-presentation [sélfprèzəntéiʃən] 54		名 自己呈示	自己呈示は, 観客の目にあるイメージを確実にするように行われるに違いない。
self-serving bias [sélfsáːrviŋ báiəs] 55		セルフサービングバイアス	セルフサービングバイアスは, 自尊感情を維持したり, 高めるための認知バイアスである。
sleeper effect [slíːpər ifékt] 56		スリーパー効果	スリーパー効果の存在を検証するためには, それが何であるかという一致がなければいけない。
social dilemma [sóuʃəl dilémə] 57		社会的ジレンマ	囚人のジレンマと共有地の悲劇は社会的ジレンマの有名な例である。
social facilitation [sóuʃəl fəsilətéiʃən] 58		社会的促進	社会的促進とは, ただ他者が存在するだけで, 単純な課題の成績がよくなる可能性が高くなることである。
social loafing [sóuʃəl lóufiŋ] 59		社会的手抜き	社会的手抜きに関する日本の研究は, 男性は女性よりも社会的手抜きをする傾向があるということを明らかにした。
zero-sum game [zíərousÀm géim] 60		ゼロサムゲーム, ゼロ和ゲーム	ゼロ和ゲームとは, ある人の利得が別の人の同等の損失から生じるという状況である。
confirmation bias [kànfərméiʃən báiəs] 61		確証バイアス	その患者が持っているネガティブな信念は, 確証バイアスによって強化されたものもあった。
diffusion of responsibility [difjúːʒən əv rispànsəbiləti] 62		責任の分散	責任の分散とは, 集団の誰も援助を必要としている人を助けないという現象である。
mere exposure effect [míər ikspóuʒər ifékt] 63		単純接触効果	研究者たちは単純接触効果が広告において役立つのかどうかを調査した。

Risky shift is the tendency of people to make decisions involving greater risks when they are in a group.

Primary groups are more likely to be influential on one's identity than **secondary groups**.

An example of **self-fulfilling prophecy** is the Pygmalion effect in which a teacher's expectations of students affect students' academic performance.

Self-presentation must be performed in a way that will ensure a certain image in the eyes of the audience.

A **self-serving bias** is a cognitive bias to maintain and enhance self-esteem.

In order to test the existence of a **sleeper effect**, there must be agreement on what it is.

The prisoners' dilemma and the tragedy of the commons are famous examples of **social dilemmas**.

Social facilitation is the increased likelihood that people will perform better at simple tasks merely because of the presence of others.

A Japanese study on **social loafing** discovered that men were more likely to engage in **social loafing** than women.

A **zero-sum game** is a situation in which one person's gains result from another person's equivalent losses.

Some of the patient's negative beliefs were reinforced by **confirmation bias**.

Diffusion of responsibility is a phenomenon in which none of the members of a group help someone in need.

The researchers investigated whether the **mere exposure effect** can be useful in advertising.

[心理院単]専門用語〈感覚・知覚・認知心理学〉102語

▶▶ 感覚・知覚・認知心理学 ◀◀

	Check❶	▼例文の意味
memory [mémэri] 1	名 記憶 動 memorize 記憶する, 暗記する	記憶に関する最初の実験的研究は, エビングハウスによって行われた。
sense [séns] 2	名 感覚, 意味 動 感じる	5つの主な感覚は, 視覚, 聴覚, 触覚, 嗅覚, 味覚である。
cognitive [kágnэtiv] 3	形 認知的な, 認知の 名 cognition 認知, 認識	非常に創造的な人は, 創造的ではない人よりも認知的脱抑制を経験する傾向がある。
task [tǽsk] 4	名 課題	私たちは, 高い自尊感情は常に実験室での課題でよい成績を生み出すかどうかを知るために実験を行った。
recognition [rèkэgníʃэn] 5	名 再認, 認識 動 recognize 認識する, 再認する	再認記憶テストにおいて, 実験参加者は古い項目と新しい項目を区別しなければならなかった。
thought [θɔ́:t] 6	名 思考 動 think 考える	ポジティブな人間関係は, クライエントが最小限の防衛で思考や感情を明らかにすることを促す。
attention [эténʃэn] 7	名 注意 動 attend 注意する, 世話する 形 attentive 注意深い	母親は幼児の注意をもう一方のおもちゃに向かせようとした。
concept [kánsept] 8	名 概念, 考え	精神年齢という概念は, 最初の知能検査を開発したフランスの心理学者アルフレッド・ビネーによって提唱された。
perception [pэrsépʃэn] 9	名 知覚 形 perceptual 知覚の 動 perceive 知覚する, 理解する	構成主義者たちは, 知覚の基本的構成要素を知るために, 内省と呼ばれる一種の心的分析法を利用した。
figure [fígjэr] 10	名 図, 人物, 数字 figure and ground 図と地	ルビンの盃は, 図と地の関係を説明する有名な例である。
remember [rimémbэr] 11	動 記憶する, 思い出す, 想起する	人は10〜30歳の間に起こった出来事をもっとも想起するようだ。

> 感覚・知覚心理学は感覚や知覚のあり方を研究し，認知心理学は情報処理システムという観点から人間の心的活動にアプローチする心理学領域である。どちらも主に実験的手法をその研究法とする。

▼[大学院受験]完全対応例文　　　　　　　　　　　　　1…11

The first experimental study on **memory** was conducted by Ebbinghaus.

The five major **senses** include sight, sound, touch, smell and taste.

Highly creative people tend to experience more **cognitive** disinhibition than less creative people.

We conducted an experiment to determine whether high self-esteem consistently produced better performance in laboratory **tasks**.

In a **recognition** memory test, the subjects had to distinguish old items from new items.

A positive relationship encourages a client to reveal **thoughts** and feelings with a minimum of defensiveness.

The mother attempted to direct the infant's **attention** toward the other toy.

The **concept** of mental age was proposed by the French psychologist Alfred Binet, who developed the first intelligence test.

Structuralists employed a form of mental analysis called introspection in order to determine the basic elements of **perception**.

Rubin's vase is a famous example to explain the **figure**-ground relationship.

People are most likely to **remember** events which happened between the ages of 10 and 30 years old.

[心理院単] 専門用語(感覚・知覚・認知心理学) 102語

見出し語	意味	▼例文の意味
depth [dépθ] 12	名 奥行き, 深さ 形 deep 深い	奥行きの解釈は, 多くの様々な奥行き手がかりに依存している。
image [ímidʒ] 13	名 イメージ, 像 動 想像する 名 imagery イメージ, 像	トールマンは, 迷路がどのようなものかという心的イメージを実験動物が持ってることを示した。
recall [rikɔ́:l] 14	動 再生する, 思い出す 名 再生	心理的ストレスは, 情報を思い出す能力を高めることもあれば, 減じることもある。
nonverbal [nὰnvə́:rbəl] 15	形 非言語的な 対 verbal 言語的な	言語的メッセージより非言語的メッセージの方が, 事実を伝えているようだ。
auditory [ɔ́:dətɔ̀:ri] 16	形 聴覚的な, 聴覚の	聴覚情報保存に保持されている刺激は, 減衰しないように何度もリハーサルされた。
sensory [sénsəri] 17	形 感覚の, 知覚の	人間は, 環境の特質を推測するために感覚情報の様々な情報源を利用することを私たちは知っている。
inhibition [ìnhəbíʃən] 18	名 抑制, 禁止 動 inhibit 抑制する, 抑える	逆向抑制は特に学習された2つの刺激が似ているときに増える。
duration [djuréiʃən] 19	名 持続期間, 期間	短期記憶の持続時間は, 参加者がどのくらい新しい記憶を維持できるかを明らかにすることで直接測定された。
facial expression [féiʃəl ikspréʃən] 20	表情	怒りを表す表情は, 国や人種を超えて普遍的なものであると考えられている。
vision [víʒən] 21	名 視覚, 先見性, 空想 形 visual 視覚的な, 視覚の	私たちは視覚について一番よく知っているが, 知覚には感覚のすべてが関与している。
adaptation [ædəptéiʃən] 22	名 順応, 適応 動 adapt 順応させる, 適応させる, 順応する	暗順応とは, 暗い環境に人間の目が適応することである。
forgetting [fərgétiŋ] 23	名 忘却 動 forget 忘れる, 忘却する	干渉説は, ある記憶が他の記憶の邪魔をするために忘却が生じると示唆する。
implicit [implísit] 24	形 潜在的な 対 explicit 顕在的な implicit memory 潜在記憶	健忘症患者の潜在記憶を調査するために, 単語完成テストが使用された。

The interpretation of **depth** relies on many different **depth** cues.

Tolman showed that experimental animals have a mental **image** of what a maze looks like.

Psychological stress can either improve or impair the ability to **recall** information.

Nonverbal messages are more likely to tell the truth than verbal messages.

The stimuli retained in **auditory** information storage were rehearsed repeatedly to prevent them from decaying.

We know that humans use multiple sources of **sensory** information to estimate environmental properties.

Retroactive **inhibition** increases especially when the two learned materials are similar.

The **duration** of short-term memories was measured directly by determining how long participants could maintain new memories.

Facial expressions that represent anger are thought of as universal expressions that cross nationalities and ethnicities.

Perception involves all of our senses, even though we know most about **vision**.

Dark **adaptation** is the adjustment of the human eye to a dark environment.

Interference theory suggests that **forgetting** occurs because some memories interfere with other memories.

The word fragment completion test was used to examine **implicit** memory in amnesic patients.

[心理院単] 専門用語（感覚・知覚・認知心理学）**102語**

▼例文の意味

linguistic
[liŋgwístik]

25
- 形 言語的な，言語学の
- 名 linguistics 言語学

「言語能力」はチョムスキーの生成文法理論の重要な概念である。

representation
[rèprizentéiʃən]

26
- 名 表象，表現，代表
- 動 represent 表象する，表現する，代表する，述べる

6ヶ月ごろから，幼児は徐々に内的表象能力を発達させる。

sensation
[senséiʃən]

27
- 名 感覚，感じ

ゲシュタルト心理学者は，日常にある対象の知覚は感覚の集合に還元することはできないと主張した。

short-term memory
[ʃɔ́:rttə́:rm méməri]

28
- 短期記憶
- 対 long-term memory 長期記憶

精緻化リハーサルは，情報を短期記憶から長期記憶に転送するためのよい方法だ。

explicit
[iksplísit]

29
- 形 顕在的な
- 対 implicit 潜在的な
- explicit memory 顕在記憶

研究者は，アルコールが潜在記憶と顕在記憶に及ぼす影響を研究した。

face recognition
[féis rèkəgníʃən]

30
- 顔認識

顔認識には，脳の左半球が重要な役割を果たしている。

induction
[indʌ́kʃən]

31
- 名 帰納法
- 形 inductive 帰納的な
- 対 deduction 演繹法

カール・ポパーは帰納法の問題の例として「黒い白鳥」を強調した。

rehearsal
[rihə́:rsəl]

32
- 名 リハーサル
- 動 rehearse リハーサルする，復唱する

維持型リハーサルと対照的に，精緻化リハーサルは学習したばかりのことを，すでに知っていることと関連づけることである。

retrieve
[ritrí:v]

33
- 動 検索する，思い出す
- 名 retrieval 検索

多くの大人は，3歳前に起こった出来事を思い出すことができない。

store
[stɔ́:r]

34
- 動 貯蔵する
- 名 strage 貯蔵

コリンとキリアンの有名な研究は，概念が階層的に貯蔵されていることを示した。

analogy
[ənǽlədʒi]

35
- 名 類推，アナロジー
- 形 analogous 類似の

未知の問題を解決する時に，アナロジーは役に立つことが多い。

long-term memory
[lɔ́ŋtə́:rm méməri]

36
- 長期記憶
- 対 short-term memory 短期記憶

記憶のプロセスは感覚記憶，短期記憶，長期記憶に分類される。

visual field
[víʒuəl fí:ld]

37
- 視野

単語や文字といった言語刺激は，左視野でよりも右視野でより速く知覚された。

"**Linguistic** performance" is a key concept of Chomsky's theory of generative grammar.

From about six months, infants gradually develop the capacity for psychic **representation**.

The Gestalt psychologists claimed that our perception of everyday objects cannot be reduced to a set of **sensations**.

Elaborative rehearsal is a good way to transfer information from **short-term memory** to long-term memory.

Researchers studied the effects of alcohol on implicit and **explicit** memory.

The left hemisphere of the brain plays an important role in **face recognition**.

Karl Popper highlighted "the black swan" as an example of the problem of **induction**.

In contrast to maintenance **rehearsal**, elaborative **rehearsal** is relating what you've just learned to what you already knew.

Most adults cannot **retrieve** events that happened before they were three years old.

Collins and Quillian's famous studies showed that concepts are **stored** hierarchically.

Analogy is often useful when solving an unfamiliar problem.

Memory processes are classified as sensory memory, short-term memory or **long-term** memory.

Verbal stimuli, including words and letters, were perceived faster in the right **visual field** than in the left **visual field**.

[心理院単]専門用語（感覚・知覚・認知心理学）102語

見出し語	Check①	▼例文の意味
autobiographical [ɔ̀ːtəbàiougrǽfikəl] 38	形 自伝的な, 自伝の 名 autobiography 自伝	自伝的記憶は正確とは限らない。むしろ, 自伝的記憶はその記憶を思い出すたびに再構築される傾向がある。
information processing [infərméiʃən prəsésiŋ] 39	情報処理	認知心理学は人間の心的過程を情報処理という観点から研究する。
mental image [méntl ímidʒ] 40	心的イメージ	幼い子どもが持っている心的イメージに基づいた概念は様々なカテゴリーのプロトタイプの例で構成されているようだ。
module [mɑ́dʒuːl] 41	名 モジュール	スティーブン・ピンカーは, 心はある適応上の問題を解決するために作られた心的モジュールから構成されていると示唆する。
optical [ɑ́ptikəl] 42	形 視覚の, 光学の	錯視の研究は, 脳の働きについての有益な知識を与えてくれる。
priming [práimiŋ] 43	名 プライミング	プライミングに関するいくつかの研究は, 印象形成におけるプライミング効果を示してきた。
proactive [pròuǽktiv] 44	形 順向性の 反 retroactive 逆向性の	順向抑制とは, 以前学習した刺激のために新しい刺激を忘却する傾向のことである。
retina [rétənə] 45	名 網膜 形 retinal 網膜の	網膜上の月の像はいつも同じ大きさであるが, 月は頭上にあるときよりも水平線上にあるほうがはるかに大きく見える。
retinal image [rétənəl ímidʒ] 46	網膜像	対象が私たちに近づくと, その網膜像の大きさは変化する。
working memory [wə́ːrkiŋ méməri] 47	ワーキングメモリー, 作業記憶	ワーキングメモリーは, 1つの中央実行系と3つの従属システムである視空間スケッチパッド, エピソードバッファ, 音韻ループから構成されている。
configuration [kənfìgjuréiʃən] 48	名 布置, 配置	実験参加者は, コンピューターで作られた同じ特徴を持つが, わずかに空間的布置が異なる顔を提示された。
eye movement [ái múːvmənt] 49	眼球運動	眼球運動の研究は, 顔知覚に関するたくさんの情報を提供してくれるだろう。
intuition [intjuːíʃən] 50	名 直観 形 intuitive 直観の	直観は以前の経験に基づいており, 様々な分野の専門家はこの特質を持っている。

Autobiographical memory is not always correct, rather, it tends to be reconstructed every time you recall the memory.

Cognitive psychology studies the mental process of human beings from the viewpoint of **information processing**.

The general ideas that young children possess based on **mental images** appear to consist of prototypical examples of various categories.

Steven Pinker suggests that the mind is made up of mental **modules** which were created to solve specific adaptive problems.

The study of **optical** illusions provides useful knowledge about the working of the brain.

Some studies on **priming** have shown **priming** effects on impression formation.

Proactive inhibition is the tendency to forget newer materials due to previously learned materials.

Although the image of the moon on our **retina** is always the same size, it appears much bigger at the horizon than overhead.

When an object approaches us, the size of its **retinal image** changes.

Working memory consists of one central executive and three slave systems; the visuo-spatial sketchpad, episodic buffer and phonological loop.

Subjects were presented sets of computer-generated faces with identical features but with slightly different spatial **configurations**.

Studies of **eye movement** may provide a great deal of information about face perception.

Intuition is based on previous experience and experts in various fields exhibit this trait.

[心理院単] 専門用語（感覚・知覚・認知心理学）102語

▼例文の意味

recollection
[rèkəlékʃən] 51
- 名 記憶
- 動 recollect 思い出す

患者はしばしばセラピーで誘導された偽りの記憶を真実だと完全に信じるようになる。

retention
[riténʃən] 52
- 名 保持，維持

保持期間の記憶に及ぼす影響を理解するためには，保持期間を実験参加者間で操作することが必要だ。

threshold
[θréʃhould] 53
- 名 閾，閾値

フェヒナーは絶対閾と弁別閾を分析するための3つの精神物理学的方法を述べた。

witness
[wítnis] 54
- 名 目撃者，証人，証拠
- 動 目撃する，証言する

目撃者の記憶は，誘導尋問といった事後情報によってたやすく歪むことがある。

algorithm
[ǽlgəriðm] 55
- 名 アルゴリズム
- 形 algorithmic アルゴリズムの
- 対 heuristics ヒューリスティックス

アルゴリズムは問題解決のための最善のアプローチであるとは限らない。なぜならばとても長い時間がかかることがあるからだ。

apparent movement
[əpǽrənt múːvmənt] 56
- 仮現運動

仮現運動には，ファイ現象，誘導運動，自動運動が含まれる。

binocular
[bənákjulər] 57
- 形 両眼の，両眼性の
- 対 monocular 単眼の，単眼性の

両眼性の奥行き手がかりは，両目で風景を見たときの感覚情報の入力に基づく。

binocular disparity
[binákjələr dispǽrəti] 58
- 両眼視差

奥行き知覚の手がかりの1つは両眼視差である。

cognitive map
[kágnətiv mǽp] 59
- 認知地図

トールマンは人間だけでなくネズミも認知地図を発達させることができると示唆した。

cone
[kóun] 60
- 名 錐体
- 対 rod 桿体

網膜の中心部に向かうほど密集している錐体は色を検出するのに非常にすぐれている。

declarative memory
[diklǽrətiv méməri] 61
- 宣言的記憶
- 対 non-declarative memory 非宣言的記憶

内側側頭葉は宣言的記憶に重要な役割を果たしている。

deduction
[didʌ́kʃən] 62
- 名 演繹法
- 形 deductive 演繹的な
- 対 induction 帰納法

ウェイソンの4枚カード問題は，演繹法のよい例だと考えられている。

divergent thinking
[divə́ːrdʒənt θíŋkiŋ] 63
- 拡散的思考
- 対 convergent thinking 収束的思考

収束的思考と対照的に，拡散的思考は創造性と関連があるようだ。

Patients often come to fully believe that therapy-induced false **recollections** are true.

A between-subjects manipulation of the **retention** interval is necessary to understand its effect on memory.

Fechner described three psychophysical methods for the analysis of absolute and differential **thresholds**.

Witness's memories might easily be distorted by post-event information such as leading questions.

An **algorithm** is not always the best approach to problem solving because it can take a very long time.

The **apparent movement** involves phi phenomenon, induced movement and automatic movement.

Binocular depth cues are based on the input of sensory information when viewing a scene with both eyes.

One of the cues of depth perception is **binocular disparity**.

Tolman suggested that not only humans but rats can also develop **cognitive maps**.

The **cones**, located more toward the center of the retina, are very good at detecting color.

The medial temporal lobes play an important role in **declarative memory**.

Wason's four-card problem is considered to be a good example of **deduction**.

In contrast to convergent thinking, **divergent thinking** is likely to be related to creativity.

[心理院単]専門用語(感覚・知覚・認知心理学) 102語

見出し語	Check①		▼例文の意味
elaboration [iláebəréiʃən] 64		名 精緻化 elaborate 動 精緻化する 形 精緻な, 手の込んだ	この実験は, 記憶構造の精緻化がどのように再生の正確さに影響するのかを研究するために行われた。
encode [inkóud] 65		動 符号化する 名 encoding 符号化	参加者の大半が精緻化リハーサルによって単語を符号化した。
episodic memory [èpəsádik méməri] 66		エピソード記憶 対 semantic memory 意味記憶	エピソード記憶の低下は, 認知症のサインであることがある。
false memory [fɔ́ːls méməri] 67		偽りの記憶, 偽記憶	アメリカの心理学者ウィリアム・ジェームズは, 『偽りの記憶は私たちの多くにとって決してまれな出来事ではない』と主張した。
Gestalt psychology [gəʃtáːlt saikálədʒi] 68		ゲシュタルト心理学	ゲシュタルト心理学は知覚は刺激以上のものだと考える思想の学派である。
heuristics [hjurístiks] 69		名 ヒューリステックス 形 heuristic ヒューリスティックな 対 algorithm アルゴリズム	ヒューリスティックスは概して思考プロセスの効率性を高め, 判断の複雑性を低減する。
just noticeable differences [dʒʌst nóutisəbəl dífərənsiz] 70		丁度可知差異	弁別閾は, 丁度可知差異としても知られているが, 2つの刺激を区別するために必要な刺激強度の最小限の差である。
levels of processing [lévəlz əv prəsésiŋ] 71		処理水準	処理水準が深いほど, より記憶に残りやすい。
mental rotation [méntl routéiʃən] 72		心的回転	シェパードとメッツラーの実験は, 心的回転のプロセスは物理的回転のプロセスと似ていることを示唆した。
metacognition [metəkɑ̀gníʃən] 73		名 メタ認知	メタ認知に関連する問題の1つは, メタ認知とそうではないものについて混乱があることである。
modality [moudǽləti] 74		名 モダリティ, 様式	日常生活での多くの出来事は, 1つ以上のモダリティでの知覚的入力から成り立っており, 感覚モダリティはお互いに影響し合っているだろう。
monocular [mənákjulər] 75		形 単眼の, 単眼性の 対 binocular 両眼の, 両眼性の	奥行きに対するたくさんの単眼性の手がかりがあるが, もっとも重要なものの1つにテクスチャー勾配がある。
nonsense syllable [nánsens síləbl] 76		無意味つづり	エビングハウスは忘却の研究を行うために, 無意味つづりを考案し, それを刺激として利用した。

The experiment was conducted to study how the **elaboration** of memory structures affects recall accuracy.

The majority of the participants **encoded** the words through elaborative rehearsal.

The deterioration of **episodic memories** can be a sign of dementia.

American psychologist William James asserted that "**false memories** are by no means rare occurrences in most of us."

Gestalt psychology is a school of thought that believes that perceptions are more than the stimuli.

Heuristics generally increases the efficiency of thought processes and reduces the complexity of making judgments.

The difference threshold, also known as the **just noticeable difference**, is the minimum difference in stimulus intensity necessary to tell two stimuli apart.

The deeper the **levels of processing** are, the better people can memorize.

Shepard and Metzler's experiment suggested that the process of **mental rotation** was similar to that of physical rotation.

One of the problems related to **metacognition** is that there is confusion about what is and what is not **metacognition**.

Most events in daily life consist of perceptual inputs in more than one **modality** and sensory **modalities** may influence each other.

Although there are many kinds of **monocular** cues to depth, one of the most important is texture gradient.

Ebbinghaus invented **nonsense syllables** and used them as materials in order to study forgetting.

[心理院単]専門用語(感覚・知覚・認知心理学) 102語

見出し語	訳語	例文の意味
perceptual-motor skill [pərséptʃuəlmóutər skil] 77	知覚運動スキル	その自閉症児は,生活年齢水準に近い知覚運動スキルを示した。
point of subjective equality [póint əv səbdʒéktiv ikwáləti] 78	主観的等価点,PSE	恒常誤差とは,主観的等価点と標準刺激の差である。
problem solving [prábləm sá:lviŋ] 79	問題解決	多くの研究が,夢を見ることは創造的な問題解決となんらかの関係があることを示唆している。
procedural memory [prəsí:dʒərəl méməri] 80	手続き記憶	手続き記憶は,意識的に考えたり計画することではない活動や手続きの知識である。
prospective memory [prəspéktiv méməri] 81	展望記憶 対retrospective memory 回顧的記憶	習慣的プロセスの中断は,展望記憶の失敗につながることがある。
prototype [próutətàip] 82	名プロトタイプ 形prototypical プロトタイプの	あるカテゴリーに対して持っているプロトタイプは,そのカテゴリーの新しい例に遭遇するたびに変化する。
psychophysics [sáikoufiziks] 83	名精神物理学	精神物理学は,物理的刺激とその刺激が引き起こす内的経験の間の関係についての科学的研究である。
reconstruct [rì:kənstrʌ́kt] 84	動再構築する,再構成する 名reconstruction 再構築,再構成	膨大な研究が,過去の出来事の記憶が再構築されることを繰り返し明らかにしてきた。
rod [rád] 85	名桿体 対cone 錐体	網膜の外側にある桿体は,光度が低い状況でより活発になる。
saccade [sæká:d] 86	名サッケード	この実験は,識字障害ではない子どもと識字障害の子どもの平均サッケード量を比較した。
selective attention [siléktiv əténʃən] 87	選択的注意	シモンズとチャブリスによる「見えないゴリラテスト」は,選択的注意を示す際立った研究である。
semantic memory [simǽntik méməri] 88	意味記憶 対episodic memory エピソード記憶	宣言的記憶は長期記憶の一種であり,意味記憶とエピソード記憶に分かれる。
sensory memory [sénsəri méməri] 89	感覚記憶	感覚記憶は脳の生理学的変化から構成されており,非常に急速に忘れ去られると考えられている。

The autistic child exhibited some **perceptual-motor skills** that were close to his chronological age level.

The constant error is the difference between the **point of subjective equality** and the standard stimulus.

Many studies suggest that dreaming may have something to do with creative **problem solving**.

Procedural memory is the knowledge of certain activities or procedures without conscious thought or planning.

Interruptions to habitual processes can lead to **prospective memory** failures.

The **prototypes** you have for a category shift subtly every time you encounter a new example of the category.

Psychophysics is the scientific study of the relationship between physical stimuli and the mental experiences they evoke.

Extensive research has repeatedly shown that memories of past events are **reconstructed**.

The **rods** located around the outer edges of the retina become more active in low light situations.

The experiment compared average **saccade** amplitudes of dyslexic children with those of non-dyslexic children.

The "Invisible Gorilla" test by Simons and Chabris is a striking study demonstrating **selective attention**.

Declarative memory is a type of long-term memory divided into **semantic memories** and episodic memories.

It is thought that **sensory memories** consist of physiological changes in the brain and are forgotten very rapidly.

[心理院単] 専門用語（感覚・知覚・認知心理学）102語

▼例文の意味

size constancy
[sáiz kánstənsi]
90
大きさの恒常性
大きさの恒常性は、対象の網膜像の大きさが距離と共に変化しているという事実にも関わらず対象の本当の大きさを知覚する傾向のことである。

affordance
[əfɔ́ːrdəns]
91
名 **アフォーダンス**
アフォーダンスという用語は、人の行為を可能にする環境の特質を記述するために導入された。

autokinetic movement
[ɔ́ːtoukinétik múːvmənt]
92
自動運動
シェリフの自動運動の実験研究は、どのようにして社会的規範が発達するかを示した。

distal stimulus
[dístl stímjuləs]
93
遠刺激
対 proximal stimulus
近刺激
遠刺激とは、現実世界にある物理的対象のことを指す。

forgetting curve
[fərgétiŋ kə́ːrv]
94
忘却曲線
忘却曲線はどのように人は時間とともに情報を忘却するのかを記している。

functional fixedness
[fʌ́ŋkʃənl fíksidnəs]
95
機能的固着
その研究は、子どもは大人よりも機能的固着を示さないことを明らかにした。

grouping
[grúːpiŋ]
96
名 **群化**
ゲシュタルト心理学者は刺激をまとまりと知覚する傾向として群化を定義した。

induced motion
[indjúːst móuʃən]
97
誘導運動
ゲシュタルト心理学者のドゥンカーは、誘導運動についての重要な実験を行った。

motion after effect
[móuʃən ǽftər ifékt]
98
運動残効
運動残効は、動きに対する順応によって引き起こされると考えられている。

pattern recognition
[pǽtərn rèkəgníʃən]
99
パターン認知
パターン認知には鋳型照合モデルと特徴抽出モデルという2つのモデルがある。

perceptual constancy
[pərséptʃuəl kánstənsi]
100
知覚の恒常性
知覚の恒常性によって、私たちはたとえ網膜上での像が変化しても対象のさまざまな特質を一定のものとして知覚できる。

proximal stimulus
[práksəməl stímjuləs]
101
近刺激
対 distal stimulus
遠刺激
知覚を研究するためには、近刺激と遠刺激の区別を理解することは重要だ。

subjective contour
[səbdʒéktiv kántuər]
102
主観的輪郭
主観的輪郭のもっとも有名な例はカニッツァの三角形である。

Size constancy is the tendency to perceive the true size of an object despite the fact that the size of its retinal image varies with distance.

The term affordance was introduced to describe the properties of the environment which allows an individual to perform an action.

Sherif's experimental study of autokinetic movement showed how social norms develop.

The distal stimulus refers to the physical object in the real world.

The forgetting curve describes how people forget information over time.

The study found that children displayed less functional fixedness than adults.

Gestalt psychologists defined grouping as the tendency to perceive stimuli as groups.

The Gestalt psychologist Duncker conducted an important experiment on induced motion.

The motion after effect is believed to be produced by adaptation to motion.

There are two models for pattern recognition; the template matching model and the feature detection model.

Perceptual constancy allows us to perceive different properties of objects as constant even though their image on the retina changes.

To study perception, it is important to understand the distinction between the proximal stimulus and the distal stimulus.

The most famous example of subjective contours is the Kanizsa triangle.

[心理院単] 専門用語（学習心理学）50語

学習心理学

	Check①	▼例文の意味
behavior [bihéivjər]	名行動 形behavioral 行動の, 行動上の	行動主義の研究対象は観察可能な行動であり, その目的は刺激と反応の関係を特定することである。
learn [lə́ːrn]	動学習する, 学ぶ 名learning 学習	とても早い時期から, 乳児は世界を理解するために学習している。
model [mádl]	名モデル, 見本, 模範 動モデルにする, 手本にする, 作る 名modeling モデリング	子どもたちはビデオに登場する男子大学生をモデルとして利用し, 彼の行動を模倣した。
avoidance [əvɔ́idns]	名回避 動avoid 回避する, 避ける 関escape 逃避, 逃げる	シャトルボックスと呼ばれる装置が動物の回避学習を研究するために使われた。
stimulus [stímjuləs]	名刺激 複stimuli 動stimulate 刺激を与える 名stimulation 刺激, 刺激を与えること	初期の行動療法では, 観察可能な行動と刺激反応関係の理解にのみ焦点を当てていた。
reinforcement [riːinfɔ́ːrsmənt]	名強化 動reinforce 強化する	正と負の強化は両方とも行動の可能性を高めるために使われている。
insight [ínsàit]	名洞察	ケーラーは, チンパンジーが問題を解決するために洞察学習を使えるということを明らかにした。
conditioned [kəndíʃənd]	形条件づけられた, 条件の 動condition 条件づける 名conditioning 条件づけ	多くの研究が, 条件づけられた恐怖が消去しにくいことを示してきた。
organism [ɔ́ːrɡənìzm]	名有機体, 生物 形organic 有機体の, 器質性の	嫌悪的な出来事を回避することは, 有機体の生存に重要な役割を果たしている。
behaviorism [bihéivjərìzm]	名行動主義	精神分析と行動主義は人間の同じ心理学的現象を異なる観点から説明する。
elicit [ilísit]	動誘発する, 引き出す	犬に肉粉を提示することは, 犬の唾液分泌を誘発した。

> 学習心理学は，経験によって行動が獲得されたり変容したりするプロセスを研究する心理学領域である。研究で得られた知見は，心理臨床教育現場での実践などにおいても広く活用されている。

▼[大学院受験]完全対応例文　　　1…11

The research subject of behaviorism is observable **behavior**, and its purpose is to identify the relationships between stimulus and response.

From its earliest days, an infant is **learning** to comprehend the world.

The children used the male university student appearing in the video as a **model** and imitated his behavior.

A device called a shuttle box has been used to study **avoidance** learning in animals.

In the early years of behavioral therapy, it only focused on observable behaviors and the understanding of the **stimulus**-response relationship.

Positive and negative **reinforcement** are both used to increase the probability of behavior.

Köhler found that a chimpanzee could use **insight** learning to solve a problem.

Many studies have demonstrated that **conditioned** fear is resistant to extinction.

The avoidance of aversive events can play an important role in the survival of **organisms**.

Psychoanalysis and **behaviorism** describe the same psychological phenomena of human beings from different points of view.

Presenting a dog with meat powder **elicited** the salivation of the dog.

学習心理学

[心理院単] 専門用語（学習心理学） 50語

見出し語	Check	意味	▼ 例文の意味
aversive [əvə́ːrsiv]	12	形 嫌悪的な・嫌悪の 名 aversion 嫌悪	嫌悪療法は嫌悪条件づけによって望ましくない行動を減らしたり除去したりする。
transfer 名 trǽnsfər 動 trænsfə́ːr	13	名 転移（学習の転移） 動 転移する，移動する	学習の正の転移のために，英語を学習した後にドイツ語を学習するのは容易である。
escape [iskéip]	14	名 逃避 動 逃避する，逃げる 類 avoidance 回避	逃避条件づけや回避条件づけで強化された行動は消去するのが難しい。
induce [indjúːs]	15	動 誘導する，引き起こす	ダラードとミラーによるフラストレーション攻撃仮説は，フラストレーションが攻撃を引き起こすと述べる。
discrimination [diskrìmənéiʃən]	16	名 弁別 動 discriminate 弁別する，区別する	弁別とは，ある特定の刺激には反応し，類似した刺激には反応しないことを学習することである。
praise [préiz]	17	名 賞賛，ほめること 動 ほめる	賞賛は学生の動機づけに非常に効果があると一般的に認められている。
negative reinforcement [négətiv riːinfɔ́ːrsmənt]	18	負の強化 対 positive reinforcement 正の強化	負の強化とは，行動の後で嫌悪刺激を除去することによってその行動の発生頻度を増加させるプロセスである。
positive reinforcement [pázətiv riːinfɔ́ːrsmənt]	19	正の強化 対 negative reinforcement 負の強化	正の強化は，正の強化子を使って行動が生じる可能性を高める。
unconditioned [ʌ̀nkəndíʃənd]	20	形 無条件の 対 conditioned 条件づけられた，条件つきの	パブロフの実験の場合，犬が肉粉を呈示されたとき唾液分泌は無条件反応である。
reinforcer [riːinfɔ́ːrsər]	21	名 強化子 名 reinforcement 強化 動 reinforce 強化する	負の強化子とは嫌悪刺激であり，これを除去することで行動頻度が高められる。
extinction [ikstíŋkʃən]	22	名 消去 動 extinguish 消去する，消す	もしも無条件刺激なしで条件刺激を繰り返し提示したら消去が生じるだろう。
generalize [dʒénərəlàiz]	23	動 般化する，一般化する 名 generalization 般化，一般化	有機体は，学習したことを新しい状況に般化する能力を持っている。
instrumental conditioning [ìnstrəméntl kəndíʃəniŋ]	24	道具的条件づけ 対 classical conditioning 古典的条件づけ	オペラント条件づけは道具的条件づけとも言われる。なぜならば，学習された反応は報酬を得るための道具となるからだ。

Aversion therapy reduces or eliminates unwanted behaviors by using **aversive** conditioning.

Learning German is easier after learning English due to positive **transfer** of learning.

Behavior reinforced in **escape** and avoidance conditioning is difficult to extinguish.

The frustration aggression hypothesis by Dollard and Miller states that frustration **induces** aggression.

Discrimination means learning a response to a certain stimulus but not to similar stimuli.

It is generally accepted that **praise** can be very effective in motivating students.

Negative reinforcement is the process of increasing the behavior's frequency of occurrence by removing the aversive stimulus after the behavior.

Positive reinforcement increases the likelihood that behavior will occur by using a positive reinforcer.

In the case of Pavlov's experiment, when a dog was presented with meat powder, salivation was the **unconditioned** response.

A negative **reinforcer** is an aversive stimulus whose removal increases the frequency of the behavior.

Extinction will occur if the CS is repeatedly presented in the absence of the US.

Organisms have the ability to **generalize** what they have learned to new situations.

Operant conditioning is also referred to as **instrumental conditioning**, because the learned responses are instrumental in obtaining the reward.

[心理院単] 専門用語（学習心理学）50語

見出し語	Check	語義	▼例文の意味
operant conditioning [ápərənt kəndíʃəniŋ]	25	オペラント条件づけ 反 classical conditioning 古典的条件づけ	学習のもう一つの方法は**オペラント条件づけ**として知られている。
Premack principle [prémæk prínsəpl]	26	プレマックの法則	**プレマックの法則**に基づいたテクニックは、先延ばしを阻止するのに役立つ。
punishment [pʌ́niʃmənt]	27	名 罰、罰すること 動 punish 罰する	子どもの教育における**罰**の有効性はまだ一致した意見に達していないが、過去に考えられていたよりも効果はないようである。
reward [riwɔ́ːrd]	28	名 報酬 動 報酬を与える、報いる 形 rewarding 価値のある	ネズミは複雑な迷路から脱出するたびに、**報酬**が与えられた。
vicariously [vikériəsli]	29	副 代理的に 形 vacarious 代理の	社会的学習理論は、人は他者の成功や失敗から**代理的に**学習すると仮定する。
advance organizer [ædvǽns ɔ́ːrɡənàizər]	30	先行オーガナイザー	新しい知識を獲得する際、**先行オーガナイザー**は学習を促進するだろう。
Aptitude Treatment Interaction [ǽptətjùːd tríːtmənt intərǽkʃən]	31	適性処遇交互作用、ATI	この研究は、外国語授業における**適性処遇交互作用**を検証した。
contingency [kəntíndʒənsi]	32	名 随伴性	レスコーラは、条件刺激と無条件刺激の**随伴性**が条件づけの重要な決定要因であることを明らかにした。
differentiation [dìfərènʃiéiʃən]	33	名 分化 動 differentiate 区別する、分化させる	もし**分化**プロセスがあまりにも難しくなると、実験神経症になることがある。
intermittent reinforcement [ìntərmítnt rìːinfɔ́ːrsmənt]	34	間歇強化 反 continuous reinforcement 連続強化	**間歇強化**は連続強化よりも消去抵抗が高い。
latent learning [léitənt lə́ːrniŋ]	35	潜在学習	トールマンは、たとえ報酬がなくても生じる学習形態を**潜在学習**と呼んだ。
release [rilíːs]	36	動 解発する、開放する 名 開放、釈放	ティンバーゲンは、赤い腹部がオスのイトヨの攻撃反応を**解発する**と結論づけた。
shaping [ʃéipiŋ]	37	名 シェイピング、行動形成	自閉症児にとって、**シェイピング**は特定の行動やスキルを学習するための有益な技法である。

The other method of learning is known as **operant conditioning**.

A technique based on the **Premack principle** is useful in stopping procrastination.

The effectiveness of **punishment** in child education has not yet reached a consensus, but seems less effective than it was previously thought.

Every time a rat escaped from a complicated maze, it was given a **reward**.

Social learning theory posits that people learn **vicariously** from the success and failure of others.

When acquiring new knowledge, **advance organizer** can facilitate the learning.

This study examined the **Aptitude Treatment Interactions** in foreign language teaching.

Rescorla has revealed that CS-US **contingency** is an important determinant of conditioning.

If the **differentiation** process becomes too difficult, it can lead to experimental neurosis.

Intermittent reinforcement is more resistant to extinction than continuous reinforcement.

Tolman called a form of learning that occurs even if there is no reward as **latent learning**.

Tinbergen concluded that the red belly **released** the attack response in male three-spined sticklebacks.

For children with autism, **shaping** is a useful technique for learning particular behavior or skills.

[心理院単] 専門用語（学習心理学）50語

英語		日本語	▼例文の意味
social learning theory [sóuʃəl lə́ːrniŋ θíːəri]	38	社会的学習理論	社会的学習理論は，人は他者の行動を観察することで学習できると主張する。
spontaneous recovery [spantéiniəs rikʌ́vəri]	39	自発的回復	パブロフは，休憩期間後に消去された反応が再出現することを自発的回復と呼んだ。
trial and error [tráiəl ənd érər]	40	試行錯誤	ソーンダイクは，そのネコが洞察を使ってではなく試行錯誤によって「問題箱」から逃げることを学習することを観察した。
continuous reinforcement [kəntínjuəs riːinfɔ́ːrsmənt]	41	連続強化 対intermittent reinforcement 間歇強化	連続強化スケジュールは，新しい行動を教えるときにもっとも頻繁に使用される。
early learning [ə́ːrli lə́ːrniŋ]	42	初期学習	多くの研究が初期学習は子どもの認知発達に影響することを一貫して示してきた。
experimental neurosis [ikspèrəméntl njuəróusis]	43	実験神経症	実験神経症は動物が非常に困難な弁別課題を提示された時に見られた。
law of effect [lɔ́ː əv ifékt]	44	効果の法則	ソーンダイクは問題箱の中の空腹のネコを使って効果の法則を解説した。
learned helplessness [lə́ːrnid hélpləsnəs]	45	学習性無力感	抑うつは学習性無力感によって悪化するだろうとセリグマンは考えた。
learning set [lə́ːrniŋ sét]	46	学習の構え	霊長類における学習の構え，すなわち学習の仕方を学習することはハーローによって証明された。
omission training [oumíʃən tréiniŋ]	47	オミッション訓練	好ましいものを除去するオミッション訓練は，オペラント条件づけの一形式である。
operant level [ápərənt lévəl]	48	オペラント水準	オペラント水準とは，条件づけの手続きが導入される前のベースライン条件下での行為の頻度である。
schedule of reinforcement [skédʒuːl əv riːinfɔ́ːrsmənt]	49	強化スケジュール	強化スケジュールは有機体がある行動に対していつどうやって強化されるかをコントロールするルールである。
taxis [tǽksis]	50	名走性	生得行動の一つは走性，つまり刺激に対してまっすぐに向かう，あるいは離れる行動である。

Social learning theory maintains that people can learn by observing another person's behavior.

Pavlov referred to the reappearance of a response that had been extinguished after a rest period as **spontaneous recovery**.

Thorndike observed that the cat learned to escape the "puzzle-box" by **trial and error**, rather than by using insight.

Continuous reinforcement schedules is most often used when teaching new behavior.

Many researches have consistently shown the effects of **early learning** on the cognitive development of children.

Experimental neurosis was seen when animals were presented with very difficult discrimination tasks.

Thorndike illustrated the **law of effect** with a hungry cat in a puzzle box.

Seligman believed that depression can be exacerbated by **learned helplessness**.

Learning sets, or learning how to learn in primates was demonstrated by Harlow.

Omission training, the removal of something pleasant, is a form of operant conditioning.

The **operant level** is a frequency of actions under baseline conditions before any conditioning procedures are introduced.

Schedules of reinforcement are the rules that control how and when an organism is reinforced for particular behavior.

One of the innate behaviors is a **taxis** or a movement directly toward or away from a stimulus.

[心理院単] 専門用語(生理・神経心理学) 50語

生理・神経心理学

		Check		▼例文の意味
brain	[bréin]	□ □ 1	名 脳	神経科学者たちは、私たちが脳の10%しか使っていないということが事実ではないことを知っている。
arousal	[əráuzəl]	□ □ 2	名 覚醒, 興奮 動 arouse 刺激する, かりたてる	ヤーキーズ・ドットソンの法則とは、パフォーマンスにとって最適な覚醒レベルがあるという説である。
genetic	[dʒənétik]	□ □ 3	形 遺伝(学)の, 遺伝(学)的な 名 gene 遺伝子	知能には、遺伝的要因よりも社会経済的要因の方が影響している。
neural	[njúərəl]	□ □ 4	形 神経の	損傷の後、新しい脳細胞は損傷を受けたニューロンと同じ神経結合の一部を発達させているようだ。
physiological	[fìziəládʒikəl]	□ □ 5	形 生理(学)的な 名 physiology 生理学	生理心理学は生理学的観点で行動を説明する。
blood pressure	[blʌ́d préʃər]	□ □ 6	血圧	先行研究は、敵意が血圧を上昇させることがあることを示してきた。
hemisphere	[hémisfìər]	□ □ 7	名 半球	脳機能の局在性とは、脳の左と右の半球は機能が異なるということを意味する。
biology	[baiálədʒi]	□ □ 8	名 生物学	進化心理学は進化生物学の原理を応用したアプローチである。
cortex	[kɔ́ːrteks]	□ □ 9	名 皮質	連合皮質は、言語や抽象的思考、複雑な感覚運動課題の実行にとって重要である。
cardiovascular	[kàːrdiouvǽskjələr]	□ □ 10	形 心臓血管(系)の	研究者たちは、笑いといったポジティブな情動が、心臓血管系の健康によい影響があることを示した。
immune	[imjúːn]	□ □ 11	形 免疫のある, 免疫の	慢性的なストレスは、体の免疫系の活動を抑制し、病気になりやすくする。

126

> 生理心理学や神経心理学は心理的現象を生理的機能や神経系との関連からアプローチする心理学領域である。生理・神経心理学は今後は心理臨床の現場においてますます重要になると考えられる。

▼[大学院受験] 完全対応例文　　1…11

Neuroscientists know that it is not true that we only use 10% of our **brains**.

The Yerkes-Dotson's Law is a proposition that there is an optimal level of **arousal** for performance.

Intelligence is affected more by socio-economic factors than **genetic** factors.

After an injury, new brain cells appear to develop some of the same **neural** connections as the neurons that were damaged.

Physiological psychology explains behavior in **physiological** terms.

Previous studies have shown that hostility can raise **blood pressure**.

Localization of brain function means that the brain's left and right **hemispheres** differ in their functions.

Evolutionary psychology is an approach which applies principles of evolutionary **biology**.

Association **cortex** is necessary for language, abstract thinking, and performance of intricate sensory-motor tasks.

Researchers showed that positive emotions, such as laughter, have a good effect on **cardiovascular** health.

Chronic stress suppresses the action of the body's **immune** system, making you sick more often.

[心理院単] 専門用語（生理・神経心理学）50語

見出し語	意味	▼ 例文の意味
neurological [njùərəládʒikəl] 12	形 神経学的な，神経学の / 名 neurology 神経学	脳損傷は，神経学的病気の症状を軽減するために行われた外科的治療の結果として起こるかもしれない。
cell [sél] 13	名 細胞	ナチュラルキラー細胞はガン細胞を殺すことができるので，科学者たちは体内のナチュラルキラー細胞数の増やし方を研究している。
cerebral cortex [sərí:brəl kɔ́:rteks] 14	大脳皮質	多くの研究が，毎日の瞑想が大脳皮質を厚くすることを指摘した。
disability [dìsəbíləti] 15	名 障害	その少年は，数字の意味と数字の順番の学習に障害があった。
fight-or-flight response [fáitɔ́:rfláit rispáns] 16	緊急反応，闘争逃走反応	もしもあなたが森の中で大きなクマに出会ったら，緊急反応が生じるだろう。
hippocampus [hìpəkǽmpəs] 17	名 海馬	海馬は新しい自伝的記憶の形成に重要な役割を果たす脳の領域である。
nervous system [nə́:rvəs sístəm] 18	神経系	研究者は中枢神経系の損傷を患った患者の心理的機能を調査した。
neuropsychology [njùərousaikálədʒi] 19	名 神経心理学 / 形 neuropsychological 神経心理学的な，神経心理学の	実験神経心理学の古典的な貢献は，脳内での言語の表象についての考えを発展させたことであった。
placebo [pləsí:bou] 20	名 偽薬，プラセボ（プラシーボ）	プラセボ効果とは，この治療は効果があるだろうという信念によって健康が向上することを意味する。
serotonin [sèrətóunin] 21	名 セロトニン	セロトニンは喜びや幸福感に大きく関係している神経伝達物質である。
tissue [tíʃu:] 22	名 組織	病気になった神経組織の領域が，除去された領域の範囲内に限られているという保証はない。
amygdala [əmígdələ] 23	名 扁桃体，扁桃核	ニューロイメージングの研究は，扁桃体が表情の処理に重要な役割を果たしていることを示唆している。
dopamine [dóupəmi:n] 24	名 ドーパミン	最近の研究は，10代の脳はドーパミンへの反応を引き起こす活動に敏感であることを示唆している。

Brain damage may arise as a consequence of surgical treatment intended to alleviate the symptoms of **neurological** disease.

Since natural killer **cells** can kill cancer **cells**, scientists are studying how to increase the number of these **cells** in the body.

A lot of studies suggested that the daily meditation thickened the **cerebral cortex**.

The boy had a **disability** in learning the meaning of numbers and the order of figures.

If you encounter a large bear in a forest, your **fight-or-flight response** will be activated.

The **hippocampus** is an area of the brain that plays an important role in the formation of new autobiographical memories.

The researcher investigated psychological functions in patients who had suffered damage to the central **nervous system**.

The classic contribution of experimental **neuropsychology** has been the development of ideas about the representation of language in the brain.

The **placebo** effect refers to an improvement in health due to the individual's belief that the treatment will be effective.

Serotonin is a neurotransmitter which is largely related to a sense of joy and happiness.

There is no warrant that the area of diseased neural **tissue** will be confined to the regions that have been removed.

Neuroimaging studies suggest that the **amygdala** plays a crucial role in processing facial expressions.

Recent studies suggest that the teen brain is sensitive to activities that trigger a response in **dopamine**.

[心理院単] 専門用語（生理・神経心理学）50語

見出し語	Check	語義	▼例文の意味
neuroimaging [njùərouimádʒiŋ]	25	名 ニューロイメージング，神経画像	ニューロイメージング法は脳の損傷の正確な位置を特定するのに役立つ。
neuroscience [njùərousáiəns]	26	名 神経科学	神経科学の証拠は，うつが脳の障害であることを証明してきた。
neurotransmitter [njùəroutrænsmítər]	27	名 神経伝達物質	ある神経伝達物質に問題があると不安障害を引き起こしうると研究は指摘している。
organ [ɔ́ːrɡən]	28	名 器官，臓器 形 organic 有機体の，器官の，器質性の	笑いは内臓に刺激を与え筋肉をほぐす呼吸の一種として機能する。
plasticity [plæstísəti]	29	名 可塑性，柔軟性	PETやfMRIといった現代のニューロイメージング法は，脳の可塑性に関する新たな洞察を与えている。
prefrontal cortex [prifrʌ́ntəl kɔ́ːrteks]	30	前頭前野，前頭前皮質	前頭前野は認知的分析や社会的行動の調節に関与している。
side effect [sáid ifékt]	31	副作用	すべての薬物療法にはクライエント側に副作用があるので，実施の際には注意しなければならない。
temporal lobe [témpərəl lóub]	32	側頭葉	一般的に，脳の左側頭葉の除去は言語スキルに障害を与える。
action potential [ǽkʃən pəténʃəl]	33	活動電位	活動電位とは，膜電位が突然にそして急速に変化することである。
amnesia [æmníːʒə]	34	名 健忘症	逆向性健忘症とは，脳損傷以前に形成した記憶を失うという健忘症のタイプである。
corpus callosum [kɔ́ːrpəs kəlóusəm]	35	脳梁	人間の脳梁の大きさと形はジェンダーによって異なるという考えは今もなお論争の的である。
DNA [díːenéi]	36	名 DNA	DNAの二重らせん構造は20世紀最大の発見の1つだった。
electroencephalogram [ilèktrouenséfələɡræm]	37	名 脳波，EEG	脳波は，脳の電気活動を研究するために広く使われている。

Neuroimaging techniques help to identify the precise locations of damage to the brain.

Evidence from **neuroscience** has demonstrated that depression is a disorder of the brain.

Studies suggest that problems with specific **neurotransmitters** can lead to anxiety disorders.

Laughter works as a form of breathing that massages your internal **organs** and relaxes the muscles.

Modern neuroimaging methods such as PET and fMRI offer new insights into brain **plasticity**.

The **prefrontal cortex** is responsible for cognitive analysis and moderating social behavior.

Because every medication has some **side effects** on the clients, we must be careful in administrating it.

In general, removal of the brain's left **temporal lobe** interferes with verbal skills.

An **action potential** is a sudden and rapid change in membrane potential.

Retrograde **amnesia** is a type of **amnesia** in which the individual loses memories formed before a brain injury.

The idea that the size and shape of the human **corpus callosum** changes with gender is still controversial.

The double helix structure of **DNA** was one of the biggest discoveries of the 20th century.

An **electroencephalogram** is widely used to study the electrical activity of the brain.

[心理院単] 専門用語（生理・神経心理学）50語

見出し語	訳	例文の意味
event-related potential [ivèntriléitid pəténʃəl]	事象関連電位, ERP	事象関連電位を用いた研究は，脳が顔と他の物体では異なった反応をすることを示している。
frontal lobe [frʌ́ntl lóub]	前頭葉	前頭葉は，情動を統制する脳の中枢と考えられている。
hypothalamus [hàipouθǽləməs]	名 視床下部	視床下部はホメオスタシスの維持に重要な役割を果たしている。
lateralize [lǽtərəlàiz]	動 側性化する	特定の思考スキルは，女性の脳よりも男性の脳でより側性化している。
neuron [njúərɑn]	名 ニューロン	私たちの目や脳のニューロンが不変刺激に対する反応をどのようにして一時的にやめるのかを明らかにするために科学者は残像の研究をする。
occipital lobe [ɑksípitəl lóub]	後頭葉	後頭葉は視覚の処理や色認識に関与している脳の部位である。
parasympathetic nervous system [pærəsimpəθétik nə́ːrvəs sístəm]	副交感神経系, PNS	副交感神経系は，心拍数や血圧を低下させたり，括約筋を弛緩させる役目がある。
parietal lobe [pəráiətl lóub]	頭頂葉	頭頂葉の損傷によって体温といった感覚情報の処理ができなくなるかもしれない。
peripheral [pərífərəl]	形 末梢の，周辺の	末梢神経系は体性神経系と自律神経系に分けられる。
split brain [split bréin]	分離脳	分離脳患者の研究は，脳の両半球がどのように機能的に特化しているかを明らかにした。
sympathetic nervous system [simpəθétik nə́ːrvəs sístəm]	交感神経系, SNS	交感神経系は「緊急反応」を活性化させる役目がある。
thalamus [θǽləməs]	名 視床	視床は目からの情報を皮質の一次感覚野に送る。
ulcer [ʌ́lsər]	名 潰瘍	ストレス経験をしたネズミは胃潰瘍になった。

Studies employing **event-related potentials** show that the brain responds differently to faces than to other objects.

The **frontal lobe** is considered to be the center of the brain which controls emotion.

The **hypothalamus** plays an important role in maintaining homeostasis.

Certain thinking skills are more **lateralized** in the male brain than in the female one.

Scientists study afterimages to explore how **neurons** in our eyes and brains temporarily cease responding to an unchanging stimulus.

The **occipital lobe** is the part of the brain responsible for processing vision and color recognition.

The **parasympathetic nervous system** serves to lower the heart rate and blood pressure, and relax the sphincter muscles.

Damage to the **parietal lobe** can result in an inability to process sensory information such as temperature.

The **peripheral** nervous system is divided into the somatic nervous system and the autonomic nervous system.

Research with **split brain** patients has revealed how the two hemispheres of the brain are specialized in function.

The **sympathetic nervous system** serves to activate "the fight-or-flight response."

The **thalamus** transmits information from the eyes to a primary sensory area in the cortex.

Rats exposed to stressful experiences developed gastric **ulcers**.

[心理院単]専門用語(性格・知能) 50語

性格・知能

単語	意味	▼例文の意味
personality [pə̀:rsənǽləti]	名 パーソナリティ	パーソナリティのアセスメントは、心理療法を行う時にいくつかの点で役に立つことがある。
intelligence [intélədʒəns]	名 知能 形 intelligent 知能の高い、知能の	知能の縦断的研究によると、児童期のIQの高さは大人になってからの社会的成功を予測しない。
self-esteem [sèlfisti:m]	名 自尊感情、自尊心、セルフエスティーム	心理学者は、自尊感情と自己愛という概念に違いがあることを実証的に示した。
character [kǽriktər]	名 性格	性格とパーソナリティという用語には違いがあると論じる理論家もいるが、私たちはこれらの用語を同じ意味でよく使う。
intellectual [intəléktʃuəl]	形 知的な、知性の 名 intellect 知性	魂とは何かを正確に定義することは知的な取り組みである。
chronological age [krànəládʒikəl éidʒ]	生活年齢、暦年齢 対 mental age 精神年齢	もし精神年齢が生活年齢よりも高ければ、その子どもは頭がよいと言われる。
factor [fǽktər]	名 要因、因子	子どもの心理的発達を理解する際には、子どもの気質的要因、家族や社会を含む環境要因を考慮しなければならない。
individual differences [indəvídʒuəl dífərənsiz]	個人差	メアリー・エインズワースは、幼児の愛着パターンの個人差を調べるためにストレンジシチュエーションとして知られる手続きを開発した。
mental age [méntl éidʒ]	精神年齢 対 chronological age 生活年齢、暦年齢	ターマンによって開発されたIQは、精神年齢を生活年齢で割り、100をかけることで計算される。
self-concept [sélfkánsept]	名 自己概念	私たちは他者との相互作用を通して自己概念を発達させ、維持し、変化させることさえある。
confidence [kánfədəns]	名 自信、確信 形 confident 自信がある	この実験では、参加者は自分の目標を達成する自信を評価するように求められた。

性格も知能も個人の内部にあり、その人らしさを生み出すとされる心理学的概念である。パーソナリティテストや知能テストは臨床場面のみならず、教育や産業の領域などで幅広く活用されている。

▼[大学院受験]完全対応例文　　　　　　　　　　　　1…11

Personality assessment can be helpful in conducting psychotherapy in several respects.

According to a longitudinal study of **intelligence**, a high IQ in childhood does not predict social success as an adult.

Psychologists have empirically shown that there is a distinction between the concepts of **self-esteem** and narcissism.

Some theorists argue that there is a difference between the terms **character** and personality but we often use them interchangeably.

It is **intellectual** work to define precisely what the soul is.

If the mental age is higher than the **chronological age**, then the child is referred to as bright.

Factors of a child's temperament and environmental **factors**, such as a family and society, must be taken into account in understanding the child's psychological development.

Mary Ainsworth developed the procedure known as the strange situation to investigate **individual differences** in attachment patterns in infants.

Developed by Terman, IQ is calculated by dividing a person's **mental age** by his/her chronological age and then multiplying it by 100.

We develop, maintain and even change our **self-concepts** through our interaction with others.

In this experiment, participants were asked to assess their **confidence** in achieving their goals.

性格・知能

[心理院単] 専門用語（性格・知能）50語

英語	Check	日本語	▼例文の意味
personality test [pə̀ːrsənǽləti tést] 12		パーソナリティテスト	質問紙を使ったパーソナリティテストは，意識レベルでの個人のパーソナリティを明らかにする。
pessimistic [pèsəmístik] 13		形 悲観的な 対 optimistic 楽観的な	軽度の心ум疾患を持つ人の一部は，非常に悲観的な説明スタイルを持っていた。
predisposition [priːdispəzíʃən] 14		名 素質，傾向	攻撃的行動の素質を持って生まれる人もいることを示唆してきた研究もある。
trait [tréit] 15		名 特性	科学的研究は，占星術が人のパーソナリティ特性を予測できるという主張を支持してこなかった。
general intelligence [dʒénərəl intélədʒəns] 16		一般知能	スピアマンは，すべての能力の成績の根底には一般知能，つまりg因子が存在すると仮定した。
self-efficacy [sèlféfikəsi] 17		名 自己効力感	あなたがどれぐらい一生懸命英語を勉強するかは，あなたの自己効力感により左右される。
intelligence test [intélədʒəns tést] 18		知能テスト	心理学者はクライエントの知能レベルを測定するために時々知能テストを使用する。
perfectionism [pərfékʃənizm] 19		名 完璧主義	完璧主義は，拒食症における治療抵抗や再発に寄与するかもしれない。
self-confidence [sèlfkάnfədəns] 20		名 自信	その研究者は，自信の欠如が恥を感じやすくなる原因だと考えた。
authoritarian personality [əθɔ̀ːrətéəriən pə̀ːrsənǽləti] 21		権威主義的パーソナリティ	アドルノらは，権威主義的パーソナリティの人は因習的で権威に服従的で攻撃的そして迷信深い傾向があると論じた。
Big Five [bíg fáiv] 22		ビッグファイブ	ビッグファイブとはパーソナリティの5次元のことであり，外向性，神経症傾向，協調性，誠実性，経験への開放性である。
convergent thinking [kənvə́ːrdʒənt θíŋkiŋ] 23		収束的思考 対 divergent thinking 拡散的思考	就学児童は知能テストで正解に達するために収束的思考を使う。
crystallized intelligence [krístəlàizd intélədʒəns] 24		結晶性知能 対 fluid intelligence 流動性知能	結晶性知能とは，時間をかけて蓄積された知識を含む。

Personality tests using a questionnaire reveal the personality of an individual at a conscious level.

Some of the people with the mild heart disease had most **pessimistic** explanatory styles.

Some studies have indicated that certain individuals come into the world with **predisposition** to aggressive behavior.

Scientific studies have failed to support claims that astrology can predict people's personality **traits**.

Spearman postulated that there is **general intelligence**, the *g* factor, underlying performance in all abilities.

How hard you study English depends more on your sense of **self-efficacy**.

Psychologists sometimes use **intelligence tests** to evaluate a client's intelligence level.

Perfectionism may contribute to resistance to treatment and relapse in anorexia nervosa.

The researcher believed that a lack of **self-confidence** was the cause of the susceptibility to shame.

Adorno, et al. argued that people with an **authoritarian personality** tend to be conventional, submissive to authority, aggressive and superstitious.

The **Big Five** are five dimensions of personality; extroversion, neuroticism, agreeableness, conscientiousness and openness to experience.

School children use **convergent thinking** to arrive at the correct answers on intelligence tests.

Crystallized intelligence involves the knowledge that is accumulated over time.

[心理院単] 専門用語（性格・知能）50語

見出し語	Check	意味	▼ 例文の意味
extroversion [èkstrəvə́ːrʒən] 25		名 外向性 形・名 extrovert 外向的な, 外向的な人 対 introversion 内向性	外向性の高い人は、ネガティブなフィードバックに対して不安をあまり経験しないようだ。
fluid intelligence [flúːid intélədʒəns] 26		流動性知能 対 crystallized intelligence 結晶性知能	流動性知能とは、すでに持っている知識とは関係なく新しい状況で論理的に考え、問題を解決する能力のことである。
idiographic [idiəgrǽfik] 27		形 個性記述的 対 nomothetic 法則定立的	パーソナリティ研究に対する個性記述的アプローチは、個人を集中的に研究することである。
intelligence quotient [intélədʒəns kwóuʃənt] 28		知能指数, IQ	時代が進むにつれて知能指数が上がっていく現象である「フリン効果」については様々な原因がある。
introversion [intrəvə́ːrʒən] 29		名 内向性 形・名 introvert 内向的な, 内向的な人 対 extroversion 外向性	内向性の高い人は、友人をかなり慎重に選ぶ傾向がある。
nomothetic [nàməθétik] 30		形 法則定立的 対 idiographic 個性記述的	法則定立的アプローチは人々の特徴間の関係における一貫したパターンを発見することに焦点を当てる。
optimist [áptəmist] 31		名 楽観主義者 対 pessimist 悲観主義者	楽観主義者は自分の問題や病気を認識しているが、それを克服するという自信を持っている。
performance test [pərfɔ́ːrməns tést] 32		作業検査法	作業検査法の有名な例は内田クレペリン検査である。これは、作業スピードと作業精度の能力を測定する。
Picture Frustration Study [píktʃər frʌstréiʃən stʌ́di] 33		P-Fスタディ, 絵画欲求不満テスト	怒りの表出を研究するために、うつ病患者にP-Fスタディを実施した。
projective technique [prədʒéktiv tekníːk] 34		投影法	パーソナリティアセスメントの投影法は、構造化されていないあいまいなテスト刺激の使用によって定義される。
sentence completion test [séntəns kəmplíːʃən tést] 35		文章完成法テスト, SCT	臨床家たちは、なぜ文章完成法テストを使うのかをたずねられた。
theory of multiple intelligences [θíːəri əv mʌ́ltəpl intélədʒəns] 36		多重知能理論	多重知能理論はハワード・ガードナーによって提唱された。この理論は、7つのタイプの知能を仮定している。
trait theory [tréit θíːəri] 37		特性論	パーソナリティの特性論のよくある批判は、特性は行動の予測因子としては弱いことがよくあるという事実である。

People who are high in **extroversion** are less likely to experience anxiety over negative feedback.

Fluid intelligence is the ability to think logically and solve problems in novel situations, independent of acquired knowledge.

The **idiographic** approach to the study of personality involves the intense study of individuals.

There are a variety of causes for the "Flynn effect", the phenomenon that **intelligence quotient** is increasing from one generation to the next.

People who are high in **introversion** tend to choose their friends much more carefully.

The **nomothetic** approach focuses on discovering consistent patterns of relationships among people's characteristics.

Optimists acknowledge their problems and illness, but have confidence that they will overcome them.

The famous example of **performance tests** is the Uchida-Kraepelin test, which measures the ability of performance speed and performance accuracy.

In order to study anger expression, the **Picture Frustration Study** was administered to patients with depressive disorder.

The **projective technique** to personality assessment is defined by the use of unstructured, ambiguous test stimuli.

Practitioners were asked why they used **sentence completion tests**.

The **theory of multiple intelligences** was proposed by Howard Gardner, which posits that there are seven types of intelligence.

The common criticism of **trait theory** of personality is the fact that traits are often poor predictors of behavior.

英語	Check①	訳語	▼例文の意味
triarchic theory [tráiɑ̀:rkik θí:əri] 38	☐☐	鼎立理論	スタンバーグは、3つの要因からなる知能の鼎立理論を提唱した。
two-factor theory [tu:fæktər θí:əri] 39	☐☐	2因子理論	スピアマンの人間の知能に関する研究は知能の「2因子理論」へと至った。
typology [taipálədʒi] 40	☐☐	名 類型論	パーソナリティの類型論は、他者のパーソナリティを理解するという複雑なプロセスを単純化するのに役立つ。
deviation IQ [dì:viéiʃən àikjú:] 41	☐☐	偏差IQ, DIQ	ウェクスラーは「偏差IQ」すなわちDIQを作ったことでも有名である。
academic achievement [ækədémik ətʃí:vmənt] 42	☐☐	学力	知能と学力との間の強い関連を示す実証的証拠がある。
achievement quotient [ətʃí:vmənt kwóuʃənt] 43	☐☐	成就指数	知能指数と成就指数の間には相関がある。
agreeableness [əgrí:əblnəs] 44	☐☐	名 同調性, 協調性 形 agreeable 感じのよい, 愛想のよい	同調性は、ビッグファイブパーソナリティモデルにおける基本特性の1つである。
conscientiousness [kɑ̀nʃiénʃəsnəs] 45	☐☐	名 誠実性 形 conscientious 誠実な, まじめな	ビックファイブ因子の誠実性は、様々な職種における職務成績と関連している。
lie scale [lái skéil] 46	☐☐	虚偽尺度	虚偽尺度の得点が高い人は、正直にMMPIに回答することをわざと避けようとしている。
openness [óupənəs] 47	☐☐	名 開放性 形 open 開放的な, 開かれた	ビッグファイブパーソナリティテストで高いレベルの経験への開放性を示す人は、好奇心が強い。
social desirability [sóuʃəl dəzàirəbíləti] 48	☐☐	社会的望ましさ	ある種の質問には、社会的望ましさの可能性を高めるものもあるだろう。
Thematic Apperception Test [θìmǽtik æpərsépʃən tést] 49	☐☐	主題統覚検査, TAT	研究者はしばしば達成動機づけを査定するために主題統覚検査を使用する。
type A behavior pattern [táip éi bihéivjər pǽtərn] 50	☐☐	タイプA行動パターン	タイプA行動パターンは、冠状動脈性疾患の危険因子であることがいくつかの研究で示されてきた。

Sternberg proposed **triarchic theory** of intelligence which is comprised of three factors.

Spearman's studies on human intelligence led to his "**two-factor theory**" of intelligence.

Personality **typology** helps simplify the complex process of understanding other people's personalities.

Wechsler is also notable for his creation of the "**deviation IQ**" or DIQ.

There are empirical evidence for a strong association between intelligence and **academic achievement**.

There is a correlation between intelligence quotient and **achievement quotient**.

Agreeableness is one of the basic traits of the Big Five personality model.

Conscientiousness of the Big Five factors relates to job performance across different types of occupations.

People who score high on the **lie scale** deliberately try to avoid answering the MMPI honestly.

Individuals with a high level of **openness** to experience in the Big Five personality test are curious.

Some types of questions may increase the likelihood of **social desirability**.

Researchers often use the **Thematic Apperception Test** to assess people's achievement motivation.

Several studies have shown that **type A behavior pattern** is a risk factor for coronary heart disease.

[心理院単] 専門用語(動機づけ・感情心理学) 50語

動機づけ・感情心理学

		Check ①	▼ 例文の意味
emotional	[imóuʃənl]	形 情動の, 情緒的な 名 emotion 情動, 情緒	ラザルスは, 情動経験は認知的評価に大きく依存していると論じた。
fear	[fíər]	名 恐怖	暗闇恐怖のような, 機能を損なうことのない特定の恐怖を示す子どももいるかもしれない。
stress	[strés]	名 ストレス, 圧力, 強調 動 強調する	孤独感はストレスだけでなく, ガンや心臓病も引き起こしうる。
feeling	[fíːliŋ]	名 感情 動 feel 感じる, 考える	心理学者の中には, ネガティブな感情によって私たちはより客観的な判断ができるようになると示唆するものもいる。
state	[stéit]	名 状態 動 述べる	STAIは状態不安と特性不安の両方を測定する質問紙である。
conflict	[名 kánflikt, 動 kənflíkt]	名 葛藤, 衝突 動 衝突する	対人関係において多くの葛藤を抱えている人は, ストレスコーピングの方法が不適切なようだ。
affect	[əfékt]	名 感情 動 影響する	感情という用語は, 情動と気分の両方を含む。
anger	[æŋgər]	名 怒り 形 angry 怒って	怒りは, 血圧や心拍数の上昇といった生理的反応を引き起こす。
threat	[θrét]	名 脅威	私たちは, 脅威が低減されたとき, 年齢が高い大人はポジティブな情報をより思い出すだろうという仮説を検証した。
mood	[múːd]	名 気分	ネガティブな気分は, ポジティブな記憶よりネガティブな記憶をより多く思い出させる。
frustration	[frʌstréiʃən]	名 フラストレーション, 欲求不満 形 frustrated 欲求不満の	フラストレーション反応には, 攻撃行動や迂回行動, 代償行動などがある。

> 動機づけの研究とは，動機づけ，つまり「やる気」のメカニズムの解明に焦点を当てた研究領域である。一方，感情心理学では，感情と認知・行動との関連についての研究にも注目が集まっている。

▼[大学院受験] 完全対応例文　　　　　　　　　　1→11

Lazarus argued that our **emotional** experiences depend mainly on our cognitive appraisals.

Some children may show specific **fear**, such as **fear** of dark, which does not impair functioning.

Feelings of loneliness can cause not only **stress** but cancer or heart disease.

Some psychologists suggest that negative **feelings** help us make more objective judgements.

STAI is a questionnaire to measure both **state** anxiety and trait anxiety.

People who have lots of **conflict** in interpersonal relationships are likely to have inadequate stress coping methods.

The term **affect** contains both emotion and mood.

Anger evokes a physiological response such as increased blood pressure and heart rate.

We tested the hypothesis that when **threat** was reduced, older adults would be more likely to retrieve positive information.

A negative **mood** makes people recall more negative memories than positive memories.

Responses to **frustration** include aggressive behaviors, detour behaviors, and substitution behaviors.

動機づけ・感情心理学

[心理院単]専門用語(動機づけ・感情心理学)50語

語	Check①	▼例文の意味
guilt [gílt]	名 罪悪感，罪 (12)	不安や自由，安堵や罪悪感といった様々な感情や反応が産後の時期に合わせて頻繁に生じる。
terror [térər]	名 恐怖，脅威 / 関 fear 恐怖 (13)	恐怖管理理論の根底にある考えは，自尊感情と文化的世界観は死や死ぬ運命に関連する思考を抑えるために存在するというものだ。
motivation [mòutəvéiʃən]	名 動機づけ，モチベーション / 動 motivate 動機づけをする，刺激を与える / 名 motive 動機 (14)	人間のモチベーションを理解することは，企業の業績向上につながる。
tension [ténʃən]	名 緊張 / 形 tense 緊張した，張り詰めた (15)	ストレスは，筋緊張とそれによって生じる多くの痛みへとつながる経路を活性化する。
pleasure [pléʒər]	名 喜び，楽しみ，快楽 / 動 please 喜ばせる，楽しませる (16)	そのクライエントは，義務のために生きるのではなく，楽しみのために生きるようアドバイスされた。
shame [ʃéim]	名 恥，恥ずかしさ / 動 恥をかかせる (17)	恥には劣等感や屈辱だけでなく，抑制や当惑なども含まれる。
annoyance [ənɔ́iəns]	名 いらだち / 動 annoy いらいらさせる，悩ます (18)	他者に対していらだちを経験しているがそれに気づいていない時には，コミュニケーションは矛盾したメッセージを含んでいる。
jealousy [dʒéləsi]	名 嫉妬 / 形 jealous 嫉妬して，嫉妬深い (19)	クラインは，嫉妬とは自分が持っているものを失う恐怖であり，羨望に基盤を持つと示唆した。
motive [móutiv]	名 動機 / 名 motivation 動機づけ，モチベーション (20)	達成動機の研究の多くにおいて，それはTATを用いて測定される。
aggressive [əgrésiv]	形 攻撃的な / 名 aggression 攻撃，攻撃性 (21)	反社会性パーソナリティ障害の人は，破壊的行動や攻撃的行動をしやすい。
distraction [distrǽkʃən]	名 気晴らし，気を散らすこと / 動 distract 注意をそらす，気晴らしさせる (22)	実験では，参加者は反すう条件か気晴らし条件に割り振られた。
incentive [inséntiv]	名 誘因，インセンティブ / 形 刺激的な / 対 drive 動因 (23)	動機づけは，内的動因から始まり，誘因を目的としたプロセスである。
hostility [hɑstíləti]	名 敵意 / 形 hostile 敵意的な，敵意のある (24)	高い敵意のある人は，高いレベルのストレスと抑うつを経験しやすい。

Various feelings and reactions such as anxiety, freedom, relief, and **guilt** frequently occur in conjunction with the postpartum period.

The underlying idea of **terror** management theory is that self-esteem and cultural worldview exist to suppress death and mortality-related thoughts.

Understanding human **motivation** can lead to company performance improvement.

Stress activates pathways that lead to muscle **tension** and thereby to numerous pains.

The client was advised to live more for **pleasure** and less for duty.

Shame includes not only feelings of inferiority and humiliation but also inhibition and embarrassment.

When you are experiencing **annoyance** toward another person but are unaware of it, your communication contains contradictory messages.

Klein suggested that **jealousy** was a fear of losing what one has and was based upon envy.

In many studies on achievement **motive**, it is measured by using TAT.

People with antisocial personality disorder are prone to destructive and **aggressive** behavior.

Experiments have involved assigning participants to either a rumination or **distraction** condition.

Motivation is a process that begins with inner drive and is aimed at an **incentive**.

Individuals with high **hostility** tend to experience higher levels of stress and depression.

[心理院単] 専門用語（動機づけ・感情心理学）50語

見出し語	意味	例文の意味
hyperarousal [háipərəráuzəl] 25	名 過覚醒	ヤーキーズ・ドットソンの法則では、過覚醒の状態は動機づけを低くすると仮定する。
intrinsic [intrínsik] 26	形 内発的な、固有の 対 extrinsic 外発的な	課題に自発的に取り組んでいる子どもに報酬を提示することは、ときに子どもたちの内発的動機づけを減少させるという結果になる。
unpleasant [ʌnplézənt] 27	形 不快な 対 pleasant 楽しい、快い	心理学者は不快な情動経験の心理的影響を最小限にするべきだ。
hierarchy [háiərɑ̀ːrki] 28	名 階層	マズローの欲求階層説は、5つの欲求階層があり、自己実現が最後の5番目の欲求だと想定する。
malicious [məlíʃəs] 29	形 悪意のある、意地の悪い	子どもは物質的、情緒的、教育的に必要なものを悪意を持って与えられないことによって弊害をこうむるだろう。
pleasant [plézənt] 30	形 楽しい、快い 対 unpleasant 不快な 動 please 喜ばせる、楽しませる	楽しい経験の中には、成功するために自らの能力を十分に使うことを必要とするものもある。
sentiment [séntəmənt] 31	名 情操、感情	ステレオタイプや偏見を引き起こすものはどのようなものであっても適切な感情によって判断される。
achievement motivation [ətʃíːvmənt mòutəvéiʃən] 32	達成動機づけ achievement motive 達成動機	本研究の目的は学業成績に対する高校生の達成動機づけの原因帰属を知ることであった。
affiliation motivation [əfìliéiʃən mòutəvéiʃən] 33	親和動機づけ affiliation motive 親和動機	親和動機づけの高い人は他者との温かい人間関係を必要とし、他者から受け入れられていると感じることを求める。
Cannon-Bard theory [kǽnənbɑ́ːrd θíːəri] 34	キャノン・バード説	キャノン・バード説はジェームズ・ランゲ説を直接批判し、情動は視床から生じると示唆した。
functional autonomy [fʌ́ŋkʃənl ɔːtánəmi] 35	機能的自律性	機能的自律性の概念は、成人における現在の行為の背後にある動機づけは幼児期の動機づけと関係がないことを意味する。
homeostasis [hòumiəstéisis] 36	名 ホメオスタシス	ホメオスタシスとは、身体的にうまく機能できるように体内の適切なバランスを維持することである。
James-Lange theory [dʒéimzlǽŋgə θíːəri] 37	ジェームズ・ランゲ説	ジェームズ・ランゲ説によると、情動は、出来事に対する生理的反応の結果として生じる。

The Yerkes-Dodson's law postulates that the state of **hyper-arousal** results in low level of motivation.

Presenting the children who commit a task voluntarily with rewards sometimes results in the decrease of **intrinsic** motivation in them.

Psychologists should minimize the psychological impact of an **unpleasant** emotional experience.

Maslow's **hierarchy** of needs assumes that there is a **hierarchy** of five needs with self-actualization being the last of them.

Children can be harmed by **malicious** withholding of the physical, emotional, and educational necessities.

Some **pleasant** experiences require us to use our ability fully in order to achieve success.

Whatever induces the stereotype or prejudice is judged with the appropriate **sentiment**.

The purpose of this study was to determine the causal attribution of **achievement motivation** for academic success possessed by high school students.

People with **affiliation motivation** require warm relationships with other people and need to feel accepted by them.

The **Cannon-Bard theory** directly challenged the James-Lange theory and suggested that emotions originate from the thalamus.

The concept of **functional autonomy** means that in adults, the motivation behind current actions is independent of early childhood motivation.

Homeostasis is to maintain an appropriate balance in the body so that we can physically function well.

According to the **James-Lange theory**, emotions occur as a result of physiological reactions to events.

[心理院単]専門用語(動機づけ・感情心理学)50語

英語	日本語	▼例文の意味
primary need [práiməri ní:d] 38	一次的欲求 対 secondary need 二次的欲求	一次的欲求とは、酸素や食物、水に対する欲求といった、学習によらない生物学的欲求に基づいている。
secondary need [sékəndèri ní:d] 39	二次的欲求 対 primary need 一次的欲求	H.マレーは生物学的欲求に基づく一次的欲求と、より心理的な二次的欲求に区別した。
undermining effect [ʌ̀ndərmáiniŋ ifékt] 40	アンダーマイニング効果	アンダーマイニング効果は、いくつかの点により消去の概念で説明することはできない。
basic emotions [béisik imóuʃənz] 41	基本感情	プルチックの8つの基本感情は、怒り、恐怖、悲しみ、嫌悪、驚き、期待、信頼、喜びである。
contempt [kəntémpt] 42	名 軽蔑	私たちは、あまり知らない人に対して軽蔑を感じやすい。
deficiency needs [difíʃənsi ní:dz] 43	欠乏欲求	マズローは彼の欲求理論における下位4つの欲求を欠乏欲求と呼んだ。
detour behavior [dí:tuər bihéivjər] 44	迂回行動	フラストレーション反応の1つは、迂回行動である。
display rule [displéi rú:l] 45	表示規則	エクマンは、情動の表示規則は文化によって異なることを示唆した。
emotion regulation [imóuʃən règjuléiʃən] 46	情動制御	情動制御は、全体的な心理的健康にとって重要である。
euphoria [jufɔ́:riə] 47	名 多幸感 形 euphoric 多幸感の	その研究者は、右半球の損傷によって多幸感が生じることを発見した。
growth needs [gróuθ ní:dz] 48	成長欲求	マズローは、自己実現の重要性を強調し、それを成長欲求と呼んだ。
motive to avoid success [móutiv tu əvɔ́id səksés] 49	成功回避動機	ホーナーは女性には競争的な状況において成功回避動機があるということを指摘した。
Yerkes-Dodson's law [jú:rki:zdádsənz lɔ́:] 50	ヤーキーズ・ドットソンの法則	ヤーキーズ・ドットソンの法則を目撃者の記憶を説明するために適用するのには限界があることを多くの結果が示唆した。

Primary needs are based on unlearned, biological needs, such as the need for oxygen, food, and water.

H.Murray differentiated between primary needs based on biological demands and **secondary needs** which are more psychological.

The **undermining effect** cannot be explained by the concept of extinction in several respects.

Plutchik's 8 **basic emotions** are anger, fear, sadness, disgust, surprise, anticipation, trust, and joy.

We are most likely to feel **contempt** toward people we hardly know.

Maslow called the four lowest need on his needs theory **deficiency needs**.

One of the frustration responses is **detour behavior**.

Ekman suggested that **display rules** of emotion vary across cultures.

Emotion regulation is essential for your overall psychological health.

The researcher discovered that the damage of the right hemisphere causes **euphoria**.

Maslow emphasized the importance of self-actualization and called it **growth needs**.

Horner suggested that women have a **motive to avoid success** in a competitive situation.

Many findings suggested that the **Yerkes-Dodson's law** has limited application for explaining eyewitness memory.

一般用語

- [ ] search
- [ ] study
- [ ] relationship
- [ ] process
- [ ] psychological
- [ ] physical
- [ ] order
- [ ] positive
- [ ] theory
- [ ] school
- [ ] response
- [ ] evidence
- [ ] effect

- ジャンルを問わず様々な心理学の英文を読むために、必ず押さえておきたい単語です。まずはこの【一般用語】から学習してください。受験まで時間があまりない場合も、【専門用語】よりも【一般用語】の学習を優先することをおすすめします。
- 【一般用語】をある程度勉強しても、英文を読んでいて専門用語以外の単語を辞書で引くことが多い場合は、さらに基本的な英単語力が不足している可能性があります。その場合は、大学受験用の英単語集などで基本用語の復習をしてください。

[心理院単] 一般用語 400語

見出し語	意味	▼例文の意味

search
[sə́ːrtʃ] 1
- 動 探す, 探求する, 調べる
- 名 探求, 調査

多くの心理学者が心理学を科学的学問にするための手段を探し続けてきた。

study
[stʌ́di] 2
- 名 研究, 勉強
- 動 研究する, 勉強する

この研究の目的は, 被験者が痛みどめのプラセボ効果を経験するのを確認することであった。

relationship
[riléiʃənʃip] 3
- 名 関係, 関連

教師と生徒の関係は, 生徒の学業成績を大きく左右するだろう。

process
[prɑ́ses] 4
- 名 プロセス, 過程
- 動 処理する
- 名 processing 処理

復習を何度も行うことで忘却のプロセスを遅くすることができる。

psychological
[sàikəlɑ́dʒikəl] 5
- 形 心理学の, 心理の, 心理的
- 名 psychology 心理学

早期児童期の心理的, 身体的変化は急速で劇的である。

physical
[fízikəl] 6
- 形 物理的な, 身体的な, 物質の
- 名 physics 物理学

ストレスの原因はストレッサーと呼ばれ, 身体的なものから心理的なものまである。

order
[ɔ́ːrdər] 7
- 名 秩序, 順番, 命令
- 動 命じる, 注文する

著者は, 怒りの機能の1つは社会秩序を守ることだと考えている。

positive
[pɑ́zətiv] 8
- 形 ポジティブな, プラスの, 肯定的な, 正の

道徳ルールはプラスにもマイナスにもなるということを覚えておかなければならない。

theory
[θíːəri] 9
- 名 理論
- 動 theorize 理論化する, 理論を立てる

よい理論は反証可能性, すなわち科学的仮説の検証可能性を持っている。

school
[skúːl] 10
- 名 学派, 学校
- 動 教育する
- 名 schooling 学校教育

心理学の人間性学派は, 有意義な人生を送るために十分に潜在能力を発達させる重要性を強調する。

response
[rispɑ́ns] 11
- 名 反応
- 動 respond 反応する, 回答する

研究者たちは, 特定のストレッサーに対する症候性反応のレベルを評価するための簡易自己報告式尺度を開発した。

evidence
[évədəns] 12
- 名 証拠
- 形 evident 明らかな, 明白な

実証的証拠によって支持された児童虐待と関連したリスク要因は少しある。

effect
[ifékt] 13
- 名 影響, 効果
- 動 影響する
- 形 effective 影響力のある
- 名 effectiveness 有効性
- 反 cause 原因

リラクゼーションの技法は恐怖や不安の軽減をするのにプラスの効果がある。

Many psychologists have **searched** for the means to make psychology a scientific discipline.

The purpose of this **study** is to confirm that subjects experience the placebo effect of painkillers.

The **relationship** between teacher and student can have great influence on a student's academic performance.

Reviewing many times makes the **process** of forgetting slower.

Early childhood **psychological** and physical changes are rapid and dramatic.

The causes of stress are referred to as stressors, which range from **physical** things to psychological things.

The author believes that one of the functions of anger is to preserve social **order**.

We must remember that moral rules can be **positive** or negative.

A good **theory** has falsifiability or the testability of a scientific hypothesis.

The humanistic **school** of psychology places emphasis on the importance of fully developing one's potential to lead a meaningful life.

The researchers developed a short self-report measure to evaluate the level of symptomatic **response** to specific stressors.

A few risk factors associated with child maltreatment are supported by empirical **evidence**.

Relaxation techniques have a positive **effect** on alleviating fear and anxiety.

[心理院単] 一般用語 400語

見出し語	Check	意味	▼例文の意味
approach [əpróutʃ]	14	動 アプローチする、接近する 名 アプローチ、接近	臨床心理士は、個々のクライエントにだけでなく、クライエントのコミュニティに対しても積極的に**アプローチし**なければならない。
need [níːd]	15	名 欲求、必要性 動 必要とする	ロジャーズは、自己実現の欲求は非常に基本的な心理的**欲求**だと論じた。
knowledge [nάlidʒ]	16	名 知識 動 know 知る、分かる	ルネッサンス期の有名なイギリス人思想家であるフランシス・ベーコンが論じたように「**知識**は力」であり、無知は無力である。
form [fɔ́ːrm]	17	動 形成する、形作る 名 種類、形	科学的アプローチは、個人の経験に基づいて意見を**形成する**こととはかなり違う。
view [vjúː]	18	名 見方、意見、視野 動 見る	フィクションを読むことは、他者の**視点**を理解する能力を向上させることができる。
ability [əbíləti]	19	名 能力 形 able 〜できる	人間には、過去の記憶から情報を取り出し、それを他者に伝える**能力**がある。
risk [rísk]	20	名 リスク、危険 形 risky 危険な	子どもの発達に影響する**リスク**要因の大きさは、その後の環境で緩和されることを認識しておくことが大切だ。
performance [pərfɔ́ːrməns]	21	名 成績、行い、能力、遂行 動 perform 行う、果たす	子どもたちの心理的ストレスを減らすと、幸福感が高まり学業**成績**がよくなることがある。
similar [símələr]	22	形 類似の、似た、同じような 名 similarity 類似、類似性	同じ診断名を持つ患者が**同じような**臨床的特徴を持っていたら、その診断カテゴリーは高い妥当性があると言える。
period [píəriəd]	23	名 期間	この研究は、10年の**期間**にわたる統計的な調査を元に行なわれた。
provide [prəváid]	24	動 提供する、与える 接 provided (that 〜) もし〜ならば	その研究は、赤ちゃんが遊びを通してどのように世界について学習するのかについての洞察を**提供した**。
common [kάmən]	25	形 一般的な、よくある、共通の	職場ストレスについて**よくある**要因の1つは対人関係上の問題である。
present [動 prizént, 名形 préznt]	26	動 提示する 形 現在の 名 現在 名 presence 存在	研究者とその共同研究者たちは、実験参加者に視覚的刺激と聴覚的刺激をランダムに**提示した**。

Clinical psychologists must actively **approach** not just the individual client, but also the client's community.

Rogers argued that the need for self-actualization is a very fundamental psychological **need**.

As Francis Bacon, the famous English Renaissance thinker, argued, "**Knowledge** is power" and ignorance is powerless.

The scientific approach is quite different from **forming** opinions based on individual experience.

Reading fiction can improve your ability to see another person's point of **view**.

Human beings have the **ability** to retrieve information from their past memory and express it to other people.

It is important to recognize that the impact of **risk** factors affecting child development can be moderated by later circumstances.

Reducing psychological stress in children could improve their well-being and academic **performance** in school.

When patients with the same diagnosis have **similar** clinical features, the diagnostic category is said to have high validity.

This study was conducted based on statistical investigations spanning a **period** of 10 years.

The study **provided** insight into how babies learn about the world through play.

Interpersonal relationship problems are a **common** factor concerning workplace stress.

The researcher and his colleagues randomly **presented** volunteers with visual and auditory stimuli.

[心理院単] 一般用語 400語

見出し語	Check	意味	▼例文の意味
nature [néitʃər] 27	☐☐	名 性質, 本質, 自然 形 natural 自然な	心理学者を志すならば, 人間のまさに**本質**に触れる研究を追求しなさい。
belief [bilíːf] 28	☐☐	名 信念, 考え 動 believe 〜と考える	人は**信念**と行動に一貫性を求める傾向がある。
focus [fóukəs] 29	☐☐	動 焦点を当てる 名 焦点, 中心	この研究は, 同性の友達と異性の友達に対する青年の自発的な開示に**焦点を当てる**。
term [tə́ːrm] 30	☐☐	名 用語, 期間 in terms of … …の点から	「意識」と「無意識」という**用語**は, 精神分析療法において有用であることが証明されてきた。
potential [pəténʃəl] 31	☐☐	名 潜在能力, 可能性 形 潜在的な, 可能な	行動することができる有機体のみが, 自らのパーソナリティ特性を発達させる**可能性**を持っている。
include [inklúːd] 32	☐☐	動 含む	この研究の参加者には, 100人の大学生と80人の大学院生を**含んでいた**。
analysis [ənǽləsis] 33	☐☐	名 分析 名 analyst 分析家 動 analyze 分析する	さらなる**分析**で, パーソナリティは大学生の職業決定において主要な要因であることが示された。
action [ǽkʃən] 34	☐☐	名 行為, 活動, 行い	統合失調症の人は, 自分自身の**行為**をどれぐらい自分がコントロールできるのかを知ることが難しいようだ。
context [kántekst] 35	☐☐	名 文脈, 背景, 状況 形 contextual 文脈上の, 状況の	非行の研究は, 個人の特徴に加えて青年が生活する**状況**に焦点を当てるべきだ。
influence [ínfluəns] 36	☐☐	動 影響する, 左右する 名 影響 形 influential 影響力のある	精神分析は個人の過去の葛藤がどのように行動や思考, 態度に**影響する**か理解することに関するものである。
range [réindʒ] 37	☐☐	名 幅 動 (範囲などが)及んでいる, 並ぶ	統合失調症の陰性症状のひとつは, 情動表現の**幅**と強さが限られていることである。
source [sɔ́ːrs] 38	☐☐	名 源, 情報源	人間社会の研究は様々な社会行動の本質についての価値ある**情報源**である。
suggest [səgdʒést] 39	☐☐	動 示唆する, 示す 名 suggestion 示唆, 提案	多くの研究が, 子どもの発達における親子関係の重要性を**示唆**してきた。

If you aspire to be a psychologist, you must pursue research which touches the very **nature** of human beings.

People tend to pursue consistency between **belief** and behavior.

This research **focuses** on adolescents' voluntary disclosure to same-sex friends and different-sex friends.

The **terms** "conscious" and "unconscious" have been proven to be useful in psychoanalytic therapy.

Only organisms capable of behavior have the **potential** to develop personality traits of their own.

The participants of this study **included** 100 university students and 80 graduate students.

Further **analysis** has shown that personality is a primary factor in university students' career decisions.

People with schizophrenia seem to have difficulties knowing how much control they have over their own **actions**.

The study of delinquency should be focused on the **context** in which adolescents lived as well as the individual characteristics.

Psychoanalysis is concerned with understanding how the individual's past conflicts **influence** behavior, thought and attitude.

One of the negative symptoms of schizophrenia is a restriction in the **range** and intensity of emotional expression.

The study of human society is a valuable **source** of information about the nature of various social behavior.

Many studies have **suggested** the importance of the parent-child relationship in a child's development.

[心理院単] 一般用語 400語

見出し語	Check	語義	▼ 例文の意味
issue [íʃuː]	40	名 問題, 論争, 発行, 発行物 / 動 発行する, 出す	心理学の問題のいくつかは, その環境における出来事や人間の直接的な観察から生じる。
capacity [kəpǽsəti]	41	名 能力・容量 / be capable of ~ の能力がある, ~できる	短期記憶の容量は, おおよそ7チャンクであり, これは「マジカルナンバー」と呼ばれている。
current [kə́ːrənt]	42	形 今の, 最近の, この / 名 流れ, 風潮, 動向	これらの参加者はその後, この実験が記憶に関するものであることを伝えられた。
difficulty [dífikʌ̀lti]	43	名 問題, 困難, 障害 / 形 difficult 難しい	個人の適応能力を超えた問題によって人は危機状態を経験することがある。
appropriate [əpróupriət]	44	形 適切な, ふさわしい / 対 inappropriate 不適切な, ふさわしくない	行動療法家は, 学習に関する実験研究で開発された技法のいくつかがより適切な反応を獲得するために利用できるという考えを持っている。
function [fʌ́ŋkʃən]	45	名 機能, 作用, 働き / 動 機能する, 働く	自我は思考や判断といった機能の中に現れるだろう。
reaction [riǽkʃən]	46	名 反応 / 動 react 反応する	リベラル派と保守派では, 彼らの周りの世界に対する無意識的な反応さえ異なるようだ。
expression [ikspréʃən]	47	名 表現 / 動 express 表現する, 表出する	遊戯療法は, 遊びが子どもの自己表現の自然な媒介物だという前提に基づいている。
species [spíːʃiːz]	48	名 種(しゅ), 種類	学習の原理の中には多くの種や多くの状況に応用できるものもある。
available [əvéiləbl]	49	形 利用できる, 入手できる / 名 availability 利用可能性	職場ストレスの影響に関して入手できる研究の多くは主に男性管理職に対して行われてきた。
external [ikstə́ːrnl]	50	形 外的な, 外側の / 対 internal 内的な, 内側の	統制の所在 (ローカス・オブ・コントロール) が外的な人は, 自分の運命が偶然や外部の力によって決められると考える。
interpersonal [ìntəpə́ːrsənl]	51	形 対人関係の	心理療法は, クライエントの感情や認知, 態度, 行動の修正をもたらすよう計画された対人関係プロセスと定義されうる。
notion [nóuʃən]	52	名 考え, 概念, 観念	セリエの汎適応症候群という考えは, 彼の実験室の外へ急速に広がった。

Some **issues** in psychology come from direct observations of events and humans in the environment.

The **capacity** of short-term memory is about seven chunks, which is called the "magical number".

These participants were then told that the **current** experiment was about memory.

A **difficulty** that exceeds the individual's ability to adapt can cause him/her to experience a state of crisis.

Behavior therapists hold the idea that some of the techniques developed in experimental studies on learning can be used to acquire more **appropriate** responses.

Ego can manifest itself in **functions** such as thinking, judging and so on.

Liberals and conservatives seem to be different in even their unconscious **reactions** to the world around them.

Play therapy is based on the premise that play is the child's natural medium of self **expression**.

Some principles of learning can apply to many **species** and many settings.

Most of the **available** researches on the effects of workplace stress have been conducted on male managerial personnel.

A person with an **external** locus of control believes that his/her destiny is determined by chance or outside forces.

Psychotherapy can be defined as an **interpersonal** process designed to bring about modifications of feelings, cognitions, attitudes and behavior of clients.

Selye's **notion** of the general adaptation syndrome spread quickly outside his laboratory.

[心理院単] 一般用語 400語

単語	Check	意味	▼例文の意味
occur [əkə́ːr]	53	動 **生じる，起こる** 名 occurrence 出来事，発生	ある行為が道徳的に評価されるかどうかは，それが**起こった**背景による。
orientation [ɔ̀ːriəntéiʃən]	54	名 **方向づけ，向き** 動 orient 方向づける，関心を向けている	姿勢の**向き**や，表情，ジェスチャー，発声は情動の外的指標を提供するだろう。
perspective [pərspéktiv]	55	名 **観点**	進化心理学は，心理的メカニズムを人間の生物学的進化の**観点**からアプローチする。
adjustment [ədʒʌ́stmənt]	56	名 **適応，順応，調整** 動 adjust 適応する，順応する，調整する	慢性疾患の子どもは，**適応**障害のリスクが高いかもしれない。
material [mətíəriəl]	57	名 **刺激，素材，道具**	実験者は，実験参加者の誰にもなじみのない**刺激**を使って実験を行った。
aware [əwéər]	58	形 **気づいて** 名 awareness 意識，気づき	その人が自分の態度に**気づいて**いる場合，態度はもっともよく行動を予測する傾向がある。
indicate [índikèit]	59	動 **示唆する，示す，指摘する** 名 indication 指示，示唆，指摘	次の章で様々な職業における心理学の可能性について**示す**。
produce [prədjúːs]	60	動 **生み出す，産出する，作り出す** 名 production 産出	多くの研究グループが，子どもの注意力を訓練することが高い知能得点を可能にすることを示唆する結果を**生み出してきた**。
severe [sivíər]	61	形 **重い，重度の，ひどい** 名 severity 激しさ，重大さ	**重度**の心理的障害は，過剰に問題のある親の態度や行為のせいにされてきた。
subjective [səbdʒéktiv]	62	形 **主観的な**	質問紙法を使ったパーソナリティ検査では，回答者自身による**主観的**評価を扱う。
useful [júːsfəl]	63	形 **役に立つ** 名 usefulness 有効性，有用性 対 useless 役に立たない	TATは，クライエントの重要な心理的特徴を査定するのに**役に立つ**ツールである。
cause [kɔ́ːz]	64	動 **引き起こす，〜させる** 名 原因，理由 形 causal 原因の 対 effect 結果，影響，効果	多くの心理学者は，テレビで暴力を見ることは子どもを暴力的に**させる**と考えている。
consistent [kənsístənt]	65	形 **一貫した，一致した** 名 consistency 一貫性 対 inconsistent 一貫していない，不一致の	職場でのストレスは従業員の健康と幸福感に影響するという**一貫した**証拠がある。

Whether or not an action is evaluated as moral depends on the context in which it **occurs**.

Postural **orientations**, facial expressions, gestures, and vocalizations may provide some external indications of emotion.

Evolutionary psychology approaches psychological mechanisms from the **perspective** of human biological evolution.

Children with chronic disorders may have an increased risk for **adjustment** problems.

The researcher conducted an experiment using **materials** that were unfamiliar to all participants.

Attitudes tend to predict behavior best when the person is **aware** of his/her attitudes.

We will **indicate** the possibilities of psychology in the various occupations in the next chapter.

Many research groups have **produced** results suggesting that cultivating children's attention leads to higher intelligence scores.

Severe psychological disorders have been traced to excessively problematic parental attitudes and actions.

A personality test using a questionnaire deals with **subjective** evaluations by the respondents themselves.

The TAT is a **useful** tool for assessing important psychological features of clients.

Many psychologists believe that watching violence on television **causes** children to be violent.

There is **consistent** evidence that stress at work affects the health and well-being of employees.

[心理院単] 一般用語 400語

見出し語	Check	意味	▼ 例文の意味
inner [ínər]	66	形 **内的な，内側の** 対 outer 外的な，外側の	子どもの**内的**世界は，発達段階や生活上の経験，そして能力の影響を受ける。
literature [lítərətʃər]	67	名 **文献，論文，文学**	自己開示に関するその**文献**は，個人的思考の青年期の自己開示の変化を検証した。
outcome [áutkʌm]	68	名 **結果，成果**	古典的実験デザインでは，研究下での**結果**は介入の前後で測定される。
phase [féiz]	69	名 **段階，時期**	クライエント契約の最初の**段階**で，クライエントの目標について慎重に話し合うことは重要である。
previous [príːviəs]	70	形 **前の，以前の，先行する** 副 previously 以前に	**先行**研究は，体の冷たさが孤独感を引き起こすことを証明してきた。
remain [riméin]	71	動 **〜のままである，とどまる**	児童期の不安定な愛着スタイルは，時間がたっても比較的変わらない**まま**のようだ。
close [形 klóus, 動 klóuz]	72	形 **親密な，親しい，接近した** 動 閉じる，閉める	孤児院で育てられた子どもは**親密**な関係を形成しないようだった。
emphasis [émfəsis]	73	名 **強調，重視** 動 emphasize 強調する，重視する	拒食症や過食症の人は，身体的美しさを過剰に**重視**する傾向がある。
speech [spíːtʃ]	74	名 **発話，スピーチ，話し方**	多くの人においては，脳の左半球が**発話**や言語の理解を司っている。
complicated [kámpləkèitid]	75	形 **複雑な** 動 complicate 難しくする，複雑にする 名 complication 複雑化	予想に反して，研究は態度と行動の関係が**複雑**であることを示した。
determine [ditə́ːrmin]	76	動 **決定する，判断する** 名 determination 決心，決定	パーソナリティテストは，様々な心理的機能の量的指標を提供することで適切な治療を**決定する**のに役に立つ。
direction [dirékʃən]	77	名 **方向，方向性，指導** 動 direct 教える，指導する，向ける	自分を傷つけるのは何か，そしてどの**方向**に行くべきかを知っているのはクライエントである。
frequently [fríːkwəntli]	78	副 **頻繁に，しばしば** 形 frequent 頻繁な，たびたび生じる 名 frequency 頻度，頻発，周波数	**頻繁**に引用される友達の特徴とは，その人にとって社会的に重要で，その人から好かれている人である。

The child's **inner** world is influenced by the developmental stage, life experience and capabilities.

The **literature** on self-disclosure examined changes in adolescents' self-disclosure of private thoughts.

In the classic experimental design, the **outcome** under study is measured before and after the intervention.

It is crucial to carefully discuss a client's goals in the beginning **phase** of the client engagement.

Previous studies have demonstrated that physical coldness can induce feelings of loneliness.

Insecure attachment style in childhood seems to **remain** relatively stable over time.

Children raised in orphanages did not seem to form **close** relationships.

Individuals with anorexia or bulimia tend to place undue **emphasis** on physical beauty.

In most people, the left hemisphere of the brain is responsible for understanding **speech** and language.

Contrary to expectation, the research has shown that the relationship between attitudes and behavior is **complicated**.

Personality tests are useful to **determine** the appropriate treatment by providing quantitative indices of various psychological functioning.

It is the client who knows what hurts them and what **directions** to go in.

A **frequently** cited characteristic of a friend is someone who is socially important to and liked by a person.

[心理院単] 一般用語 400語

見出し語	意味	例文の意味
structure [stráktʃər] 79	名 構造，構成 動 組み立てる	幼児は，脆弱なパーソナリティ**構造**を維持するために原始的防衛機制を使う。
achieve [ətʃíːv] 80	動 達成する，獲得する，果たす 名 achievement 達成，成績，業績	ロジャーズは，人が十分に自らの潜在能力を**果たす**ことを高めるための心理的条件を探求した。
concern [kənsə́ːrn] 81	動 関することである，関係する，心配させる 名 関心ごと，関心，心配	帰属理論とは，どのように人は他者の行動を説明するかに**関する**ものである。
identify [aidéntəfài] 82	動 特定する，確認する，同一化する 名 identity アイデンティティ，同一性	その行動に対する効果を測定することで強化子を**特定する**ことは重要である。
impairment [impéərmənt] 83	名 障害，損傷，悪化 動 impair 損なう，悪くする	社会性不安障害の患者は社会的機能への重い**障害**を示した。
purpose [pə́ːrpəs] 84	名 目的 副 purposely わざと，故意に	臨床家はクライエントやテストの**目的**に応じて，適切なパーソナリティテストを選ばなければならない。
serious [síəriəs] 85	形 まじめな，深刻な	完璧主義者はささいな間違いでさえも**深刻な**結果になると考える傾向がある。
will [wíl] 86	名 意思，決意	その少女は，自分の**意志**に反してリスクテイキング行動や自傷行為を行ったと報告した。
attempt [ətémpt] 87	動 試みる，〜しようとする 名 試み	遊戯療法家は，治療過程の緩やかな性質を認識し，この過程をせか**そうとする**べきではない。
finding [fáindiŋ] 88	名 結果 動 find 〜だと分かる，明らかにする	この研究の**結果**は，知能という用語を単一の定義で記述することは難しいということを示唆している。
pressure [préʃər] 89	名 プレッシャー，圧力 動 圧力をかける	薬物乱用に関する仲間からの**圧力**に抵抗するのを援助するために若者にコーピングスキルを教えるプログラムが求められる。
recognize [rékəgnàiz] 90	動 認める，認識する 名 recognition 認識，再認	最善の介入方法であってもすべてのケースに役立つわけではないということをカウンセラーは**認識する**ことが重要だ。
reflect [riflékt] 91	動 反映する，反射する，熟考する 名 reflection 反映，反射，熟考	BPDの診断は極めて扱いづらい患者に対する臨床家のイラついた反応を**反映している**ことがよくある。

An infant uses primitive defense mechanisms to maintain his/her fragile personality **structure**.

Rogers explored the psychological conditions for empowering individuals to **achieve** their full potential.

Attribution theory is **concerned** with how individuals explain the behavior of others.

It is important to **identify** reinforcers by measuring their effects on the behavior.

The patients with social anxiety disorder showed severe **impairment** to social functioning.

Clinicians must select the appropriate personality test according to the client and the **purpose** of testing.

Perfectionists tend to believe that even minor mistakes lead to **serious** consequences.

The girl reported that she engaged in risk-taking behavior and self-mutilation against her own **will**.

A play therapist should appreciate the gradual nature of the therapeutic process and should not **attempt** to hurry the process.

The **findings** of this study suggest that it is difficult to describe intelligence with any single definition of the term.

A program to teach youths coping skills is needed for helping them resist peer **pressure** to engage in substance abuse.

It is important for counselors to **recognize** that even the best interventions may not work in all cases.

The BPD diagnosis often **reflects** clinicians' frustrated responses to their patients who are extremely difficult to deal with.

[心理院単] 一般用語 400語

見出し語	Check❶	意味	▼ 例文の意味

alternative
[ɔːltə́ːrnətiv]
92
- 名 **選択肢**
- 形 代わりの

認知的不協和理論によると，もっとも大きな不協和は，2つの**選択肢**が等しく魅力的な場合に生じる。

critical
[krítikəl]
93
- 形 **重大な**，批判的な
- 名 critic 批評家

自己調節は，メンタルヘルスを促進し，精神疾患を予防する**重大な**スキルである。

deal
[díːl]
94
- 動 (〜 with) **扱う**
- 名量 a great deal of たくさんの

「臨床心理学」を**扱う**論文の一部が「科学的」かどうかについて疑うのももっとだ。

empirical
[impírikəl]
95
- 形 **実証的な**，経験的な
- 名 empiricism 実証主義

心理療法の有効性についての**実証的な**証拠を示すのは難しい。

exposure
[ikspóuʒər]
96
- 名 (刺激や影響を)**受けること**，(刺激や影響に)**さらされること**
- 動 expose さらす，接する

子どもがテレビで暴力映像を**見る時間**と攻撃行動との間には確かに関係がある。

involve
[inválv]
97
- 動 **含む**，関係する，関与する

7ヶ月から9ヶ月の間，幼児の主観的経験の共有には，母親との言語的相互作用を**含む**ない。

principle
[prínsəpəl]
98
- 名 **原則**，原理

学習の**原理**は，ある行動パターンを変容させたり維持するための効果的な手段を提供する。

represent
[rèprizént]
99
- 動 **表す**，表象する，象徴する
- 名 representation 表象

言語は，現実または架空の経験や感情を**表す**ための便利な道具である。

serve
[sə́ːrv]
100
- 動 **提供する**，〜に**役立つ**

事例研究は，人間行動についての考えや仮説の情報源として**役立ってきた**。

trust
[trʌ́st]
101
- 名 **信頼**
- 動 信頼する

オキシトシンは，グループメンバー内での**信頼**と協力を高めるホルモンである。

article
[áːrtikl]
102
- 名 **論文**，記事

論文のアブストラクトを最初に読むと，**論文**を理解しやすくなる。

origin
[ɔ́ːrədʒin]
103
- 名 **起源**，はじまり，由来
- 形 original もともとの，本来の
- 動 originate 生じる，始まる

ダーウィンの『種の**起源**』の思想は心理学に多大な影響を及ぼしているので読んだ方がいい。

underlying
[ʌ́ndərlàiiŋ]
104
- 形 **根底にある**，基礎をなす
- 動 underlie 基礎となる，根底にある

古典的条件づけとオペラント条件づけは，**根底にある**原理の点で違いがある。

According to cognitive dissonance theory, the greatest dissonance is created when two **alternatives** are equally attractive.

Self-regulation is a **critical** skill which promotes mental health and prevents mental illness.

You may well doubt as to whether some of the articles **dealing with** "clinical psychology" can be "scientific".

It is difficult to show **empirical** evidence on the effectiveness of psychotherapy.

There is certainly a relationship between the amount of **exposure** to televised violence and aggressive behavior in children.

Between seven and nine months, the sharing of the infant's subjective experience cannot **involve** linguistic interaction with the mother.

The **principles** of learning offer effective means for changing or maintaining specific patterns of behavior.

Language is a useful tool for **representing** real or hypothetical experiences and feelings.

Case study has **served** as a source of ideas and hypotheses about human behavior.

Oxytocin is the hormone that encourages **trust** and cooperation in your group members.

If the abstract of an **article** is read first, understanding the **article** becomes easier.

You ought to read Darwin's 'On the **Origin** of Species' because its ideas have greatly affected psychology.

Classical conditioning and operant conditioning differ in terms of the **underlying** principles.

[心理院単] 一般用語 400語

見出し語	Check	意味	▼例文の意味
aim [éim]	105	動 ～を目指す、～しようと努力する 名 目的	絵画統覚テスト、すなわちTATは、個人の潜在的欲求や動機を明らかにする投影法である。
classification [klæsəfikéiʃən]	106	名 分類 動 classify 分類する	フロイトは彼の業績を科学としてではなく文学として重要だとみなすいかなる分類も拒絶しただろう。
epistemic [èpəstí:mik]	107	形 認識論の、認識の 名 epistemology 認識論	より精巧な認識論的信念を持っていると概念変容がより生じやすくなるということを結果は示した。
manage [mǽnidʒ]	108	動 うまく扱う、うまく処理する、うまく管理する 名 management 取り扱い、管理	その子どもたちはプレッシャーのもとにどのように自分の感情をうまく扱うのかはっきりとわかっていなかった。
overcome [òuvəkʌ́m]	109	動 克服する、乗り越える	生徒たちは、テスト不安を克服するためのテクニックを学ぶべきだ。
paradigm [pǽrədàim]	110	名 パラダイム	実証的心理学の研究パラダイムは、自然科学よりも物理学に基づいていた。
predict [pridíkt]	111	動 予測する 名 prediction 予測	経験への開放性は、認知的柔軟性や新しい発想を楽しもうとする気持ちと関連があり、寿命の長さを予測する。
refer [rifə́:r]	112	動 ～と言う、言及する、示す、参照する 名 reference 言及、問合せ、参照	「異常」とは、規範すなわち平均からの統計的逸脱を示しており、「悪い」と同義ではない。
rely [rilái]	113	動 頼る、依存する 形 reliable 信頼できる、信頼性のある 名 reliance 信頼、信用	パーソンセンタードアプローチではクライエント自らの決定を行う能力に頼る。
activation [æktəvéiʃən]	114	名 活性化 動 activate 活性化する、促進する	この研究の結果は、ステレオタイプの活性化は、利用できる認知資源の負担になるかもしれないことを示した。
assume [əsú:m]	115	動 想定する、考える、仮定する 名 assumption 想定、前提	研究者たちは、西洋人は、東アジア人よりも自己の延長としてモノに対してより強い愛着を経験するかもしれないと仮定した。
characteristic [kæriktərístik]	116	名 特徴 形 特徴的な	この調査の目的は、経済的成功を収める人の特徴を明らかにすることであった。
draw [dró:]	117	動 引き出す、導き出す	自尊感情と職務上の業績についての確固とした因果的結論を導き出すのは難しい。

The Thematic Apperception Test, or TAT, is a projective measure **aimed** at revealing the individual's implicit needs or motives.

Freud would have rejected any **classifications** that regarded his work more important as literature than as science.

Findings showed that holding more sophisticated **epistemic** beliefs led to generate a greater conceptual change.

The children were uncertain of how to **manage** their feelings when under pressure.

Students should learn techniques to **overcome** test anxiety.

The research **paradigms** in empirical psychology have been based on physics rather than on natural sciences.

Openness to experience, which is related to cognitive flexibility and the willingness to enjoy novel ideas, **predicts** longer life.

"Abnormal" **refers** to statistical deviation from the norm or average, and is not synonymous with "bad".

The person-centered approach **relies** on clients' capacities to make their own decisions.

Findings of the research indicated that stereotype **activation** may result in a burden on available cognitive resources.

The researchers **assumed** that Westerners may experience more strong attachment to objects as an extension of the self than East Asians.

The purpose of this investigation was to clarify the **characteristics** of the people who achieve economic success.

It is difficult to **draw** firm causal conclusions about self-esteem and job performance.

[心理院単] 一般用語 400語

見出し語	Check	意味	▼例文の意味
facilitate [fəsílətèit] 118	☐ ☐	動 促進する, 手伝う 名 facilitation 促進	赤ちゃんが人間の顔の構造を持つ刺激をより長く注視する傾向は, 親子の愛着の発達を促進する。
note [nóut] 119	☐ ☐	動 言及する, 書きとめる, 記す, 注意する 名 記録, 注目	研究者は, カリスマ的リーダーによってフォロワーは想像以上の働きをするようになると記している。
objective [əbdʒéktiv] 120	☐ ☐	形 客観的な 名 目的, 目標 対 subjective 主観的な	人は状況の客観的特徴に反応するのではなく, その状況の主観的解釈に対して反応するのである。
organization [ɔ̀:rɡənizéiʃən] 121	☐ ☐	名 組織, 組織化 動 organize 組織する	ナラティブの能力は, 内的経験と社会文化的経験の発達と組織化にとって重要だとみなされている。
progress [prágres] 122	☐ ☐	名 進歩, 発展 形 progressive 進歩的な, 漸進的な, 進行性の	アセスメントの結果は, 治療目標に向かう進歩を阻む潜在的障害物を特定するために役立つ。
race [réis] 123	☐ ☐	名 種(しゅ), 人種 形 racial 種の, 人種の	生後9ヶ月までに, 赤ちゃんは自分と同じ人種の顔を, 他の人種の顔よりもうまく認識する。
relevant [réləvənt] 124	☐ ☐	形 関連する, 妥当な, 適切な 名 relevance 関連, 関連性	愛着理論に関してもっとも関連がある研究は, 分離不安と愛着の不安定タイプの関係を示唆してきた。
share [ʃéər] 125	☐ ☐	動 持つ, 共有する 名 取り分, 割り当て	実験の結果, 参加者は自分と同じ身体的特徴を持つ人の近くに座る傾向があることを示した。
signal [sígnəl] 126	☐ ☐	動 合図する, 伝える 名 信号, 合図	幼児は何度も同じ刺激を見ると, 目をそらすことで飽きたことを伝える。
strategy [strǽtədʒi] 127	☐ ☐	名 戦略, 方略	問題焦点型コーピングはストレスの原因を特定し, それを積極的に取り除くコーピング方略である。
convey [kənvéi] 128	☐ ☐	動 伝える	私たちは, 言語的または非言語的コミュニケーションによって見たり, 感じたり, 考えたりしたことを伝えることができる。
encounter [inkáuntər] 129	☐ ☐	動 出会う, 直面する 名 出会い, 遭遇	毎日, 私たちは膨大な感覚情報に直面し, 処理している。
evolutionary [èvəlú:ʃənèri] 130	☐ ☐	形 進化論的な, 進化的な 動 evolve 進化する, 進化させる, 発展する, 発展させる 名 evolution 進化, 発展	人間の同調傾向は, 新しいスキルを学習する際に進化論的視点を提供してきたのかもしれない。

The tendency of babies to pay attention longer to the stimuli with the structure of a human face **facilitates** the development of parent-child attachment.

A researcher **notes** that charismatic leaders make followers perform above and beyond the call of duty.

People do not respond to the **objective** features of a situation but to their own subjective interpretations of it.

Narrative competence is viewed as important for the development and the **organization** of both internal and social-cultural experience.

Assessment findings are useful to identify potential obstacles to **progress** toward the treatment goals.

By nine months, babies recognize faces of their own **race** better than those of other **races**.

The most **relevant** study regarding attachment theory has suggested a relationship between separation anxiety and an insecure type of attachment.

The results of the experiments showed that the participants tended to sit closer to those who **share** their physical traits.

When infants see the same stimulus again and again, they **signal** their boredom by looking away.

Problem-focusing coping is a coping **strategy** that identifies the cause of stress and actively removes it.

We can **convey** what we see, feel and think through verbal or non-verbal communication.

Every day, we **encounter** and process a large amount of sensory information.

The tendency of humans to conform might have offered an **evolutionary** advantage in learning new skills.

[心理院単] 一般用語 400語

見出し語	Check!	意味	▼ 例文の意味
feature [fí:tʃər] 131	☐☐	名 特徴 / 動 特集する, 出演させる	人々のこの課題に対する反応の仕方は, パーソナリティ構造とパーソナリティスタイルの多くの**特徴**を明らかにする。
hold [hóuld] 132	☐☐	動 考える, 持つ	生得説では, 私たちは生得的に現実に対する知識と理解の蓄積を持って生まれると**考える**。
multiple [mʌ́ltəpl] 133	☐☐	形 複数の, 多様な / 名 multiplication 増加, かけ算 / 動 multiply 増やす, 掛ける, 増える	**複数の**情報提供者を利用することは, 発達精神病理学の研究において推奨されている。
rigid [rídʒid] 134	☐☐	形 硬い, 柔軟性のない / 名 rigidity 頑健性, 硬いこと	ミニューチンは, 家族の過剰に**硬い**境界は家族関係を制約すると論じた。
sequence [sí:kwəns] 135	☐☐	名 連続, 連鎖 / 形 sequential 連続して起こる	成熟とは, 比較的外的出来事とは独立した生得的に決定づけられた成長の**連鎖**である。
shape [ʃéip] 136	☐☐	動 形成する, 方向づける / 名 形	ベンジャミン・ウォーフは, 私たちが話す言語が世界についての考え方を**形成する**と考えた。
apparent [əpǽrənt] 137	☐☐	形 明白な, 見かけ上の / 副 apparently 見たところ, 明らかに	PTSDの人は**明白な**理由もないのにフラッシュバックを経験するだろう。
commitment [kəmítmənt] 138	☐☐	名 関与, コミットメント / 動 commit 関与する, 関わる	恋愛関係における**関与**の様々な側面を検証することが重要だが, それを検証した研究はほとんどない。
concrete [kánkri:t] 139	☐☐	形 具体的な / 対 abstract 抽象的な	遊びは**具体的な**経験と抽象的な思考の溝を橋渡しするとピアジェは考えた。
distinction [distíŋkʃən] 140	☐☐	名 区別, 識別, 特徴 / 形 特有の, 独特の / 動 distinguish 区別する, 見分ける	知覚と観念の**区別**はより詳細に記述され, より明確にされなければならない。
engage [ingéidʒ] 141	☐☐	動 携わる, 行う	セルフコントロールが低い少年少女たちは, より喫煙しやすく, 反社会的行動を**行う**傾向がある。
ethical [éθikəl] 142	☐☐	形 倫理的な, 倫理の / 名 ethics 倫理学, 倫理	研究者にとって, 学術研究を行うとき**倫理**規定を守ることは最も重要な義務の一つである。
expect [ikspékt] 143	☐☐	動 期待する, 予期する / 名 expectation 期待, 予期 / 名 expectancy 期待, 予期	科学的理論は, 新しい状況で何が起きると**期待できる**かを予測するときに役に立つ。

The manner in which people react to the task reveals many **features** of their personality structure and personality style.

The nativist view **holds** that we are born with an innate store of knowledge and understanding of reality.

The use of **multiple** informants is encouraged in research in developmental psychopathology.

Minuchin argued that overly **rigid** boundaries in the family constrict family relationships.

Maturation is an innately determined **sequence** of growth that is relatively independent of external events.

Benjamin Whorf believed that the languages we speak **shape** how we think about the world.

People with PTSD may experience flashbacks for no **apparent** reason.

It is important to examine different aspects of **commitment** in romantic relationships, but few studies have done this.

Piaget believed that play bridges the gap between **concrete** experience and abstract thought.

The **distinction** between perceptions and ideas must be described more thoroughly and made clearer.

The boys and girls with lower self-control were more likely to smoke and **engage** in antisocial behavior.

For researchers, it is one of the most important duties to abide by **ethical** codes while conducting an academic study.

Scientific theories are useful in predicting what can be **expected** to happen in new situations.

[心理院単] 一般用語 400語

見出し語	Check	語義	▼例文の意味
familiar [fəmíljər]	144	形 **よく知っている, なじみのある**	高齢者は, めがねのような**なじみのある**ものをどこにおいたかよく忘れる。
neutral [njú:trəl]	145	形 **中性的の, 中立的な** 名 neutrality 中立	実存心理学者の人間性の見方は比較的**中立的**である。
paper [péipər]	146	名 **論文, 紙**	この**論文**は, 5歳の少女の箱庭療法に関する事例報告である。
premise [prémis]	147	名 **前提, 仮定** 前提とする, 条件とする	自己高揚理論の**前提**は, 人は自分自身についてのポジティブな見解を高めたい欲求があるというものである。
regard [rigá:rd]	148	動 **みなす, 考える, 評価する** 名 関与, 関心	アクティングアウトもアクティングインも治療面接の結果として**みなされる**。
seek [sí:k]	149	動 **求める, 〜しようと努力する, 探す**	心理学者は他者の態度や行動を理解し, 予測**しようと努力している**。
systematic [sistəmǽtik]	150	形 **体系的な, 組織的な** 動 systematize 組織化する, 体系化する 副 systematically 組織的に, 体系的に	忘却の**体系的な**研究はヘルマン・エビングハウスによって始められた。彼は, 実験手法を記憶の研究に適用した。
consequence [kánsəkwèns]	151	名 **結果, 影響** 副 consequently その結果	信念が不合理な人は, 抑うつや敵意といった不適切な**結果**を引き起こすことがある。
crucial [krú:ʃəl]	152	形 **決定的な, 重要な**	メンタルヘルスの専門家としての私たちの存在は, どのように人が癒されるかをサポートする最も**重要な**要素の一つである。
demonstrate [démənstrèit]	153	動 **証明する, 示す** 名 demonstration 論証, 証明	学習心理学者たちは, 実験室で示された学習の原理が様々な状況でも適用できることを**証明した**。
discipline [dísəplin]	154	名 **学問, 規律, 訓練** 動 訓練する	心理学は, 心の働きや行動を科学的に研究する**学問**である。
framework [fréimwə:rk]	155	名 **枠組み**	発達的観点は, 小さい子どもを査定するときに必要な**枠組み**を与えてくれる。
ideal [aidí:əl]	156	名 **理想** 形 理想的な 動 idealize 理想化する	もし子どもが考えたり, **理想**を持つのに十分な年齢なら, 理由や説明をすることは効果があるだろう。

Elderly persons may often forget where they left some **familiar** items such as glasses.

The existential psychologists' view of human nature is relatively **neutral**.

This **paper** is a case report on sandplay therapy of a 5-year-old girl.

The **premise** of the self enhancement theory is that individuals have a need to enhance positive views of themselves.

Both acting out and acting in are **regarded** as the consequence of therapeutic work.

Psychologists **seek** to understand and predict other people's attitude and behavior.

The **systematic** study of forgetting was initiated by Hermann Ebbinghaus, who applied experimental methods to the study of memory.

A person whose beliefs are irrational can produce inappropriate **consequences** such as depression and hostility.

Our presence as mental health professionals is one of the most **crucial** factors supporting how people are healed.

Psychologists studying learning have **demonstrated** that learning principles shown in a laboratory can be applied in various situations.

Psychology is a **discipline** that involves the scientific study of mental functions and behaviors.

A developmental perspective provides a necessary **framework** when assessing younger children.

If a child is old enough to think and have **ideals**, providing reasons and explanations should be effective.

[心理院単] 一般用語 400語

見出し語	Check	語義	▼例文の意味
initially [iníʃəli]	157	副 当初は，まず第一に，最初に 形 initial 初めの，最初の 動 initiate 始める，教える	ロジャーズは当初クライアントをほめることに焦点を当てていたが，その後，関係の中で一人の人としてのセラピストという認識が高まったことを述べた。
intense [inténs]	158	形 激しい，強い 名 intensity 強度，激しさ 動 intensify 強める，増大する	怒りという用語は通常，比較的激しい情動的経験で，本質的に対人関係上のものを意味する。
intensity [inténsəti]	159	名 強度，強さ，激しさ 形 intense 激しい，強い	フェヒナーは感覚の強さと刺激の強さの対数関係の存在を支持するたくさんの証拠を示した。
negatively [négətivli]	160	副 否定的に，ネガティブに 形 negative 否定の，ネガティブな，マイナスの，負の	その結果は，父親の学校への関与は生徒の学業成績と負の相関があることを示した。
philosophy [filásəfi]	161	名 哲学 形 philosophical 哲学的な，哲学の 名 philosopher 哲学者	カウンセリング心理学の哲学は，マズローやロジャーズなどの心理学者の考えに基づいている。
realize [ríːəlaiz]	162	動 認識する，理解する，実現する 名 realization 認識，理解，実現	脳は人間の高次の認知機能に重要な役割を果たしているが，脳自体はそれについて認識できない。
sensitivity [sènsətivəti]	163	名 感受性，感度 形 sensitive 敏感な，傷つきやすい	患者のための安全基地になるというセラピストの課題には，大いなる感受性と共感が求められる。
setting [sétiŋ]	164	名 環境，背景	危機介入に対する多くの技法が学校環境に適用されてきた。
stability [stəbíləti]	165	名 安定性 形 stable 安定した	研究者は，自尊感情の安定性が怒りを経験する傾向を予測するかどうかを検証した。
universal [jùːnəvə́ːrsəl]	166	形 普遍的な，一般的な	心理療法家は転移は普遍的なものであるが，クライエントによって程度や形は異なるということを認識している。
viewpoint [vjúːpɔ̀int]	167	名 観点，視点	前操作期では，子どもは他者の視点に立つことができない。
imagine [imǽdʒin]	168	動 想像する 名 imagination 想像，想像力 形 imaginative 想像の，想像的な	実験参加者たちは，ある過去の出来事を思い出したり，ある未来の出来事を想像したりするよう教示された。
improve [imprúːv]	169	動 向上する，高める，改善する 名 improvement 向上，改善	悪意のないユーモアは，悪意のあるユーモアよりも気分の改善により効果的である。

Although Rogers **initially** focused on praising the client, he then described growing recognition of the therapist as a person in the relationship.

The term anger usually means a relatively **intense** emotional experience, which is interpersonal in nature.

Fechner showed a great deal of evidence in support of the existence of a logarithmic relationship between the **intensity** of sensation and the **intensity** of the stimulus.

The result revealed that a fathers' school involvement was **negatively** related to a students' academic achievement.

The **philosophy** of counseling psychology is based on the ideas of psychologists such as Maslow and Rogers.

The brain plays an important role in human's higher cognitive functions but the brain itself cannot **realize** them.

The therapist's task to become a secure base for the patient demands great **sensitivity** and empathy.

A lot of techniques for crisis intervention have been applied to school **settings**.

Researchers examined whether **stability** of self-esteem predicted the tendency to experience anger.

Psychotherapists recognize that transference is **universal** but it differs in the degree and the form in every client.

During the preoperational stage, a child is unable to take the **viewpoint** of other people.

Participants were instructed to remember specific past events and **imagine** specific future events.

Good-natured humor can be more effective than bad-natured humor at **improving** mood.

[心理院単] 一般用語 400語

見出し語	Check	意味	▼ 例文の意味

inference
[ínfərəns] 170
- 名 推論, 推測
- 動 infer 推測する, 推察する

統計によって, 心理学者はデータに基づいた**推測**をすることができる。

interpret
[intə́ːrprit] 171
- 動 解釈する
- 名 interpretation 解釈

セラピストには, 患者のシグナルを正しく**解釈**し, 適切に応じる能力が必要だ。

modify
[mádəfài] 172
- 動 修正する
- 名 modification 修正

子どもの問題行動を**修正**するための介入は, アドバイスを提供するが保護者の役割を損なわないセラピストによって提供される。

permit
[pəːrmít] 173
- 動 可能にする, 許す
- 名 permission 許可, 同意

事例研究は, クライエントのめったにない独自の問題に関する研究を**可能にする**。

phenomenon
[finámənàn] 174
- 名 現象
- 複 phenomena
- 名 phenomenology 現象学

人間の心理的**現象**の研究は, 心理学と同様に, 生理学や文化人類学, 社会学でも行われている。

principal
[prínsəpəl] 175
- 形 主要な, 重要な

分析家の逆転移は, 患者の無意識を探求するための**重要な**ツールとなりうる。

promote
[prəmóut] 176
- 動 促進する, 促す
- 名 promotion 促進, 助長

ロジャーズは, セラピストの3つの特徴が, 治療過程を**促進する**ために重要だと考えた。

prove
[prúːv] 177
- 動 証明する, 立証する, 判明する

心理学の仮説は**証明される**ことはできず, 反証されることができるだけである。

recovery
[rikʌ́vəri] 178
- 名 回復
- 動 recover 回復する

回復プロセスの良好な10人のアルコール依存症患者に半構造化面接が行われた。

rejection
[ridʒékʃən] 179
- 名 拒絶, 拒否
- 動 reject 拒絶する, 拒否する, 却下する

子どもの自殺企図は, 親の**拒絶**と関連があることが明らかにされてきた。

reveal
[rivíːl] 180
- 動 明らかにする, 示す

相関研究は, 自分自身に対するネガティブな認知と外傷後ストレスに正の相関があることを**明らかにした**。

solve
[sálv] 181
- 動 解く, 解決する
- 名 solution 解決策

参加者は, 政治的態度と関連する単語でできた単語パズルを**解く**ように求められた。

sophisticated
[səfístəkèitid] 182
- 形 洗練された, 高度な, 精巧な

「ひとりでいられる能力」は**高度な**現象であり, 情緒的成熟と密接に関連している。

Statistics allow psychologists to make **inferences** based on data.

A therapist needs the capacity to **interpret** the patient's signals correctly and respond to them appropriately.

Interventions to **modify** problematic behavior of children are provided by a therapist who provides guidance but does not undermine the caregivers' role.

Case studies **permit** the study on a rare and unique problem of a client.

Studying the psychological **phenomena** of human beings is practiced in physiology, cultural anthropology, and sociology as well as psychology.

The analyst's countertransference can be a **principal** tool to research into the patient's unconscious.

Rogers believed that three therapist's characteristics were essential to **promote** the therapeutic process.

Psychological hypotheses cannot be **proved** and can only be falsified.

Semi-structured interviews were conducted on 10 alcohol dependent patients who were in the fine **recovery** process.

Attempted suicide in children has been found to be associated with parental **rejection**.

A correlational study **revealed** that there was a positive correlation between negative cognition directed toward oneself and posttraumatic stress.

Participants were asked to **solve** word puzzles in which the words were associated with political attitudes.

"The capacity to be alone" is a **sophisticated** phenomenon and closely related to emotional maturity.

[心理院単] 一般用語 400語

見出し語	意味	例文の意味
valuable [vǽljuəbl] 183	形 価値がある 名 value 価値, 値	自己報告は, クライエントの内的状態や態度についての情報を集めるのに特に価値がある。
abstract [æbstrǽkt, ǽbstrækt] 184	形 抽象的な 名 アブストラクト, 要約 動 引き出す, 要約する 反 concrete 具体的な	ピアジェによると, 子どもは形式的操作期に抽象的な思考を獲得する。
agency [éidʒənsi] 185	名 仲介, 媒介, 仲介者 名 agent 手段, 媒介, 仲介者	詳細に記載された治療プランは, クライエントだけでなく, セラピストや治療の仲介者, そしてメンタルヘルスの専門家にも役に立つ。
ambiguous [æmbíɡjuəs] 186	形 あいまいな, 多義的な 名 ambiguity 多義性, あいまいさ	投影法テストでは, パーソナリティや心理的機能を査定するためにあいまいなテスト刺激を使う。
apply [əplái] 187	動 応用する, 適用する, あてはめる 形 applied 応用の, 応用した 名 application 応用, 申し込み	研究者は実験室で明らかにされた原理が自然な環境でも適用できるかどうかを検討した。
attribute [ətríbju:t, ǽtrəbjù:t] 188	動 帰属する, ～のせいにする, (性質が)～にあると考える 名 属性, 特質 名 attribution 帰属	楽観主義者と悲観主義者では成功と失敗の原因の帰属が異なるだろう。
discrete [diskrí:t] 189	形 ばらばらの, 別々の, 個別の	発達の個別のステップや段階を提唱した発達心理学者もいる。
evaluate [ivǽljuèit] 190	動 評価する 名 evaluation 評価	7歳のときに, 彼女の知的能力は新しいIQテストを使って評価された。
explore [iksplɔ́:r] 191	動 調査する, 探求する, 探索する 名 exploration 調査, 探求, 探索 形 exploratory 調査の, 予備の	サルたちは, 新しい状況を探索し彼らが出会った見知らぬ対象を調べた。
foundation [faundéiʃən] 192	名 基礎, 土台, 創設 動 found 創設する, 基づく	ロジャーズの研究は, 後にカウンセリング心理学となるものの基礎を提供した。
intact [intǽkt] 193	形 無傷の, そのままの, 完全な	症例H. Mは長期記憶に問題があったが, 彼の短期記憶は大部分が無傷であった。
maintain [meintéin] 194	動 維持する, 主張する 名 maintenance 維持, 主張	パーソナリティ障害の人は, 他者と健康的な関係を維持することができない機能不全的なパターンを持っている。
notice [nóutis] 195	動 気づく, 注意する 名 注目, 通知	徐々に, セラピストは理解しがたいことが内部で生じていることに気づいた。

Self-report is especially **valuable** to gather clients' information about his/her internal states and attitudes.

According to Piaget, children develop **abstract** thought during the formal operational stage.

Detailed and written treatment plans can benefit not only the clients, but also the therapist, the treatment **agency**, and the mental health profession.

Projective testing uses **ambiguous** testing stimuli to assess personality and psychological functioning.

Researchers examined whether or not the principle found in a laboratory can be **applied** in a natural environment.

Optimists and pessimists would **attribute** the cause of their successes and failures differently.

Some developmental psychologists have proposed **discrete** steps or stages of development.

At 7 years old, her intellectual ability was **evaluated** by using the new IQ tests.

The monkeys **explored** new situations and investigated strange objects that they encountered.

Rogers' work provided the **foundation** of what was later to become counseling psychology.

Patient H.M. had problems with long-term memory but his short-term memory was largely **intact**.

People with a personality disorder have dysfunctional patterns that lead to their inability to **maintain** healthy relationship with others.

Gradually, the therapist **noticed** that something was going on inside him/her which was difficult to understand.

[心理院単] 一般用語 400語

見出し語	Check	意味	▼例文の意味
obtain [əbtéin] 196	☐☐	動 得る，入手する	私たちは発達障害の子どもを持つ母親との面接を通して**入手した**ナラティブを検証した。
ordinary [ɔ́ːrdəneri] 197	☐☐	形 いつもの，日常の，普通の	子どもはまず言葉の意味を学習し，その後**日常**の経験から言語的概念を発達させる。
prior [práiər] 198	☐☐	形 先行する，前の	この実験課題は，**先行**知識の限界を減らす効果があることを示した。
readily [rédəli] 199	☐☐	副 容易に，難なく	相関研究は研究者が**容易に**操作できない変数間の関係を知ることである。
review [rivjúː] 200	☐☐	動 レビューする，論評する 名 レビュー，論評，査読	研究者グループは，職場ストレッサーに言及した150本の論文を**レビューした**。
survival [sərváivəl] 201	☐☐	名 生存，生き延びること，生存者 動 survive 生き残る，うまくやっていく	環境についての情報は感覚のすべてで受け取る。そしてその情報を受け取ることは**生き延びる**ために重要である。
accomplish [əkʌ́mpliʃ] 202	☐☐	動 達成する，成し遂げる 名 accomplishment 遂行，成果	行動を円滑に**成し遂げる**ためには，「認知についての認知」と呼ばれるメタ認知が必要である。
contribute [kəntríbjuːt] 203	☐☐	動 貢献する，寄与する 名 contribution 貢献，寄与	遺伝と環境がどれぐらいパーソナリティ発達の個人差に**寄与している**のかを問うのは合理的である。
deliberate [dilíbərət] 204	☐☐	形 故意に，慎重な 動 熟考する 副 deliberately 故意の，慎重に 名 deliberation 熟考	子どもは4歳という早くから叱られるのをさけるために**故意の**うそをつくことができる。
evoke [ivóuk] 205	☐☐	動 引き起こす	経験を想像するだけで，実際に経験したのと同じ生理的反応を**引き起こす**。
formula [fɔ́ːrmjulə] 206	☐☐	名 公式 名 formulation 公式化 動 formulate 公式化する，明確に述べる	知能指数の**公式**は，ドイツの心理学者ウィリアム・スターンによって最初に提唱された。
frame [fréim] 207	☐☐	名 枠，枠組み 動 形作る	共感とは，クライエントの内的参照**枠**と世界の経験の仕方を理解することである。
identical [aidéntikəl] 208	☐☐	形 同一の，同じ，一卵性の	実験群のIQ得点と統制群のIQ得点はほぼ**同じ**であった。

We examined the narratives that we **obtained** through interviews with the mother who has a child with a developmental disorder.

Children first learn the meaning of a word and then develop a verbal concept from their **ordinary** experience.

This experimental task showed it has an effect in reducing the limitations of **prior** knowledge.

Correlational studies involve determining relations among variables that the researcher cannot **readily** manipulate.

A group of researchers **reviewed** 150 articles that mentioned workplace stressors.

Information about the environment is received by all the senses, and its reception is essential for our **survival**.

Metacognition, which is called "cognition about cognition", is necessary to **accomplish** actions smoothly.

It is reasonable to ask how much nature and nurture **contribute** to individual differences in personality development.

Children as young as 4 years of age can tell **deliberate** lies to avoid getting into trouble.

Just imagining an experience **evokes** the same physiological responses as the real experience.

The **formula** of the intelligence quotient was first suggested by German psychologist William Stern.

Empathy is understanding the internal **frame** of reference of the client and his way of experiencing the world.

The IQ scores of the experimental group and those of the control group were almost **identical**.

[心理院単] 一般用語 400語

見出し語	Check	意味	▼ 例文の意味
illustrate [íləstrèit]	209	動 説明する, 例証する 名 illustration 例, 説明, 例証	教師は, 人間と無生物の違いを例を用いて説明した。
logical [ládʒikəl]	210	形 論理的な, 論理学の 名 logic 論理, 論理学	このテストは学校の全児童の論理的記憶をテストするため行われた。
manifestation [mæ̀nəfistéiʃən]	211	名 表れ, 明らかになること 動・形 manifest 明らかにする, 明らかな	精神分析家は, 問題行動は無意識の葛藤の外への表れだと仮定する。
observe [əbzə́ːrv]	212	動 観察する 名 observation 観察	子どもたちは, 重要な大人たちがどうやって互いに対応しているのか, そして対人関係の問題を解決しているのかを絶えず観察している。
profound [prəfáund]	213	形 大きな, 重大な, 深い	不公平と裏切りの深い感情は, 憎しみや復讐願望の基礎となりうる。
receive [risíːv]	214	動 受ける, 受け取る	この研究は, 魅力的な人は外向性と協調性について高い評価を受ける傾向があることを明らかにした。
remove [rimúːv]	215	動 取り除く, 除去する 名 removal 除去	奇妙な妄想の例は, 見知らぬ人が傷を残さずに自分の内臓を取り去っていったという信念である。
resolve [rizálv]	216	動 解決する, 決める 名 resolution 解決法, 決断	非常に経験のあるカウンセラーでさえ, 彼らの目の前にあるすべての問題を解決するわけではない。
usual [júːʒuəl]	217	形 いつもの, 通常の 副 usually いつもは, 通常は	カウンセラーが自分はクライエントの無意識を理解しようとしていると見なすことは普通のことである。
valence [vǽləns]	218	名 価, 感情価	参加者は負の感情価を持つ単語をプライミングされた。
adverse [ædvə́ːrs]	219	形 逆の, 反対の, 有害な 名 adversity 不幸, 苦労, 災難	薬物使用の不適応パターンは薬物を繰り返し使用することと関連する有害な結果によって明らかになる。
appreciation [əprìːʃiéiʃən]	220	名 認識, 理解 動 appreciate 認識する, 理解する	悲嘆の認識の増加によって, 現在, 病院や臨床現場ではより効果的に喪のプロセスを促進する。
comparative psychology [kəmpǽrətiv saikálədʒi]	221	比較心理学	比較心理学は, 人間の心理のより深く, 広い理解に貢献してきた。

A teacher **illustrated** the difference between human beings and inanimate objects by using an example.

The test was conducted to test **logical** memory of all the children in a school.

Psychoanalysts assume that problematic behavior is the outward **manifestation** of an unconscious conflict.

Children constantly **observe** how significant adults treat one another and solve interpersonal problems.

A **profound** feeling of unfairness and betrayal can be the basis for hatred and the wish of revenge.

This study found that attractive individuals were more likely to **receive** high ratings for extraversion and agreeableness.

An example of a bizarre delusion is a person's belief that a stranger has **removed** his/her internal organs without leaving any wounds.

Even very experienced counselors do not **resolve** all the problems put to them.

It is **usual** for counselors to see themselves as trying to understand the unconscious of the client.

The participants were primed with the negatively **valenced** words.

A maladaptive pattern of substance use is manifested by **adverse** consequences related to the repeated use of substances.

With a greater **appreciation** of grief, hospital and medical practices now more effectively facilitate the mourning process.

Comparative psychology has contributed to a deeper and broader understanding of human psychology.

[心理院単] 一般用語 400語

見出し語		意味	▼例文の意味
comprehensive [kàmprihénsiv] 222	☐☐	形 包括的な, 広範囲の	私たちは, 摂食障害に影響するパーソナリティと社会文化的要因の包括的理解が必要である。
constructive [kənstrʌ́ktiv] 223	☐☐	形 建設的な, 構造上の 動 construct 構成する, 組み立てる 名 construction 構成, 構築, 構造	衝動を建設的に表出する能力がないと自分に攻撃性を向ける子どももいるだろう。
discriminate [diskrímənèit] 224	☐☐	動 区別する, 弁別する 形 discriminative 特色のある, 区別的な	新生児は発話の音を区別することができる。そしてこの能力によって母親の声を認識することができるのだ。
emerge [imə́ːrdʒ] 225	☐☐	動 現れる 名 emergency 緊急事態	フラッシュバルブ記憶は正確ではないという最初の詳細な証拠は1980年代に現れた。
enhance [inhǽns] 226	☐☐	動 高める, 増す 名 enhancement 増加, 向上	学習したことを書き出すことは学習を高め記憶を強固にする一番よい方法だろう。
equivalent [ikwívələnt] 227	☐☐	形 同等の, 等価の 名 同等のもの, 相当物 名 equivalence 等価, 同量	自己観察と自己批判的能力は時々同等のものであるかのように扱われる。
foster [fɔ́ːstər] 228	☐☐	動 養う, 育成する, 助長する 形 里親の, 里子の	家族は子どもの健康的な成長を養う安全基地と見られている。
innate [inéit] 229	☐☐	形 生得的な	経験説は生得的な考えがあることを否定し, すべての知識は経験によってもたらされると主張した。
inspection [inspékʃən] 230	☐☐	名 調査, 検査 動 inspect 調査する, 調べる, 検査する	心理学が科学であるのならば, 集められたデータは調査のために利用されなければならない。
intensive [inténsiv] 231	☐☐	形 集中的な, 徹底的な 名 intension 強度, 増大 動 intensify 強める	登校拒否行動に対する集中的なエクスポージャー療法の有効性を示した事例研究はほとんどない。
internalizing [intə́ːrnəlaiziŋ] 232	☐☐	形 内在化した 動 internalize 内在化する, 内面化する 対 externalize 外在化する	内在化症状に関する親子間の一致が, 外在化症状に関する一致よりかなり低いのはもっともである。
opposite [ápəzit] 233	☐☐	形 反対の, 逆の 名 反対のこと, 反対のもの	各単語を提示された後, 参加者は反対の意味をもつ単語を書くよう求められた。
permanent [pə́ːrmənənt] 234	☐☐	形 永続的な 名 permanence 永続, 永続性, 耐久性	リハーサルは情報を長期記憶すなわち永続的な記憶に転送するための重要なプロセスだと考えられている。

We need a **comprehensive** understanding of the personality and the sociocultural factors that affect eating disorders.

Lack of ability for **constructive** expression of drive may lead some children to turn their aggression on themselves.

Newborn babies can **discriminate** speech sounds and this ability allows them to recognize their mother's voice.

The first detailed evidence that flashbulb memory is not accurate **emerged** in the 1980s.

Writing down what they have learned may be the best way to **enhance** learning and strengthen memories.

Self-observing and self-critical capacities are sometimes treated as if they were **equivalent**.

The family is seen as a secure base to **foster** a child's healthy growth.

The empiricist view denied that there were **innate** ideas and claimed that all knowledge comes from experience.

If psychology is to be a science, the collected data must be available for **inspection**.

There are few case studies that showed effectiveness of **intensive** exposure therapy for school refusal behavior.

It is no wonder that parent-child agreement on **internalizing** symptoms is much lower than that for externalizing symptoms.

After being presented with each word, participants were asked to write a word that has the **opposite** meaning.

Rehearsal is thought to be an important process for transferring information to long-term or **permanent** memory.

[心理院単] 一般用語 400語

見出し語	Check	意味	▼ 例文の意味
rapid [rǽpid] 235	☐☐	形 急速な，速い 副 rapidly 急速に，速く	青年期は急速な身体変化の時期であり，それは青年を非常に自意識的にさせる。
regulate [régjulèit] 236	☐☐	動 規制する，統制する，調整する 名 regulation 統制，調整，調節	現在の情動を特定ラベルづけすることは情動を調節する効果的な方法である。
retain [ritéin] 237	☐☐	動 保持する，保つ，維持する	私たちは30秒以上の間，ワーキングメモリーに情報を保持することができる。
sign [sáin] 238	☐☐	名 記号，兆候，合図 動 合図する，署名する	自閉症の兆候や症状は，およそ2歳になってからしかはっきりと認識できない。
sufficient [səfíʃənt] 239	☐☐	形 十分な 副 sufficiently 十分に	治療の開始前に十分な情報を集めることで，臨床家は患者の特徴に合ったプランを決定することができる。
susceptibility [səsèptəbíləti] 240	☐☐	名 感受性，影響を受けやすいこと 形 susceptible 影響を受けやすい	この結果は，ステレオタイプの活性化と偽りの記憶の感受性の直接的な関係を証明した。
transformation [trænsfərméiʃən] 241	☐☐	名 変容，変化 動 transform 変容させる，変える	クライエントの心理的変容は，箱庭療法のセッションでの彼の作品の中に明らかに表現されていた。
accumulation [əkjùːmjuléiʃən] 242	☐☐	名 蓄積，累積 動 accumulate 蓄積する，積み上げる 形 accumulative 蓄積した，累積的な	私たちは子どものストレスコーピング能力を超えたリスクの蓄積を予防しなければならない。
clarify [klǽrəfài] 243	☐☐	動 明確にする，明らかにする 名 clarification 明確化	カウンセラーの目的は，クライエントが表現している感情を明確にすることである。
confirm [kənfə́ːrm] 244	☐☐	動 確証する，確かめる 名 confirmation 確証	研究結果は，自己愛的な人は自分自身について語るのが好きだということを確証している。
discrepancy [diskrépənsi] 245	☐☐	名 不一致，ズレ 形 discrepant 不一致の，ズレのある	幼児が期待することと，実際に起こることの間に適度なズレがあることは彼らの学習に役立つ。
eliminate [ilímənèit] 246	☐☐	動 除去する，取り除く 名 elimination 除去，削除	実験を計画するときには，誤差のあらゆる原因を特定し除去しなければならない。
human nature [hjúːmən néitʃər] 247	☐	人間性	パーソナリティ心理学における研究の多くが人間性ではなく，個人差に焦点を当てている。

Adolescence is a time of **rapid** physical changes that make adolescents very self-conscious.

Identifying and labeling your current emotion is an effective way to **regulate** emotions.

We can **retain** information in some working memory for more than 30 seconds.

The **signs** and symptoms of autism can only be recognized from about the second year of life.

Gathering **sufficient** information before the initiation of treatment allows the clinician to determine a plan to match the patient's characteristics.

This result demonstrated a direct relationship between stereotype activation and false-memory **susceptibility**.

A client's psychological **transformation** was apparently expressed in his work during sand play sessions.

We must prevent the **accumulation** of risk beyond the stress coping capacity of children.

The counselor's objective is to **clarify** the feelings the client has been expressing.

Research findings **confirm** that narcissistic people like to talk about themselves.

Moderate amounts of **discrepancy** between what infants expect and what actually happens is helpful for their learning.

When you design an experiment, every source of errors must be identified and **eliminated**.

Most of the studies in personality psychology focus on individual differences, not on **human nature**.

[心理院単] 一般用語 400語

見出し語	意味	例文の意味
incorrect [inkərékt] 248	形 誤った, 不正確な 対 correct 正しい	意志の欠如が子どもの待つ能力を決定する唯一の要因だと考えることは正しくないかもしれない。
inherent [inhérənt] 249	形 固有の, 生まれつき存在する, 内在する 動 inherit 遺伝的に受け継ぐ	研究者は, 計画した研究に内在するリスクの程度を認識するべきである。
integrate [íntəgrèit] 250	動 統合する 名 integration 統合	研究者らは, 断片的な文献を統合し, 先伸ばしについて知られていることを整理しようとした。
intention [inténʃən] 251	名 意図 動 intend 意図する, つもりである, 予定である	子どもが特定の絵を描くときの意図に関する証拠はほとんどない。
interact [ìntərǽkt] 252	動 相互作用する, 交流する 名 interaction 相互作用, 交流, やりとり	自閉症児は交流するかもしれないが, その人を人間だと気づいていないように見える。
overlap [òuvəlǽp, òuvəlæp] 253	名 重複, 重なり 動 重複する, 一部が重なる	伝統的にズル休みと表わされる若者と学校恐怖とみなされる若者の間には大きな重複がある。
physics [fíziks] 254	名 物理学 形 physical 身体の, 物理の, 物理的な	心理学で使われているたくさんの統計学や技法は, 物理学と化学の現代の進歩と密接に関連している。
prevalence [prévələns] 255	名 有病率, 普及, 流行 形 prevalent 普及している, 広がっている	青年期のうつ病の有病率は, 特に女子において高くなってきた。
prohibition [pròuhəbíʃən] 256	名 禁止 動 prohibit 禁止する	15組の母子の相互作用が自宅で録画された。その後禁止場面の特徴について分析された。
protection [prətékʃən] 257	名 保護 動 protect 保護する	食べ物や暖かさ, 病気や怪我からの保護を与えてくれる大人の養育者がいなければ人間の子どもは生きることができない。
realm [rélm] 258	名 領域, 範囲, 分野	身体から離れた魂という存在は科学の領域を超えている。
reasonable [rí:zənəbl] 259	形 合理的な, 筋の通った	環境心理学は, 人間性や合理的な行動, 永続的な生活を研究する学際的学問領域である。
relapse [rilǽps] 260	名 再発, 逆戻り 動 再発する, 再び戻る	家族の感情表出 (EE) は, 統合失調症状の再発の可能性を知るのに重要な役割を果たす。

It may be **incorrect** to presume lack of willpower is the only factor in determining children's ability to wait.

The researcher should recognize the degree of risk **inherent** in the planned research.

Researchers attempted to **integrate** the fragmented literature and summarize what is known about procrastination.

There is little evidence concerning the child's **intention** in making a particular drawing.

Although autistic children may **interact**, they seem to be unaware of the person as a human being.

There is great **overlap** among youths traditionally described as truant and those described as having school refusal.

A number of statistics and techniques used in psychology are closely related to modern developments in **physics** and chemistry.

Prevalence of depression becomes higher during adolescence, especially for girls.

15 mother-infant interactions were recorded on video tapes at home, and then analyzed for features of **prohibition** scenes.

The human infant cannot survive without adult caregivers who provide food, warmth, and **protection** from illness and injury.

Existence of spirit apart from body is beyond the **realm** of science.

Environmental psychology is an interdisciplinary field which studies human nature, **reasonable** behavior, and durable living.

The Expressed Emotion (EE) of the family plays an important role in determining the possibility of a **relapse** of schizophrenic symptoms.

[心理院単] 一般用語 400語

見出し語	意味	例文の意味
simultaneously [sàiməltéiniəsli] 261	副 同時に 形 simultaneous 同時の	実際、多くの行動は様々な要因が同時に相互作用して引き起こされる。
skill [skil] 262	名 スキル、技能 形 skilled スキルのある、熟練した	幼児の視覚的スキルは、かつて考えられていたよりも優れている。
struggle [strʌ́gl] 263	動 格闘する、戦う 名 戦い、苦闘、努力	私たちはみな発達の過程で、愛すべき対象に対するアンビバレントな感情と格闘しなければならない。
suffer [sʌ́fər] 264	動 傷つく、苦しむ、悩む、(病気に)なる 名 sufferer 患者、苦しむ人	ロジャーズは、もしも2つの基本的な心理的欲求が満たされないならば人は心理的ダメージに苦しむだろうと論じた。
superficial [sù:pərfíʃəl] 265	形 表層的な、表面の	精神分析は、行動療法は表層的で根底にある問題を無視していると批判した。
suppose [səpóuz] 266	動 思う、考える	回答者が社会的に望ましい方向に回答を歪ませたとき、そのアセスメントツールはもはや測定しようと考えていたものを測定していない。
surrounding [səráundiŋ] 267	名 環境、周囲 形 周囲の	環境は、情動や心の状態に影響を与えるだろう。
temporary [témpərèri] 268	形 一時的な、つかの間の 副 temporarily 一時的に	社会的関係とは永続的なものもあれば一時的なものもあり、親密なものもあれば表面的なものもある。
transmission [trænsmíʃən] 269	名 伝達 動 transmit 伝達する、伝える	この研究の目的は、面接法を使って児童虐待の世代間伝達を検証することである。
vary [véəri] 270	動 変わる、異なる、様々である	心理療法の目標はクライエントの問題や関心によって変わるだろう。
voluntary [vάləntèri] 271	形 自発的な 副 voluntarily 自発的に、任意に	古典的条件づけと対照的に、オペラント条件づけで学習された反応は自発的である。
cluster [klʌ́stər] 272	名 クラスター、かたまり 動 かたまりにする	DSMは、境界性パーソナリティ障害をクラスターBパーソナリティ障害に割り当てている。
continuity [kὰntənjú:əti] 273	名 連続性 形 continuous 連続的な 動 continue 続く、続ける	真の自己とはそこに存在するという連続性を経験する生得的な潜在能力である。

In fact, most behavior is caused by various factors interacting together **simultaneously**.

An infant's visual **skill** is better than it was previously thought.

We all have to **struggle** in the course of development with our feelings of ambivalence toward loved objects.

Rogers argued that people will **suffer** from psychological damage if two basic psychological needs are not met.

Psychoanalysis criticized that behavior therapy was **superficial** and ignored the underlying problem.

When respondents bias their answers in a socially desirable direction, the assessment tool no longer measures whatever it was **supposed** to measure.

Our **surroundings** may have an effect on our emotions and state of mind.

Social relationships can be lasting or **temporary**, intimate or superficial.

The purpose of this study is to examine the intergenerational **transmission** of child abuse by using the interview method.

The goals in psychotherapy may **vary** according to the client's problems and interests.

Contrary to classical conditioning, the responses learned in operant conditioning are **voluntary**.

DSM allocates borderline personality disorder to the **cluster** B personality disorders.

The true self is the innate potential which is experiencing a **continuity** of being.

[心理院単] 一般用語 400語

見出し語	意味	例文の意味

controversial
[kɑ̀ntrəvə́ːrʃəl] 274
- 形 物議をかもす, 論争上の
- 名 controversy 論争, 議論

J.ワトソンは, 心理学の領域でもっとも**物議をかもした**研究のひとつを行った。

employ
[implói] 275
- 動 使用する, 雇う
- 名 employment 使用, 雇用

神経心理学調査で**使用される**手続きは調査の目的によって異なる。

extensive
[iksténsiv] 276
- 形 広い, 広範囲の, 大量の

大量の文献は, 過去の出来事を鮮明に思い出す能力は4歳になるまでは現れないことを示している。

implication
[ìmplikéiʃən] 277
- 名 意味, ほのめかし, かかわりあい
- 動 implicate 意味する, 巻き込む

その結果は, よい社会とは何かを定義することに対して重要な**意味**を持っていた。

incidence
[ínsədəns] 278
- 名 発生, 発生率
- 形 incidental 付随して生じる

複雑性悲嘆は飲酒やガン, 自殺企図の高い**発生率**と関連することが明らかにされてきた。

magnitude
[mǽɡnətjùːd] 279
- 名 大きさ, 重要性

多くの研究者が, 物理的刺激の**大きさ**と知覚された強度を関連づける等式を提唱した。

minimize
[mínəmàiz] 280
- 動 最小限にする
- 形 minimal 最小の
- 対 maximize 最大限にする

バイアスを**最小限にし**, 交絡を統制するために, 研究者は標準化と操作的定義に頼る。

moderate
[mɑ́dərət] 281
- 形 中程度の, 緩やかな
- 動 和らげる, 和らぐ
- 副 moderately 適度に, 穏やかに

その調査は, 回答者のおよそ半分が, **中程度**から高いレベルのストレスを経験していることを明らかにした。

operate
[ɑ́pərèit] 282
- 動 操作する, 働く, 作用する
- 名 operation 操作, 作用, 働き

IP(患者とみなされた人)が示す問題は, 家族システムが適切に**働いていない**というサインである。

outline
[áutlain] 283
- 動 概説する, 概観する
- 名 概略, 輪郭

この章では, 対象関係論と自己心理学の主要な特徴について**概説する**。

pose
[póuz] 284
- 動 提示する, 主張する, 述べる
- 名 ポーズ, 姿勢

人間の行動と思考に関する4つの根本的で重要な問いを私は**提示する**。

prefer
[prifə́ːr] 285
- 動 好む
- 名 preference 好み, 選択

社会心理学者は大学生に, 10種類の異なる状況で一人でいるのを**好むか**, 他者と一緒にいるのを**好むか**をたずねた。

priority
[praiɔ́ːrəti] 286
- 名 重要なこと, 優先事項

クライエントとカウンセラーの間によいラポールを確立することは, 初回面接においてもっとも**重要なこと**である。

J.Watson conducted one of the most **controversial** studies in the field of psychology.

Procedures **employed** in a neuropsychological examination vary according to the purpose of examination.

An **extensive** body of literature indicates that the ability to vividly recollect a past event does not emerge until the age of 4 years.

The findings had profound **implications** for defining what a good society is.

Complicated grief has been shown to be a link to higher **incidences** of drinking, cancer and suicide attempts.

Many researchers proposed equations that related the **magnitude** of a physical stimulus and its perceived intensity.

To **minimize** bias and control confounds, researchers depend on standardization and operational definitions.

The survey found that nearly half of the respondents experienced **moderate** to high levels of stress.

The problem shown by the IP is a sign that the family system is not **operating** properly.

This chapter **outlines** the essential features of object relations theory and self psychology.

I **pose** four fundamental and important questions concerning human behavior and thoughts.

A social psychologist asked university students whether they **preferred** to be alone or with others in each of 10 different situations.

The establishment of good rapport between a client and a counselor has the highest **priority** in an initial interview.

[心理院単] 一般用語 400語

見出し語	品詞・意味	▼例文の意味
proportion [prəpɔ́ːrʃən] 287	名 割合，比率 動 つりあわせる，比例させる	摂食障害の**割合**は，男女間で異なることは広く認識されている。
propose [prəpóuz] 288	動 提唱する，提案する 名 proposition 主張，命題	夫婦間の葛藤と子どもの行動上の問題の関連を説明するためにたくさんのメカニズムが**提唱されて**きた。
remind [rimáind] 289	動 思い出させる，気づかせる	クッキーを焼くにおいは，子どものころ母親と過ごした時間を**思い出させる**かもしれない。
reverse [rivə́ːrs] 290	動 逆転させる，反対にする 形 reversal 逆転，反転	具体的操作期では，子どもは保存を学習し，思考を**逆転させる**ことができる。
salient [séiliənt] 291	形 顕著な，目立つ，重要な	もし情動が若者よりも高齢者により**重要**であれば，高齢者は情動情報をより深く処理するだろう。
somatic [soumǽtik] 292	形 身体的な，身体の	頭痛や腹痛といった**身体**症状はうつ病の一般的な特徴である。
spontaneously [spɑːntéiniəsli] 293	副 自発的に 形 spontaneous 自発的な	カナーは，自閉症児が**自発的に**ごっこ遊びをめったにしないことを明らかにした。
supply [səplái] 294	動 提供する，供給する	自助グループは心理的安堵と生き生きとするためのエネルギーを**提供する**ことがあり得る。
undermine [ʌ̀ndərmáin] 295	動 傷つける，だめにする	恐怖症はクライエントの対人関係上の問題を作り出し，有能感を**傷つける**かもしれない。
unfolding [ʌnfóuldiŋ] 296	名 展開，開花 動 unfold (折りたたんであったものを)広げる，開く	エリクソンは，すべての発達段階において，新たな希望と責任を含んだ力強い**展開**という新たな奇跡があると述べている。
acknowledge [æknɑ́lidʒ] 297	動 認める，認識する 名 acknowledgement 認識，承認	カウンセラーはみんな，カウンセラーの無条件の肯定的関与がカウンセリングに対する望ましい基盤を作ることを**認識している**。
associate [əsóuʃièit] 298	動 関連する，連想する 名 association 関連，連想，連合	先行研究は，幸福がお金ではなくいわゆる社会的資本と**関連がある**ことを指摘してきた。
constraint [kənstréint] 299	名 制限，強制するもの	ソーシャルスキルトレーニングの根底にある考えは，人の生物学的才能の**制限内**で，ソーシャルスキルは学習されるというものである。

It is widely recognized that **proportions** of eating disorders are different between females and males.

A number of mechanisms have been **proposed** to explain the relationship between marital conflict and children's behavior problems.

The smell of baking cookies might **remind** you of the time you spent with your mother when you were a child.

During the concrete operational stage, a child is able to learn conservation and **reverse** thoughts.

If emotion is more **salient** to older adults than younger adults, the older adults may process emotional information more deeply.

Somatic symptoms, including headache and abdominal pain, are common features of depression.

Kanner found that autistic children rarely engage in pretend play **spontaneously**.

The self-help group can **supply** mental relief and energy to stay alive.

A phobia is likely to create the client's interpersonal difficulties, which could **undermine** the sense of competence.

Erikson describes there is a new miracle of vigorous **unfolding** at every developmental stages which includes new hope and new responsibility.

All counselors **acknowledge** that the unconditional positive regard of a counselor constitutes a desirable foundation for counseling.

Previous studies had suggested that happiness is not **associated** with money but with so-called social capital.

The underlying idea of social skills training is that social skills are learnt within the **constraints** of a person's biological endowment.

[心理院単] 一般用語 400語

見出し語	Check	意味	▼例文の意味
contradictory [kɑ̀ntrədíktəri]	300	形 矛盾した，対立した 名 contradiction 矛盾，反対，反論 動 contradict 反論する，否定する	妄想は明白な対立証拠があるにもかかわらず，強い確信で維持される誤った信念である。
entity [éntəti]	301	名 実体，実在，存在	コフートは正常な幼児が生まれながらに持っている生得的な心理的存在を中核自己と呼んだ。
environment [inváiərənmənt]	302	名 環境，周囲 形 environmental 環境の，周囲の	心理学者の中には，環境ではなく考え方によって人は心理的に健康になるのだと考えるものもいる。
excessive [iksésiv]	303	形 過剰な，過度の 名 excess 過剰，過多 動 exceed 超える	自己愛的な人は，自己の重要性に対する過剰な感覚と，成功に対する非現実的なファンタジーを持っている。
exert [igzə́ːrt]	304	動 使う，行使する	精神病患者の妄想的投影は，セラピストに対して強い催眠的影響を行使するようだ。
inevitably [inévitəbli]	305	副 必然的に，必ず 形 inevitable 避けられない，不可避の	2人以上の人が近い距離で生活していると，口論や葛藤が必然的に生じるだろう。
instruction [instrʌ́kʃən]	306	名 教示，指示 動 instruct 教示する，教える，指示する	実験者は，ワイヤレスイヤフォンを使って参加者に教示を与えた。
intake [ínteik]	307	名 摂取，取り入れ	拒食症の制限型は，食べ物の摂取を制限するが，むちゃ食いや下剤による排出を行わない。
interfere [ìntərfíər]	308	動 妨害する，邪魔する，干渉する 名 interference 干渉，妨害，邪魔	コンサルタントは専門的機能を妨害するようなコンサルティのパーソナリティ要因を扱うことが時にはある。
interrelated [ìntərriléitid]	309	形 相互に関係のある 動 interrelate 相互に関係する 名 interrelation 相互関係	科学理論とは，ある特定の現象についての一連の相互に関連した命題のまとまりのことである。
metaphor [métəfɔ̀ːr]	310	名 メタファー，暗喩，比喩 形 metaphorical 比喩的な	理性と情動のもっとも一般的なメタファーの1つは，主人と奴隷というメタファーであった。
monitor [mɑ́nətər]	311	動 監視する，チェックする	ノンバーバルコミュニケーションは，意識的プロセスによって監視されることはなさそうだ。
mortality [mɔːrtǽləti]	312	名 死ぬ運命 名 mortality rate 死亡率	摂食障害はどの精神疾患よりも死亡率が高いが，正確な割合はまだ明らかではない。

Delusions are erroneous beliefs which are held with strong conviction despite clear **contradictory** evidence.

Kohut called an innate psychological **entity** normal infants are born with a nuclear self.

Some psychologists believe that people make themselves psychologically healthy by the way they think, not by the **environment**.

A narcissistic person has an **excessive** sense of self-importance and unrealistic fantasies of success.

Delusional projections of psychotic patients seem to **exert** a strong hypnotic influence on the therapist.

When two or more people live in close proximity, arguments and conflicts will **inevitably** ensue.

An experimenter provided participants with **instructions** by means of a wireless earphone.

The restricting type of anorexia limits food **intake** but does not engage in binge eating or purging.

Consultants sometimes deal with personality factors in consultees that **interfere** with their professional functioning.

Scientific theory is an **interrelated** set of propositions about a particular phenomenon.

One of the most popular **metaphors** of reason and emotion has been the metaphor of master and slave.

Nonverbal communication is less likely to be **monitored** by conscious process.

Eating disorders have the higher **mortality** rate than any mental illness, but the exact rate remains unclear.

[心理院単] 一般用語 400語

見出し語	Check	意味	▼例文の意味
mutual [mjú:tʃuəl]	313	形 相互の / 副 mutually 相互に, 互いに	遊戯療法における子どもと分析家の**相互の**状態が, 発達上意味のある介入の機会を作り出す。
odd [ád]	314	形 奇妙な, 変わった / 名 odds 見込み, 可能性	クラスターAパーソナリティ障害は, **奇妙で**風変わりな思考や行動に特徴づけられる。
paradox [pærədɑks]	315	名 パラドックス, 逆説 / 形 paradoxical パラドックスの, 逆説的な	専門家の**パラドックス**とは, すでに知っていることによって, ある状況でもっとも重要なことが見えなくなることである。
persist [pərsíst]	316	動 主張する, 固執する, 持続する / 形 persistent 持続する, 長続きする, しつこい / 名 persistence 粘り強さ, 持続性	深刻な心理的問題が**持続し**, 日常生活を妨害し続けることはまれなことではない。
pursuit [pərsú:t]	317	名 追求, 仕事, 研究 / 動 pursue 追求する, 従事する	主にソクラテスとプラトンのおかげで, 哲学は理性の**追求**として知られるようになった。
reassurance [rì:əʃúərəns]	318	名 再確認, 再保証 / 動 reassure 安心させる, 自信を回復させる	絶えず**再確認**を求めていると, なんらかの点であなたの人生にマイナスの影響があるだろう。
relate [riléit]	319	動 関係づける, 関連する / 名 relation 関係	先行研究は薬物乱用のリスクが児童期の未解決な不安と**関連している**ことを明らかにした。
repertoire [répərtwà:r]	320	名 レパートリー	心理テストは, 臨床心理士が心理アセスメントで使用する**レパートリー**のほんの一部である。
repetition [rèpətíʃən]	321	名 反復, 繰り返し / 形 repetitive 繰り返しのある	**繰り返し**によって, 反応と文脈手がかりの間の認知的連合を強める。
replace [ripléis]	322	動 変える, 戻す / 名 replacement 交替, 取替え	クライエントは, 思考のネガティブなパターンをより健康的な考え方に**変える**ことを学習した。
resist [rizíst]	323	動 抵抗する, 耐える / 名 resistance 抵抗, 反抗	この研究の目的は人が説得に**抵抗する**ために利用する戦略を分類することである。
self-directed [sèlfdiréktid]	324	形 自発的な	遊びは**自発的**探求に取り組むことで, 物事への対処法を学習する機会を子どもに提供する。
static [stǽtik]	325	形 静的な, 固定的な	短期記憶は情報の**静的な**貯蔵だと見られている。

The **mutual** state of child-analyst in play therapy creates an opportunity for developmentally meaningful interventions.

Cluster A personality disorders are characterized by **odd**, eccentric thinking or behavior.

The expertise **paradox** is that what you already know may keep you from seeing what is the most important in a particular situation.

It is not unusual that serious psychological problems **persist** and continue to interfere with your daily life.

Mainly because of Socrates and Plato, philosophy has grown to be known as the **pursuit** of reason.

If you continually seek **reassurance**, your life is likely to be impacted negatively in some ways.

Previous studies found that the risk of substance abuse is **related** to untreated childhood anxiety.

Psychological testing is only one small part of the **repertoire** a clinical psychologist can use in psychological assessment.

With **repetition**, we strengthen cognitive associations between the response and context cues.

A client learned to **replace** negative patterns of thought with healthier ways of thinking.

The purpose of this study is to classify the strategies people may use to **resist** persuasion.

Play provides children with opportunities for learning to cope by engaging in **self-directed** exploration.

Short-term memory is seen as a **static** store of information.

[心理院単] 一般用語 400語

見出し語	品詞・意味	例文の意味
strict [strikt] 326	形 厳密な，厳しい / 副 strictly 厳しく，厳密に	社会的学習理論は，観察による学習の役割を強調するという点で**厳密な**行動主義と異なる。
suppress [səprés] 327	動 抑える，抑制する / 名 suppression 抑制	思考を**抑制しよう**とすると，人は望ましくない思考や情動をより反芻しやすい。
suspicion [səspíʃən] 328	名 疑い / 形 suspicious 疑問を抱かせる，疑い深い	実験の目的に関して**疑い**を述べた参加者はいなかった。
undergraduate [ʌ̀ndəgrǽdʒuət] 329	名 大学生，学部学生	この研究は，質問紙を使って**大学生**の学習意欲と自尊感情を測定した。
uniform [júːnəfɔ̀ːrm] 330	形 同一の，一定の	すべての参加者たちは，**同じ**条件と教示のもとで，同じ刺激を提示された。
unity [júːnəti] 331	名 統一，統一体，まとまり，一致 / 動 unite 統合する，結合する，一致する	私たちはメロディーを個々の音の合計としてではなく，一つの**まとまり**，すなわちゲシュタルトとして経験する。
violation [vàiəléiʃən] 332	名 違反，妨害，暴行 / 動 violate 違反する，（約束などを）破る，妨害する	児童虐待の一般的な例は，性的**暴行**や叩くことなどである。
vulnerable [vʌ́lnərəbl] 333	形 ～を受けやすい，～に弱い，～になりやすい / 名 vulnerability 脆弱性	幼い子どもは未熟な防衛機制を持っているので，ストレス**に弱い**。
credibility [krèdəbíləti] 334	名 信用性，信憑性 / 形 credible 信用される	研究者は参加者に子どもの目撃証言の**信憑性**を判断する自分の能力にどのくらい自信があるか質問した。
eclecticism [iklékhtəsizm] 335	名 折衷論，折衷主義 / 形 eclectic 折衷的な	心理療法の**折衷主義**への動きの目標は単一の包括的心理療法の確立でなければならない。
fragile [frǽdʒəl] 336	形 もろい，弱い	この地球を共有している他の動物と比較すると，人間は**弱い**種である。
illuminate [ilúːmənèit] 337	動 明らかにする	心理テストの中には，抑うつや社会的能力といったある特定のパーソナリティ属性を**明らかにする**ためにデザインされたものもある。
incorporate [inkɔ́ːrpəreit] 338	動 組み入れる，含む	相関研究は，記述研究アプローチのひとつに**含まれる**だろう。

Social-learning theory differs from **strict** behaviorism in that it stresses the role of learning by observation.

When people try to **suppress** thoughts, they are likely to ruminate more about the unwanted thoughts and emotions.

No participants noted any **suspicion** regarding the purpose of the experiment.

This study measured the academic motivation and self-esteem of **undergraduate** students using questionnaires.

All participants were presented with the same stimulus under **uniform** conditions and instructions.

We experience a melody not as the sum of the individual notes but as a **unity** or a Gestalt.

Common examples of child abuse include sexual **violations** and beatings.

Because young children have immature defense mechanisms, they are **vulnerable** to stress.

A researcher asked participants how certain they would be of their own ability to judge the **credibility** of a child witness.

The goal of any movement toward **eclecticism** in psychotherapy must be the establishment of a single comprehensive psychotherapy.

Human beings are a **fragile** species compared to other animals with which we share this planet.

Some psychological tests are designed to **illuminate** a specific personality attribute, such as depression and social ability.

A correlational study may be **incorporated** into any of the descriptive research approaches.

[心理院単] 一般用語 400語

見出し語	Check	語義	▼例文の意味
inferior [ínfəriər] 339	☐ ☐	形 劣った 名 inferiority 劣っていること, 劣等	病気になったというだけで劣等感や罪悪感を感じる人もいるかもしれない。
initiate [iníʃièit] 340	☐ ☐	動 始める, 教える 形 初期の 名 initiation イニシエーション, 加入, 開始 形 initial 初めの, 最初の	クライエントの心の治療的変容につながる出来事のすべては, 2人の間で生じた出来事によって始まる。
insistence [insístəns] 341	☐ ☐	名 主張, こだわり 動 insist 主張する, 強調する 形 insistent 主張する, しつこい	自閉症児は, ある一定の活動に対する強迫的なまでのこだわりを持っている。
instinct [ínstiŋkt] 342	☐ ☐	名 本能 形 instinctive 本能の, 本能的な	多くの種は生物学的にあらかじめ決められている本能に基づいて生存する。
intend [inténd] 343	☐ ☐	動 意図する, つもりである, 予定である 名 intention 意図	触ることは, 接触を通してなんらかの意味を伝えることを意図して行われるかもしれない。
intricate [íntrikət] 344	☐ ☐	形 複雑な, 入り組んだ	実際, 心理療法的変容は非常に複雑な現象である。
justify [dʒʌ́stəfài] 345	☐ ☐	動 正当化する, 弁明する 名 justification 正当化, 弁明	研究者は, リスクを伴う介入を正当化するために自分の研究の潜在的な利点を過大評価するかもしれない。
maximize [mǽksəmàiz] 346	☐ ☐	動 最大にする 名・形 maximum 最大, 最大限, 最大の 対 minimize 最小にする	投影法テストを使う目的の一つは, 無意識の葛藤が表面化する機会を最大にすることである。
mention [ménʃən] 347	☐ ☐	動 述べる, 言及する 名 言及	すでに述べたように, 人によって様々な知能観を持っている。
overestimate [òuvəréstimeit] 348	☐ ☐	動 過大評価する 対 underestimate 過小評価する	人は自分のうそをつく能力を過小評価し, うそを見抜く能力を過大評価する傾向がある。
proceed [prəsí:d] 349	☐ ☐	動 進む, 〜し続ける 名 procedure 手続き	分析が進むにつれて, 転移はより明白になり, 過剰に激しくなる。
prominence [prámənəns] 350	☐ ☐	名 卓越, 名声, 目立つこと 形 prominent 卓越した, 目立った	対象関係論の発想は治療において非常に目立った。
prospect [práspekt] 351	☐ ☐	名 見通し, 見込み, 可能性 形 prospective 見込みのある, 予想される	私たちは臨床心理学の現在の状況と将来の見通しについて論じるだろう。

Some people may feel **inferior** and guilty just for being sick.

All the events which lead to therapeutic changes in a client's mind are **initiated** by events occurring between two people.

Autistic children have almost obsessive **insistences** on certain routines.

Most species survive on the basis of **instincts** that are biologically pre-determined.

Touch may be **intended** to convey some meaning through contact.

In fact, psychotherapeutic change is a remarkably **intricate** phenomenon.

Researchers may overestimate the potential benefits of their research in order to **justify** a risky intervention.

One of the goals to use projective tests is to **maximize** the opportunity for unconscious conflicts to emerge.

As we have **mentioned** already, different people have different views of intelligence.

People tend to underestimate their ability to lie and **overestimate** their ability to detect lies.

As the analysis **proceeds**, the transference becomes more obvious and unduly intense.

The idea of object relations theory gained greater **prominence** in treatment.

We will discuss the current status and future **prospects** of clinical psychology.

[心理院単] 一般用語 400語

見出し語	意味	例文の意味
provoke [prəvóuk] 352	動 引き起こす, 駆り立てる	ある子どもにとっては, 騒音は緊張反応を引き起こすかもしれない。
puzzle [pʌ́zl] 353	動 悩ませる, 困らせる 名 難問, パズル	遺伝か環境か論争は何百年もの間心理学者を悩ませてきた。
raw [rɔ́ː] 354	形 生の, 加工していない	構成主義は, 知覚は生の感覚の基本的な要素の合計から構成されると仮定した。
refine [rifáin] 355	動 改良する, 磨く	「意識」や「無意識」という概念は, 集団の行動に適用されるときには改良する必要がある。
resource [ríːsɔːrs] 356	名 資源, 情報源	心理療法家は, ケースフォーミュレーションにおいて様々な実証に基づいた情報源を統合するよう訓練されるべきだ。
restore [ristɔ́ːr] 357	動 回復する	災害後に情緒的幸福感を回復するためにできる手段は数多くある。
scrutinize [skrúːtənàiz] 358	動 精査する, 吟味する, よく調べる 名 scrutiny 精査, 吟味, よく調べること	心理学者は自らの研究の弱点を注意深く精査し, 願望に満ちた思考のリスクを低減するべきである。
synthesize [sínθəsàiz] 359	動 総合する, 統合する 名 synthesis 総合, 統合	私たちは閉鎖的なグループは開放的なグループよりも新しい信念を統合するのに時間がかかると仮説を立てた。
transient [trǽnʃənt] 360	形 一時的な, つかの間の	内在化障害についてはそれほど知られていない。その理由はそれらがしばしば一時的なものだということがある。
uncover [ʌnkʌ́vər] 361	動 明らかにする, 暴露する	問題の発症やその効果的な治療に光明を投じる事柄を明らかにするという希望を持ってクライエントは集中的に研究されるだろう。
undergo [ʌ̀ndərgóu] 362	動 (治療などを)受ける, 経験する	胃がんの治療を受けているその患者は, 厳しい状況に対する頑固な否認を示した。
accompany [əkʌ́mpəni] 363	動 伴わせる, 付随して生じる	極度にストレスな出来事には頭痛や胸痛といった身体症状が付随するだろう。
alleviate [əlíːvièit] 364	動 軽減する, 和らげる	テレビや映画を見るといった座って行う活動はストレスを軽減する効果があるだろう。

For some children, loud noises can **provoke** a fight-or-flight response.

The nature versus nurture debate has **puzzled** psychologists for hundreds of years.

Structuralism postulated that perceptions were composed of a sum of elemental units of **raw** sensation.

The concept of "conscious" and "unconscious" needs to be **refined** when applied to the behavior of groups.

Psychotherapists should be trained to integrate various empirically based **resources** in their case formulations.

There are a number of steps you can take to **restore** emotional well-being following a disaster.

Psychologists should carefully **scrutinize** weak points of their study and reduce the risk of wishful thinking.

We hypothesized that the closed group will take longer to **synthesize** the new beliefs than the open group.

Much less is known about the internalizing disorders partly because they are often **transient**.

A client can be studied intensively with the hope of **uncovering** material that may shed light on the development of the problem and its effective treatment.

The patient **undergoing** treatment for stomach cancer exhibited a stubborn denial of his difficult situation.

Physical symptoms such as a headache and a chest pain may **accompany** an extremely stressful event.

Sedentary activities, such as watching TV or movies, may be effective in **alleviating** stress.

[心理院単] 一般用語 400語

見出し語	Check❶	▼例文の意味
assert [əsə́ːrt]	365	動 主張する 形 assertive 自己主張的な, 自己主張の強い	研究者たちは, 児童期の自殺による死がしばしば不慮の死だと報告されていると主張する。
colleague [káliːg]	366	名 仲間, 共同研究者, 同僚	フランスの心理学者とその共同研究者たちは, 大学生の動機と熟達化の関連を検証した。
confuse [kənfjúːz]	367	動 混乱する, 混同する 名 confusion 混乱, 混同	人は時々実際に経験したことと想像したことを混同する。
connotation [kɑ̀nətéiʃən]	368	名 意味 動 connote (暗に)意味する	参加者は, もし提示された単語が情動的な意味を含んでいたらキーを押すように求められた。
correspond [kɔ̀ːrəspánd]	369	動 一致する, 対応する	SCTは, 「自我発達」, すなわち心理的成熟とおおよそ一致するものを査定するために開発された。
defect [díːfekt]	370	名 障害, 欠点, 欠乏	部分色盲として知られる障害を持つ人は赤と緑を混同する。
derive [diráiv]	371	動 (~from)由来する, 引き出す	学習理論の有名な概念の一つである古典的条件づけは, パブロフの初期の研究に由来する。
devote [divóut]	372	動 (時間や労力を)ささげる, 向ける, 専念する	幼年期の児童虐待のリスク要因の特定にたくさんの努力が向けられてきた。
disrupt [disrʌ́pt]	373	動 崩壊させる, 混乱させる 名 disruption 崩壊, 混乱	長期記憶は容易に崩壊することはなく, その容量は理論的には無制限である。
distort [distɔ́ːrt]	374	動 歪める, 歪曲する 名 distortion 歪曲, ゆがみ	ネガティブな情動は, 実際に生じた事柄に関する脳の記録を歪めることがある。
dominate [dámənèit]	375	動 支配する 形 dominant 支配的な, 優勢な	アメリカの心理学はかつて行動主義と精神分析に支配されていた。
estimate [éstəmèit]	376	動 見積もる, 推定する, 評価する 名 判断, 評価	ある心理学者は, 少なくとも500の様々なタイプの心理療法があると推定した。
expand [ikspǽnd]	377	動 拡大する, 拡げる, 発展させる 名 expansion 拡大, 進展, 発展	心理学の範囲は, 『種の起源』の出版後, 意識の構造だけでなくその機能も含むほどに拡大した。

The researchers **assert** that death by suicide in childhood is often reported as accidental.

A French psychologist and his **colleagues** examined the link between motive and mastery in university students.

People sometimes are **confused** about what they have actually experienced and what they have imagined.

Participants were requested to press one key if a word presented had emotional **connotations**.

SCT was developed to assess "ego development", which roughly **corresponds** to psychological maturity.

A person with the **defect** known as partial color blindness confuses red and green.

Classical conditioning, one of the best-known concepts of learning theory, **derives** from the early work of Pavlov.

Considerable efforts have been **devoted** to the identification of risk factors for child maltreatment in infancy.

Long-term memory is not easily **disrupted** and its capacity is theoretically unlimited.

Negative emotion can **distort** your brain's record of what really took place.

American psychology was once **dominated** by behaviorism and psychoanalysis.

Some psychologist **estimated** that there are at least 500 different types of psychotherapy.

The scope of psychology **expanded** to include the functions as well as the structures of consciousness following the publication of "The Origin of Species".

[心理院単] 一般用語 400語

見出し語	意味	例文の意味
extend [iksténd] 378	動 拡張する, 拡大する 名 extension 拡大, 拡張 形 extended 広範囲の, 拡大した	ハルトマンはフロイトのもともとの「自我」の概念を「積極的で独立した力を持つ自我」へと拡張した。
impress [imprés] 379	動 感銘を与える, 印象を与える 名 impression 印象	心理療法において最小限の共感的理解であってもしばしば役に立つという事実に私は感銘を受ける。
inclination [ìnklənéiʃən] 380	名 傾向, 意向, 好み, 傾き 動 incline 〜したい気持ちにさせる, 〜したいと思う	私たちは, 対象の傾きが変化するときに自発的になされる様々な形の判断を調査した。
inspire [inspáiər] 381	動 引き起こす, 刺激を与える, 活気を与える 名 inspiration インスピレーション, 刺激, 感化	非常に多くの人々や心理学者たちが, C.ロジャーズの人間性アプローチに刺激を受け続けている。
interrupt [ìntərʌ́pt] 382	動 妨害する, 中断する 名 interruption 妨害, 中断	自閉症児は, もしも彼らのいつもの決まった行動をなんらかの理由で妨害されたら動転するだろう。
locate [lóukeit] 383	動 配置する, 置く, 位置づける 名 location 配置, 位置	箱庭療法において, 各セッションの最初には箱庭はいつも同じ場所に置かれているべきである。
mediator [míːdièitər] 384	名 媒介物, 仲介物, 仲介者 動 mediate 仲介する, 媒介する	認知行動療法はクライエントの行動変容における媒介物として認知プロセスの寄与を強調する。
optimize [ɑ́ptəmàiz] 385	動 最大限に活用する, 最適化する	反応を得る機会を最大限に活用するために, 親の心の状態に細心の注意を向ける傾向がある子どももいる。
originate [ərídʒənèit] 386	動 生じる, 始まる 名 origin 起源, はじまり	心の理論は, プレマックとウッドラフの研究で見い出された概念から始まった。
overwhelm [òuvərhwélm] 387	動 苦しめる, 悩ませる, 圧倒する 形 overwhelming 圧倒的な, 大変な	人は時に苦しく感じ, 自分の問題に対処するための援助を必要とする。
parallel [pǽrəlèl] 388	形 類似した, 平行した 名 類似点, 対応するもの 動 類似する, 対応する, 比較する	発達心理学者は幼児における言語発達の段階とごっこ遊びのレベルの平行した変化を観察した。
postulate [pɑ́stʃulèit] 389	動 仮定する, 主張する	摂食障害の理論は, 暗黙の家族ルールがこの問題の発祥と維持に影響していると仮定する。
prepare [pripéər] 390	動 準備する, 覚悟をさせる	もし安全基地としてセラピストがクライエントの不安を和らげる覚悟があるならば, 葛藤は処理されるだろう。

Hartmann **extended** Freud's original concept of the "ego" to the "ego with active and independent force".

I am **impressed** with the fact that even a minimal amount of empathic understanding is often helpful in psychotherapy.

We investigated the various judgments of shape which are spontaneously made when the **inclination** of an object is varied.

So many people and psychologists continue to be **inspired** by C, Rogers' humanist approach.

Autistic children can become upset if their routines are **interrupted** for some reason.

In sandplay therapy, the sand trays should be always **located** in the same place at the beginning of each session.

Cognitive-behavioral therapy emphasizes the contribution of cognitive processes as **mediators** in the client's behavior change.

Some children tend to focus closely on the parent's state of mind to **optimize** their chance of getting a response.

The theory of mind **originated** from a concept found in the works of Premack and Woodruf.

People may sometimes feel **overwhelmed** and need help to cope with their own problems.

A developmental psychologist observed **parallel** changes between the stages of language development and levels of pretend play in infants.

Theories about eating disorders **postulate** that implicit family rules may have an effect on the development and maintenance of such problems.

If the therapist as secure base is **prepared** to absorb a client's anxiety, his/her conflict may be processed.

見出し語	意味	例文の意味
presume [prizúːm] 391	動 仮定する，推定する 名 presumption 推定，推測	精神力動理論では，不適応な認知は内的欲求から生じると仮定する。
property [prápərti] 392	名 特性，特質，所有物，財産	ユングは，アイデンティティを主体と客体の境界がない無意識の機能の基本的特質だと考えた。
rear [riər] 393	動 育てる，養育する	施設で育てられた子どもは発達が遅れることを多くの研究が示唆してきた。
render [réndər] 394	動 与える，寄与する，変える	行動主義者は，意識が本質的に主観的であることは科学的研究ができないことに寄与していると考えた。
reproduce [riːprədjúːs] 395	動 再生する，繁殖する 名 reproduction 再生	様々な年齢の子どもに文章を読むと，年齢の大きい子どもになるほど長い文章を再生することができる。
survivor [sərváivər] 396	名 サバイバー，生存者，困難を切り抜けてきた人 動 survive 生き残る，なんとか切り抜ける	PTSDになったサバイバーの研究は，彼らが悪夢を見ると訴える傾向があることを明らかにした。
syndrome [síndroum] 397	名 症候群	多くの母親が空の巣症候群になるという考えに対する実証的な支持はほとんどない。
trigger [trígər] 398	動 きっかけとなる，引き出す 名 きっかけ	性的虐待の発見は，自己開示によって引き出すことができた。
undertake [ʌ̀ndərtéik] 399	動 請け負う，引き受ける，始める	それぞれの科学は世界のある側面を記述し説明することを請け負っている。
unify [júːnəfài] 400	動 統合する，統一する	社会学における「社会」という概念は，多くの研究者を彼らが焦点を当てる方向へと統一するが，説明的価値は持っていない。

Psychodynamic theories **presume** that the maladaptive cognitions arise from specific internal needs.

Jung thought of identity as a basic **property** of unconscious functioning in which there is no boundary between subject and object.

A number of studies have indicated that children who were **reared** in orphanages were developmentally delayed.

The behaviorists felt that essential subjectivity of consciousness **rendered** it inaccessible to scientific study.

When we read a sentence to children of different ages, the older children can **reproduce** a longer sentence.

A study of the **survivors** who got PTSD found that they were more likely to complain of nightmares.

There's little empirical support for the idea that many mothers have empty nest **syndrome**.

Detection of sexual abuse could be **triggered** by self-disclosure.

Each science **undertakes** to describe and explain some particular aspect of the world.

The notion of "society" in sociology **unifies** many researchers in their direction of focus but has no explanatory value.

[心理院単] 必修キーパーソン

人名（英文表記※）		人名（日本語表記）
Adler, Alfred	**Adler, A.**	アルフレッド・アドラー
Ainsworth, Mary	**Ainsworth, M.** **Ainsworth, M.D.**	メアリー・エインズワース
Allport, Gordon	**Allport, G.** **Allport, G.W.**	ゴードン・オルポート
Asch, Solomon	**Asch, S.**	ソロモン・アッシュ
Asperger, Hans	**Asperger, H.**	ハンス・アスペルガー
Axline, Virginia	**Axline, V.** **Axline, V.M.**	バージニア・アクスライン
Bandura, Albert	**Bandura, A.**	アルバート・バンデューラ
Bateson, Gregory	**Bateson, G.**	グレゴリー・ベイトソン
Beck, Aaron	**Beck, A.** **Beck, A.T.**	アーロン・ベック
Berne, Erick	**Berne, E.**	エリック・バーン
Binet, Alfred	**Binet, A.**	アルフレッド・ビネー
Bleuler, Eugen	**Bleuler, E.**	オイゲン・ブロイラー
Bowlby, John	**Bowlby, J.** **Bowlby, J.M.**	ジョン・ボウルビィ

※ファミリーネーム，パーソナルネームの順に表記しています。
※試験では一般的に，2列目のように表記されます。
※2列目には，ミドルネームの頭文字を入れた表記も記載しました。

説　明

オーストリア出身の精神科医。個人心理学の創始者。S.フロイトの研究グループの発展に尽力するも後に決別。劣等感を補償する努力である権力への意志を重視した。

アメリカ出身の発達心理学者。ストレンジ・シチュエーション法を開発し，幼児の養育者に対する愛着のタイプを安定型，回避型，アンビバレント型に分類した。

アメリカの心理学者。パーソナリティ心理学，社会心理学などの領域で活躍。性格特性を誰もが共通して持つ共通特性と，個人特有の個人特性に分類した。

ポーランド出身の心理学者。ゲシュタルト心理学の考え方を社会心理学の研究に取り入れ，印象形成や同調行動の研究を実証的に行った。

オーストリア出身の小児科医・精神科医。長年の臨床経験から，現在のアスペルガー症候群に該当する自閉的精神病質を初めて報告した。

アメリカの児童心理学者。C.ロジャーズの来談者中心療法を児童の遊戯療法に応用し，現在の遊戯療法の基礎を築く。また遊戯療法の8原則を提唱した。

カナダの心理学者。社会的学習理論の提唱者。自らの直接的な経験や学習ではなく，モデルとなる他者を観察するだけでも学習は成立すると主張した。

イギリス出身の文化人類学者。相反する2つのメッセージを同時に受け取ることを意味するダブルバインドを提唱し，家族療法のコミュニケーション派に影響を与えた。

アメリカの精神科医。認知療法の創始者。うつ病などの治療において，クライエントの認知の歪みに焦点をあて，この歪みの修正を治療の目的とした。

アメリカの精神科医。精神分析に大きく影響を受けつつ実存主義や行動主義の思想も取り入れた独自の理論である交流分析を創始した。

フランスの心理学者。1905年，フランス文部省の委託を受けて，医師シモンとともに世界初の知能検査であるビネー式知能検査を開発した。

スイスの精神科医。当時早発性痴呆と呼ばれていた疾患を現在の統合失調症を意味するSchizophreniaに改名。統合失調症の症状の整理にも尽力した。

イギリスの児童精神科医。愛着理論の創始者。幼少期の母性剥奪が，子どもの人格発達に甚大で永続的な影響を及ぼすと主張した。

[心理院単] 必修キーパーソン

人名（英文表記※）		人名（日本語表記）
Broca, Pierre	Broca, P. Broca, P.P.	ピエール・ブローカ
Cannon, Walter	Cannon, W. Cannon, W.B.	ウォルター・キャノン
Cattell, Raymond	Cattell, R. Cattell, R.B.	レイモンド・キャッテル
Chomsky, Noam	Chomsky, N.	ノーム・チョムスキー
Ebbinghaus, Hermann	Ebbinghaus, H.	ヘルマン・エビングハウス
Ekman, Paul	Ekman, P.	ポール・エクマン
Ellis, Albert	Ellis, A.	アルバート・エリス
Erikson, Erik	Erikson, E. Erikson, E.H.	エリク・エリクソン
Eysenck, Hans	Eysenck, H. Eysenck, H.J.	ハンス・アイゼンク
Fechner, Gustav	Fechner, G. Fechner, G.T.	グスタフ・フェヒナー
Festinger, Leon	Festinger, L.	レオン・フェスティンガー
Frankl, Viktor	Frankl, V. Frankl, V.E.	ヴィクトール・フランクル
Freud, Anna	Freud, A.	アンナ・フロイト

※ファミリーネーム，パーソナルネームの順に表記しています。
※試験では一般的に，2列目のように表記されます。
※2列目には，ミドルネームの頭文字を入れた表記も記載しました。

説　明

フランスの内科医・外科医・解剖学者。大脳皮質の前頭葉にある発話を司る部位（ブローカ野）を発見する。この部位の損傷による失語症はブローカ失語と呼ばれる。

アメリカの生理学者。情動経験における視床の役割を重視する情動の中枢起源説（キャノン・バード説）を主張。ホメオスタシスの概念の提唱者でもある。

イギリス出身の心理学者。因子分析法を用いた研究から，知能を流動性知能と結晶性知能に分ける。またパーソナリティテストの16PFを開発した。

アメリカの言語学者，哲学者。人間には言語を司るモジュールがあるとする言語生得説を主張。言語の文法構造を少数のルールから説明する生成文法を提唱した。

ドイツの心理学者。忘却に関する組織的な研究を最初に行った人物である。無意味綴りと呼ばれる刺激を考案し，自らを被験者として実験を行った。

アメリカの心理学者。感情と表情の研究の第一人者。表情は文化や人種によらないことを明らかにした。現在は人間の微表情の研究で知られている。

アメリカの臨床心理学者。論理療法の創始者。ABC理論は論理療法の中核理論であり，B（信念）がイラショナルな場合に問題が発生すると考えた。

ドイツ出身の精神分析家。人の生涯を8つの段階に分け，それぞれの段階で達成すべき心理社会的課題があるとする発達漸成説を提唱した。

ドイツ出身の心理学者。行動療法の先駆者であり，精神分析の有効性を激しく非難したことでも有名。またモーズレイ人格目録（MPI）を開発した。

ドイツの精神物理学者。外的刺激の強度と内的感覚の数学的関係を研究する精神物理学を創始し，後の実験心理学の成立に多大な影響を与えた。

アメリカの社会心理学者。彼が提唱した認知的不協和理論は，態度変容を認知的不均衡の観点から説明するものであり，後の心理学研究に大きな影響を与えた。

ウィーン生まれの精神科医。ロゴテラピーを提唱し，人が持つ意味への意志を強調した。著書にアウシュビッツの強制収容所での体験を記した『夜と霧』がある。

イギリスの精神分析家でS.フロイトの娘。防衛機制の概念化に尽力する。また児童精神分析の開拓者でもあり，遊戯療法の基礎を築いた。

[心理院単] 必修キーパーソン

人名(英文表記※)		人名(日本語表記)
Freud, Sigmund	**Freud, S.**	ジークムント・フロイト
Fromm, Erich	**Fromm, E.** **Fromm, E.S.**	エーリッヒ・フロム
Gendlin, Eugene	**Gendlin, E.** **Gendlin, E.T.**	ユージン・ジェンドリン
Gibson, James	**Gibson, J.** **Gibson, J.J.**	ジェームズ・ギブソン
Haley, Jay	**Haley, J.** **Haley, J.D.**	ジェイ・ヘイリー
Heider, Fritz	**Heider, F.**	フリッツ・ハイダー
Horney, Karen	**Horney, K.**	カレン・ホーナイ
Hull, Clark	**Hull, C.** **Hull, C.L.**	クラーク・ハル
James, William	**James, W.**	ウィリアム・ジェームズ
Jung, Carl	**Jung, C.** **Jung, C.G.**	カール・ユング
Kalff, Dora	**Kalff, D.** **Kalff, D.M.**	ドラ・カルフ
Kanner, Leo	**Kanner, L.**	レオ・カナー
Kernberg, Otto	**Kernberg, O.** **Kernberg, O.F.**	オットー・カーンバーグ

※ファミリーネーム，パーソナルネームの順に表記しています。
※試験では一般的に，2列目のように表記されます。
※2列目には，ミドルネームの頭文字を入れた表記も記載しました。

説　　明

オーストリア出身の精神科医。無意識を中核概念とする精神分析学の創始者。精神分析学の思想は文学や哲学にも影響を及ぼした。

ドイツの精神分析学者。新フロイト派。個人の内面だけでなく，その人が住む社会のあり方にも焦点を当てた。権威主義的パーソナリティの提唱者でもある。

アメリカの哲学者・臨床心理学者。C.ロジャースに学び，後にフォーカシングを創始する。フォーカシングの研究と実践は来談者中心療法の発展に貢献した。

アメリカの認知心理学者。アフォーダンスの概念を提唱し，多くの認知心理学者に影響を与えた。妻のエレノア・ギブソンも視覚的断崖の実験で有名な認知心理学者。

アメリカの心理療法家。家族の問題の迅速な解決を重視する家族療法の戦略派の主導者。彼の理論はG.ベイトソンやM.エリクソンらとの親交が色濃く反映されている。

アメリカで活躍したオーストリア出身の社会心理学者。ゲシュタルト心理学の発想を社会心理学に応用し，バランス理論を提唱した。

アメリカで活躍した新フロイト派の精神分析医。基底不安を中核概念にすえた理論を展開する。神経症における文化的・社会的要因を重視した。

アメリカの心理学者。新行動主義の代表的人物。刺激-反応の結合強度は反応後の動因の低減によって強化されるとする動因低減説を提唱した。

アメリカの心理学者。機能主義的立場を主張。情動の生理学機構に関する彼とC.ランゲの理論はジェームズ・ランゲ説として知られている。

スイスの精神科医。S.フロイトの元弟子で分析心理学の創始者。個人的無意識だけでなく，人類が普遍的に持つ集合的無意識の存在を仮定した。

スイスの心理学者。箱庭療法の創始者。M.ローウェンフェルドの世界技法にユング心理学を取り入れ箱庭療法を考案した。

アメリカの精神科医。児童精神医学の先駆者。自閉症に関する初めての医学的論文を発表し早期幼児自閉症と命名。その後の自閉症研究の基礎を築いた。

オーストリア出身の精神分析家。人格構造を3つの水準に区分した人格構造論を提唱する。境界人格構造という概念は境界性パーソナリティ障害の理解と治療に貢献した。

[心理院単] 必修キーパーソン

人名(英文表記※)		人名(日本語表記)
Klein, Melanie	Klein, M. Klein, M.R.	メラニー・クライン
Koch, Karl	Koch, K.	カール・コッホ
Kohlberg, Lawrence	Kohlberg, L.	ローレンス・コールバーグ
Köhler, Wolfgang	Köhler, W.	ヴォルフガング・ケーラー
Kohut, Heinz	Kohut, H.	ハインツ・コフート
Kretschmer, Ernst	Kretschmer, E. Kretschmer, E.J.	エルンスト・クレッチマー
Lazarus, Richard	Lazarus, R.	リチャード・ラザルス
Lewin, Kurt	Lewin, K.	クルト・レヴィン
Liberman, Robert	Liberman, R. Liberman, R.P.	ロバート・リバーマン
Loftus, Elizabeth	Loftus, E. Loftus, E.F.	エリザベス・ロフタス
Lorentz, Konrad	Lorentz, K. Lorentz, K.Z.	コンラート・ローレンツ
Mahler, Margaret	Mahler, M. Mahler, M.S.	マーガレット・マーラー
Marcia, James	Marcia, J. Marcia, J.E.	ジェームズ・マーシャ

※ファミリーネーム,パーソナルネームの順に表記しています。
※試験では一般的に,2列目のように表記されます。
※2列目には,ミドルネームの頭文字を入れた表記も記載しました。

説　明

オーストリア出身の精神分析家。対象関係論の先駆的存在。子どもの内的世界を妄想-分裂ポジションと抑うつポジションの概念で説明した。

スイスの心理学者。投影法検査のバウムテストを考案した。その実施の簡便さから，バウムテストはもっとも広く普及している投影法検査の1つである。

アメリカの心理学者。役割取得能力と認知能力の観点から道徳性の発達段階理論を提唱。この理論は3水準6段階からなり，教育実践の場でも広く活用されている。

ドイツの心理学者。ゲシュタルト心理学派の中心人物。チンパンジーを被験体として研究を行い，見通しによる学習過程である洞察学習を提唱した。

オーストリア出身の精神科医・精神分析学者。S,フロイトによる正統的精神分析の後継者であったが，後に自己愛を中核概念とする自己心理学を提唱した。

ドイツの精神医学者。豊富な症例から，体型と性格傾向の関連が強いことを見出し，体型による性格類型論を主張した。

アメリカの心理学者。ストレッサーの認知的評価とストレスコーピングの観点からストレス反応を説明するストレス理論を提唱した。

ドイツ出身の心理学者。ゲシュタルト心理学の創始者のひとり。場の理論や葛藤の類型などの研究を行う。晩年にはグループダイナミックスの研究に取り組んだ。

アメリカの心理学者。ソーシャルスキルトレーニング(SST)の開発者。現在SSTは広くコミュニケーション技術の向上に応用されている技法である。

アメリカの認知心理学者。虚偽記憶研究の第一人者。彼女の研究は，過去のトラウマ体験の記憶や目撃証言の信憑性の評価に影響を与えた。

オーストリアの動物行動学者。水鳥のヒナの観察から生後初期の特殊な学習である刷り込みを発見した。ノーベル医学生理学賞受賞。

ハンガリー出身の小児科医・精神科医。母子の観察データの分析を通して，子どもの3歳頃までの精神的発達を分離-個体化過程として理論化した。

アメリカ・カナダで活躍した心理学者。E,エリクソンのアイデンティティの概念を発展させ，アイデンティティステイタスを4つに分類した。

[心理院単] 必修 キーパーソン

人名（英文表記※）		人名（日本語表記）
Maslow, Abraham	**Maslow, A.** **Maslow, A.H.**	アブラハム・マズロー
Meichenbaum, Donald	**Meichenbaum, D.** **Meichenbaum, D.H.**	ドナルド・マイケンバウム
Milgram, Stanley	**Milgram, S.**	スタンレー・ミルグラム
Minuchin, Salvador	**Minuchin, S.**	サルバドール・ミニューチン
Moreno, Jacob	**Moreno, J.** **Moreno, J.L.**	ヤコブ・モレノ
Murray, Henry	**Murray, H.** **Murray, H.A.**	ヘンリー・マレー
Pavlov, Ivan	**Pavlov, I.** **Pavlov, I.P.**	イワン・パブロフ
Perls, Frederick	**Perls, F.** **Perls, F.S.**	フレデリック・パールズ
Piaget, Jean	**Piaget, J.**	ジャン・ピアジェ
Pinker, Steven	**Pinker, S.** **Pinker, S.A.**	スティーブン・ピンカー
Premack, David	**Premack, D.**	デビッド・プレマック
Rank, Otto	**Rank, O.**	オットー・ランク
Rogers, Carl	**Rogers, C.** **Rogers, C.R.**	カール・ロジャーズ

※ファミリーネーム，パーソナルネームの順に表記しています。
※試験では一般的に，2列目のように表記されます。
※2列目には，ミドルネームの頭文字を入れた表記も記載しました。

説　　明

アメリカの心理学者。人間性心理学の中心人物。人間の欲求を自己実現を頂点とする5つの階層から成り立つピラミッド型で表した欲求の階層説を提唱した。

アメリカ出身の心理学者。肯定的な自己陳述を用いた行動修正法の自己教示訓練を提唱した後，認知行動療法の1つであるストレス免疫訓練を体系化した。

アメリカの社会心理学者。「アイヒマン実験」として有名な権威への服従実験を行った。この実験結果は心理学界に大きな衝撃を与えた。

アルゼンチン出身の小児科医。家族療法の構造派の創始者。家族システムの構造の歪みに焦点を当て，その修正を重視した。

ルーマニア出身の精神科医。即興劇的役割演技を取り入れた心理療法であるサイコドラマの創始者。またソシオメトリー理論の提唱者でもある。

アメリカの心理学者。投影法検査の1つであるTAT（主題統覚検査）を開発した。また，TATの分析法として欲求-圧力分析を提唱した。

ロシアの生理学者。イヌの唾液分泌に関する実験を通して条件反射の理論を体系化し，古典的条件づけの基盤を築いた。ノーベル生理学医学賞受賞。

ドイツ系ユダヤ人の精神科医。ゲシュタルト療法の創始者。「今，ここで」の気づきを得ることで，自己理解を深め全体としての自己へ統合できると考えた。

スイスの心理学者。4つの段階からなる知能の発達段階を提唱。また知能構造はシェマの同化と調節の繰り返しによって発達すると考えた。

アメリカの進化心理学者。人間には言語能力を司るモジュールがあるとする言語生得説を唱え，進化心理学的な視点から心にアプローチする。

アメリカの心理学者。広範囲にわたる研究領域で優れた業績を持つ。特に学習理論におけるプレマックの原理や心の理論の提唱者として有名。

オーストリアの精神分析学者。出産時の母親との分離が心理的ショックを与え，この心的外傷体験が神経症の原因と考える出産外傷説を唱えた。

アメリカの臨床心理学者。来談者中心療法の創始者。カウンセラーの条件として無条件の肯定的関心，自己一致，共感的理解を提唱した。

[心理院単] 必修キーパーソン

人名（英文表記※）		人名（日本語表記）
Rorschach, Hermann	**Rorschach, H.**	ヘルマン・ロールシャッハ
Rosenzweig, Saul	**Rosenzweig, S.**	ソウル・ローゼンツヴァイク
Schultz, Johannes	**Schultz, J.** **Schultz, J.H.**	ヨハネス・シュルツ
Seligman, Martin	**Seligman, M.** **Seligman, M.E.P.**	マーティン・セリグマン
Selye, Hans	**Selye, H.**	ハンス・セリエ
Skinner, Burrhus	**Skinner, B.** **Skinner, B.F.**	バラス・スキナー
Spearman, Charles	**Spearman, C.** **Spearman, C.E.**	チャールズ・スピアマン
Spitz, René	**Spitz, R.** **Spitz, R.A.**	ルネ・スピッツ
Stern, Daniel	**Stern, D.**	ダニエル・スターン
Sullivan, Harry	**Sullivan, H.** **Sullivan, H.S.**	ハリー・サリヴァン
Terman, Lewis	**Terman, L.** **Terman, L.M.**	ルイス・ターマン
Thorndike, Edward	**Thorndike, E.** **Thorndike, E.L.**	エドワード・ソーンダイク
Thurstone, Louis	**Thurstone, L.** **Thurstone, L.L.**	ルイス・サーストン

※ファミリーネーム，パーソナルネームの順に表記しています。
※試験では一般的に，2列目のように表記されます。
※2列目には，ミドルネームの頭文字を入れた表記も記載しました。

説　　明

スイスの精神科医。S.フロイトやC.ユングの思想に多くの示唆を得て、投影法検査であるロールシャッハ・テストを考案した。

アメリカの心理学者。投影法検査のP-Fスタディを開発する。また、フラストレーションに耐える力を意味するフラストレーション耐性も彼が提唱した概念である。

ドイツの精神科医。催眠の精神生理学的メカニズムの研究から自己暗示によるリラクゼーション法として自律訓練法を考案した。

アメリカの心理学者。学習性無力感の研究を行った。近年ではポジティブ心理学の創設者のひとりとしても有名である。

ハンガリー系カナダ人の生理学者。心理的ストレス研究の第一人者。副腎皮質の肥大、胃潰瘍などのストレス下で生じる共通症状を汎適応症候群と呼んだ。

アメリカの心理学者。新行動主義の代表的人物。自らの立場を徹底的行動主義と称した。オペラント条件づけの研究を行い応用行動分析の基礎を築く。

イギリスの心理学者。因子分析の結果から、一般因子（g因子）と特殊因子（s因子）の2つの因子から構成される知能の2因子説を提唱した。

オーストリア出身の児童精神科医。乳幼児の自然観察から3ヶ月微笑、8ヶ月不安を明らかにする他、アナクリティック抑うつやホスピタリズムの研究も行った。

アメリカ出身の精神分析家。乳児の精神発達を自己感の観点から展開する。また自己感の発達に対する母親の情動調律の重要性を指摘した。

アメリカの精神科医。当時不治の病とされていた統合失調症に対して精神療法を行う。精神医学を対人関係の学問ととらえ関与しながらの観察を重視した。

アメリカの心理学者。ビネー式知能検査を改訂し、スタンフォード・ビネー式知能検査を開発した。この改訂により知能指数が導入された。

アメリカの心理学者。「ネコの問題箱実験」として知られる試行錯誤学習の実験を行う。また彼が提唱した効果の法則は後の行動理論の発展に寄与した。

アメリカの心理学者。サーストン法の開発や因子分析の多因子モデルの提唱など心理測定法の発展に貢献する。知能の多因子説の提唱者でもある。

[心理院単] 必修キーパーソン

人名（英文表記※）		人名（日本語表記）
Tinbergen, Nikolaas	**Tinbergen, N.**	ニコラス・ティンバーゲン
Tolman, Edward	**Tolman, E.** **Tolman, E.C.**	エドワード・トールマン
Watson, John	**Watson, J.** **Watson, J.B.**	ジョン・ワトソン
Weber, Ernst	**Weber, E.** **Weber, E.H.**	エルンスト・ウェーバー
Wechsler, David	**Wechsler, D.**	デビッド・ウェクスラー
Wernicke, Carl	**Wernicke, C.**	カール・ウェルニッケ
Wertheimer, Max	**Wertheimer, M.**	マックス・ウェルトハイマー
Wing, Lorna	**Wing, L.**	ローナ・ウィング
Winnicott, Donald	**Winnicott, D.** **Winnicott, D.W.**	ドナルド・ウィニコット
Wolpe, Joseph	**Wolpe, J.**	ジョセフ・ウォルピ
Wundt, Wilhelm	**Wundt, W.** **Wundt, W.M.**	ウィルヘルム・ヴント
Zajonc, Robert	**Zajonc, R.** **Zajonc, R.B.**	ロバート・ザイアンス
Zimbardo, Philip	**Zimbardo, P.** **Zimbardo, P.G.**	フィリップ・ジンバルドー

※ファミリーネーム，パーソナルネームの順に表記しています。
※試験では一般的に，2列目のように表記されます。
※2列目には，ミドルネームの頭文字を入れた表記も記載しました。

説　　明
オランダ出身の動物行動学者。比較行動学の先駆者。動物の生得的行動を引き起こす解発刺激の研究を行う。ノーベル生理学医学賞受賞。
アメリカの心理学者。新行動主義の代表的人物。ネズミの迷路学習実験から、手段と目標の関係を把握するための認知地図を提唱した。
アメリカの心理学者。心理学が科学的学問となるためには、客観的に観察可能な行動を対象にしなければならないと主張し行動主義を提唱した。
ドイツの生理学者。主に感覚の実験を行い、精神物理学の発展に貢献した。触2点閾の測定や弁別閾の研究によってウェーバーの法則を提唱した。
アメリカで活躍したルーマニア出身の心理学者。ウェクスラー式知能検査の開発者。ウェクスラー式知能検査は改訂を重ねながら、幅広い領域で使用されている。
ドイツの神経病理学者。脳の左側頭皮質後部にある言葉の理解を司る部位（ウェルニッケ野）を発見。この部位の損傷はウェルニッケ失語と呼ばれる。
チェコ出身の心理学者。ゲシュタルト心理学の創始者のひとり。仮現運動の実験をもとに心理過程は要素に分解しても説明できないと主張した。
イギリスの精神科医。アスペルガー症候群、自閉症スペクトラムなどの用語の導入や、自閉症の中核症状である3つ組の症状の研究に尽力した。
イギリスの児童精神科医。子どもの精神療法に尽力し、独自の対象関係論を展開した。子どもにとってのホールディングの環境を重視した。
南アフリカ生まれの精神科医。戦争からの帰還兵の戦争神経症治療に携わる。その後、古典的条件づけを応用した系統的脱感作法を考案した。
ドイツの生理学者・心理学者。ドイツのライプチヒ大学に世界初の心理学実験室を設立し、心理学の学問領域として独立に貢献した。構成主義の立場を主張した。
アメリカで活躍したポーランド出身の社会心理学者。単純接触効果の研究を行う。また社会的促進のメカニズムについての研究も行った。
アメリカの社会心理学者。監獄実験という名で有名な実験を行った。また環境や状況によって善良な人が疑いもなく悪事に手を染めることをルシファー効果と呼んだ。

学習心理学

classical conditioning
古典的条件づけ

条件刺激と無条件刺激を繰り返し対提示することによって、条件刺激のみで反応が生じるようになる学習過程。レスポンデント条件づけとも呼ばれる。

operant conditioning
オペラント条件づけ

自発的行動になんらかの強化刺激を与えることによって、その行動の生起頻度を変化させる学習過程。道具的条件づけとも呼ばれる。

continuous reinforcement
連続強化

オペラント条件づけにおいて、オペラント行動が生じる度に、必ずその行動が出現した後に強化子を与える手続きのこと。

intermittent reinforcement
間歇強化

オペラント条件づけにおいて、オペラント行動に対して、時々しか強化子を与えない手続きのこと。連続強化よりも間歇強化で訓練された行動の方が消去しにくい。

generalization
般化

刺激と反応の間に条件づけが成立したとき、その刺激と類似した刺激に対しても条件反応が生起すること。

discrimination
弁別

分化強化を行うことによって、2つの刺激の違いを区別し、一方の刺激にのみ反応が生起すること。

insight
洞察

問題解決場面において、過去の経験やその場の状況といった様々な情報を統合して、一気に解決の見通しを立てること。

trial and error
試行錯誤

問題解決場面において、様々な問題解決手段を次々に試みて成功と失敗を繰り返すうちに解決を見出そうとすること。

overachiever
オーバーアチーバー

学業成績と知能偏差値を比較した際、知能偏差値から期待される学業成績よりはるかに優れた学業成績を示す者のこと。

underachiever
アンダーアチーバー

学業成績と知能偏差値を比較した際、知能偏差値から期待される学業成績よりはるかに劣った学業成績を示す者のこと。

reinforcement
強化
オペラント行動の生起頻度を高める手続き。オペラント行動の後に正の強化子を呈示する正の強化と、嫌悪刺激を除去する負の強化がある。

punishment
罰
オペラント行動の生起頻度を低下させる手続き。オペラント行動の後に嫌悪刺激を呈示する正の罰と、正の強化子を除去する負の罰がある。

=== 感覚・知覚 ===

absolute threshold
絶対閾
感覚が生じるか生じないかの境目の刺激量。感覚が生じるために必要な最小限の刺激強度。刺激閾とも呼ばれる。

discriminative threshold
弁別閾
2つの刺激強度が異なることを認識することができる最小の刺激差。丁度可知差異とも呼ばれる。

perceptual defense
知覚的防衛
自分にとって価値のない刺激や脅威となる刺激に対しての閾が高くなり、通常よりも知覚がしにくくなること。

perceptual sensitization
知覚的鋭敏化
自分にとって価値のある刺激や興味のある刺激に対しての閾が低くなり、通常よりも知覚しやすくなること。

light adaptation
明順応
暗い場所から明るい場所に移動したとき、最初はまぶしく感じるが次第に目が慣れていく現象。視細胞の桿体から錐体へと機能が移行する過程で生じる。

dark adaptation
暗順応
明るい場所から暗い場所に移動したときに、最初は暗くて何も見えないが次第に目が慣れてくる現象。視細胞の錐体から桿体へと機能が移行する過程で生じる。

monocular vision
単眼視
右目あるいは左目だけで観察すること、またはその時の視覚。単眼視による奥行き知覚の手がかりには、相対的大きさ、重なり、テクスチャ勾配などがある。

binocular vision
両眼視
左右両方の目で観察すること、またはその時の視覚。両眼視による奥行き知覚の手がかりには両眼視差がある。

rod
桿体

視細胞の一種で、暗所視の役割を担う。光を電気的信号に変換するという役割を持っているため、明るさに対して鋭敏である。網膜の周辺に分布する。

cone
錐体

視細胞の一種で明所視の役割を担う。色彩視に優れている。網膜の中心窩の付近に密集して分布する。

社会心理学

central trait
中心特性

ある事柄や人に対して複数の情報が提示された時に、その事柄や人の全体的印象に強く影響を与える情報(特性)のこと。

peripheral trait
周辺特性

ある事柄や人に対して複数の情報が提示された時に、その事柄や人の全体的印象にあまり影響を及ぼさない情報(特性)のこと。

self-disclosure
自己開示

自分自身に関する情報を特定の他者に言語を介して伝達すること。一般的に、自己開示をするほど精神的健康度は高くなると考えられている。

self-presentation
自己呈示

自分に対して望ましい印象を他者に与えるため、意図的、作為的に行動すること。自己呈示の戦術には、「取り入り」「自己宣伝」「示範」「威嚇」「哀願」がある。

formal group
公式集団

学校や企業といった、明確な組織と明文化された手続き体系を持つ集団。公式集団のメンバーには規定された役割や職務がある。

informal group
非公式集団

学校内や企業内に形成される仲間集団といった、成員の私的感情や欲求に基づいて自然発生的に形成される集団。

in-group
内集団

自己が所属している集団。人は内集団に対して好意的な評価をし、外集団よりも魅力的だと考える傾向がある。これを内集団ひいきと呼ぶ。

out-group
外集団

自己が所属していない集団。人は外集団をより均質な成員の集まりで、内集団を多様な成員の集まりとみなす傾向がある。これを外集団均質化効果と呼ぶ。

risky shift
リスキーシフト

集団極性化の1つで、個人で決定する時よりも、集団討議によって決定した時の方が危険な決定がなされること。

cautious shift
コーシャスシフト

集団極性化の1つで、個人で決定する時よりも集団討議によって決定した時の方が慎重で安全志向な決定を下すこと。

social facilitation
社会的促進

他者が存在するだけで、課題遂行が促進されること。特に習熟した課題に対しては社会的促進が起きやすい。

social inhibition
社会的抑制

他者の存在によって課題遂行が低下すること。特に習熟していない課題や複雑な課題で生じやすい。

social loafing
社会的手抜き

他者と一緒に課題を行うとき、1人でその課題を行う場合よりも1人1人が発揮する努力の量が減ること。責任の分散が生じるためだと考えられている。

primacy effect
初頭効果

印象形成場面において、その人の特徴として呈示された複数の情報のうち、特に最初の方に提示された情報に強く影響を受けてその人の印象を形成すること。

recency effect
新近性効果

印象形成場面において、その人の特徴として呈示された複数の情報のうち、特に最後の方に提示された情報に強く影響を受けてその人の印象を形成すること。

zero-sum game
ゼロ和ゲーム

すべてのゲーム参加者の得る利益合計が一定であるような構造を持つゲーム。ある参加者の利益は別の参加者の損失になる。

non zero-sum game
非ゼロ和ゲーム

すべてのゲーム参加者の得る利益合計がゲームによって変動するような構造を持つゲーム。ある参加者の利益が必ずしも別の参加者の損失にはならない。

性格・知能

convergent thinking
収束的思考

ギルフォードが提唱した概念で、論理的にたった1つの解決に至るために必要な思考のこと。一般的に知能検査などにおいて問題を解くために必要な思考。

divergent thinking
拡散的思考

ギルフォードが提唱した概念で、必ずしも解決法が1つではない問題に対して様々な解決の可能性を見出すために必要な思考。

fluid intelligence
流動性知能

キャッテルが提唱した概念で、新しい状況に適応するために必要な知能のこと。30才ごろにピークに達し、60才以降に急速に衰えると考えられている。

crystallized intelligence
結晶性知能

キャッテルが提唱した概念で、これまでの経験の蓄積から生み出される判断力や習慣などのこと。加齢による衰えは比較的穏やかだと考えられている。

general factor
一般因子

スピアマンの知能の二因子説において提唱された知能の1つで、あらゆる知的活動に共通して働く能力のこと。小文字の g で表すことがある。

specific factor
特殊因子

スピアマンの知能の二因子説において提唱された知能の1つで、個々の知的活動に固有の能力のこと。小文字の s で表すことがある。

mental age
精神年齢

知能検査によって得られた測定値で、発達の程度を年齢尺度で表したもの。ビネーの開発した知能検査から導入された。

chronological age
生活年齢

被検査者の現在の年齢。知能指数は精神年齢を生活年齢で割って100をかけることで計算できる。

two-factor theory of intelligence
知能の2因子説

スピアマンによって提唱された知能に関する理論で、知能をあらゆる知的活動で働く一般因子 g と特定の知的活動でのみ働く特殊因子 s の2因子から説明する。

multiple-factor theory of intelligence
知能の多因子説

サーストンによって提唱された知能に関する理論で、知能は7つの比較的独立した基本的精神能力から構成されているという考え方。

typology
類型論

人の性格をある一定の基準に基づいて比較的少数の典型に分類して理解しようという考え方。クレッチマーやユングの類型論がある。

trait theory
特性論

性格とは比較的多数の基本的単位である特性が集まったものと考え、それらの特性を量的に測定し、その差異から個人差を捉えようとする考え方。

生理心理学

anterograde amnesia
順向性健忘

脳損傷の時点より後に生じた出来事を覚えることができない記憶障害。記銘の健忘とも呼ばれる。器質的な障害によって生じる。

retrograde amnesia
逆向性健忘

脳損傷の時点より以前の出来事を思い出すことができない記憶障害。想起の健忘とも呼ばれる。器質性のものの他、心因性のものもある。

Broca's aphasia
ブローカ失語

ブローカ領域の損傷によって起こる失語症。言葉を滑らかに話すことができないという発話の非流暢性が特徴である。

Wernicke's aphasia
ウェルニッケ失語

ウェルニッケ領域の損傷によって起こる失語症。発話は流暢であるが錯語が目立ち、言葉を聞いて理解することが困難という特徴がある。

REM sleep
ＲＥＭ睡眠

急速眼球運動が見られる睡眠状態で、脳波の振幅は覚醒時のものと類似している。一般的にこの睡眠段階で人は夢を見ると言われている。

non-REM sleep
non-REM睡眠

急速眼球運動が見られない睡眠状態。この睡眠段階では、血圧や、脈拍、体温、脳温などが低下し、成長ホルモンが分泌される。

sympathetic nervous system
交感神経系

自律神経系の1つで緊急事態における活動を司り、心拍数や呼吸数の上昇、消化活動の抑制などの機能を持つ。アドレナリン性とも言われる。

parasympathetic nervous system
副交感神経系

自律神経系の1つで休息時や睡眠時に優位に働き、瞳孔の縮小、脈拍の減少、消化活動の活発化などの機能を持つ。コリン性とも言われる。

統計・研究法

cross-sectional study
横断的研究

異なる年齢集団を観察・測定し、集団間の発達的差異を比較する研究法。短時間で多くのデータを収集することができる反面、発達の連続性が無視されやすい。

longitudinal study
縦断的研究

同一集団を長期間に渡り継続的に観察・測定し、発達の変化を捉える研究法。発達による変化を直接捉えることが可能である反面、時間と労力がかかる。

cohort study
コホート研究

異なる複数の集団(コホート)について、各コホート内の継時的変化を捉えると同時にコホート間の比較も行う研究法。

descriptive statistics
記述統計

実験や調査などで得られた数量的データの特徴を客観的かつ簡潔に記述するための統計手法。平均値、分散、標準偏差がこれにあたる。

inferential statistics
推測統計

実験や調査などで得られた標本データから、その母集団の性質や傾向について推測を行うための統計手法。t検定、分散分析がこれにあたる。

experimental group
実験群

実験研究において何らかの処理の効果があるかどうかを検証する際に設定される被験者群の1つで、その処理や操作を受ける群のこと。

control group
統制群

実験研究において何らかの処理の効果があるかどうかを検証する際に設定される被験者群の1つで、その処理や操作を受けない群のこと。

independent variable
独立変数

研究者が操作できる変数のこと。従属変数に対する原因のこと。

dependent variable
従属変数

独立変数の影響を受けて変化する変数。独立変数に対する結果のこと。

population
母集団

研究者が情報を得たいと考えている研究対象の全体のこと。例えば日本人の政治に対する態度を知りたい場合、母集団は日本人全体となる。

sample
標本

実際に調査される母集団の一部のこと。例えば、日本人の政治に対する態度を知るために1000人の日本人に調査をした場合、その1000人が標本となる。

null hypothesis
帰無仮説

「あるグループ間の母集団平均に差はない」というような、統計的仮説検定においてなんらかの違いや効果がないと仮定する仮説。

alternative hypothesis
対立仮説

「あるグループ間の母集団平均に差がある」というような、研究者が証明したい仮説。帰無仮説が棄却されることで対立仮説が採択される。

quantitative study
量的研究

数量的データの統計的分析を行うことで、因果関係や相関関係などを明らかにしようとする研究。主に仮説検証型研究で利用される。

qualitative study
質的研究

文章や会話内容といった質的データを用いて定性的に対象にアプローチする研究。主に仮説生成型研究で利用される。

reliability
信頼性

テストの測定結果の一貫性や安定性を示す指標。信頼性の推定には、再検査法、平行検査法、折半法などが用いられる。

validity
妥当性

テストの項目・尺度が対象とする概念を十分に反映して測定しているかどうかを問う指標。構成概念妥当性、内容妥当性、基準関連妥当性などがある。

type I error
第1種の誤り

帰無仮説が正しいにも関わらず棄却してしまう誤り。2群間の成績に本当は差がないにも関わらず、差があると結論づける場合などがこれにあたる。

type II error
第2種の誤り

帰無仮説が誤っているのにも関わらず採択してしまう誤り。2群間の成績に本当は差があるにも関わらず、差がないと結論づける場合などがこれにあたる。

[心理院単] 対専門用語

idiographic approach
個性記述的アプローチ

臨床心理学においては、主に面接といった質的研究法を用いて、個人のパーソナリティを詳細に記述しようとするアプローチ法のこと。

nomothetic approach
法則定立的アプローチ

臨床心理学においては、主に量的研究法を用いて人間の普遍的なパーソナリティや心理的特性などを明らかにしようとするアプローチ法のこと。

correlational relation
相関関係

2つの変数の関係において、一方の変数の値が変化するともう一方の変数の値も変化する関係。相関関係には正の相関と負の相関がある。

causal relation
因果関係

2つの変数の関係において、一方の変数が原因となって、もう一方の変数に影響する関係。因果関係に必要な条件として「先行」「共変」「別解釈の排除」がある。

動機づけ・感情

drive
動因

行動を引き起こすために必要な内的状態。例えば、食べるという行動に対する飢えの状態は動因に該当する。動因には生得的なものと経験によって獲得されるものがある。

incentive
誘因

動機づけの要因のうち、行動が生起するために必要な外的条件。例えば、食べるという行動に対する食べ物は外部に存在する誘因に該当する。

intrinsic motivation
内発的動機づけ

知的好奇心などによって、活動そのものが目標となる動機づけのこと。内発的動機づけによる学習は概して記憶に定着しやすい。

extrinsic motivation
外発的動機づけ

外部に存在する要因に依存して生じる動機づけ。報酬や賞賛を得るために、あるいは罰や叱責を回避するためにある活動を行うこと。

James-Lange theory
ジェームズ・ランゲ説

情動体験のメカニズムに関する理論の1つ。自律的反応を含む身体反応を知覚することによって、情動が体験されるという情動の末梢起源説のこと。

Cannon-Bard theory
キャノン・バード説

情動体験のメカニズムに関する理論の1つ。情動における視床の働きを重視する情動の中枢起源説のこと。

認知心理学

algorithm
アルゴリズム

ある一定の手順に従えば必ず問題解決に至る手続きのこと。確実に問題解決に至ることができるが、問題解決までに時間がかかる可能性もある。

heuristics
ヒューリスティックス

必ずしも正しい答えが導ける保証はないが、ある程度のレベルで正解に近い解決法を得ることができ、効率的に問題解決ができる手続きのこと。

decay theory
減衰説

忘却に関する理論の1つ。頭の中の記憶痕跡が時間の経過とともに徐々に薄れていくという説。エビングハウスの忘却曲線は減衰説を示す実験例である。

interference theory
干渉説

忘却に関する理論の1つ。互いにある程度の類似性があり、組織化されている出来事は互いに記憶を妨げるという説。順向抑制と逆向抑制の2つがある。

retrieval failure theory
検索失敗説

想起の失敗は記憶痕跡が消失したためではなく、想起のための適切な検索手がかりの欠如によってうまく検索できなかったために生じるという説。

[心理院単] 対専門用語

explicit memory
顕在記憶

「思い出そう」という想起意識を伴う記憶。再生法や再認法などの課題を用いて、過去に学習した事柄を思い出そうと努力して思い出すのは顕在記憶である。

implicit memory
潜在記憶

想起意識を伴わない、本人も思い出していることに気づいていない記憶。健忘症患者の潜在記憶は健常者と比較して劣らないことが研究で示されている。

sensory memory
感覚記憶

外界の情報を感覚器が受け取ったそのままの形でごく短期間だけ保持する記憶のこと。保持時間は聴覚情報では5秒以内、視覚情報では1秒以内と考えられている。

short-term memory
短期記憶

感覚記憶の中から特に注意を向けられ一時的に保持される記憶のこと。保持時間はおよそ15〜30秒で、記憶容量は7プラスマイナス2チャンクだと考えられている。

long-term memory
長期記憶

永続的に保持することのできる記憶のこと。長期記憶に保持されている記憶には、大きく分けて宣言的記憶と手続き的記憶の2つがある。

maintenance rehearsal
維持型リハーサル

入力された情報を短期記憶に留めておくために行われるリハーサルで、情報を加工せずそのままの形で何度も繰り返し思い出すこと。

elaborative rehearsal
精緻化リハーサル

語呂合わせやイメージなど、短期記憶にある情報を意味的に符号化し思い出しやすいように加工すること。これを利用することで長期記憶化しやすくなる。

declarative memory
宣言的記憶

長期記憶の一種で、比較的容易に言葉で表現することができる記憶。意味記憶やエピソード記憶は宣言的記憶に含まれる。

procedural memory
手続き的記憶

長期記憶の一種で、泳ぎ方や自転車の乗り方などある種の活動や行動を実行するための記憶。言語で表現するのが比較的困難である。

primacy effect
初頭効果

系列位置学習において、提示順位が初めの方の位置にある刺激の方が中間位置にある刺激よりも記憶成績がよいこと。

recency effect
新近性効果

系列位置学習において、提示順位が最後の方の位置にある刺激の方が中間位置にある刺激よりも記憶成績がよいこと。

発達心理学
---

assimilation
同化

ピアジェが提唱した概念で、既存のシェマを外界に適用し、外的事物をそのシェマの中にとりこむ作用のこと。

accommodation
調節

ピアジェが提唱した概念で、既存のシェマで外界を同化しようとしても同化できない場合に、既存のシェマ自体の構造を外界にあわせて変化させる作用のこと。

internal speech
内言

ヴィゴツキーが提唱した概念で、自分自身の思考のための道具としての言語のこと。音声を伴わず、文章構造は圧縮や省略がされやすい。

external speech
外言

他者とのコミュニケーションのための道具としての言語のこと。音声を伴う発話のこと。

nativism
生得説

特定のスキルや能力、行動の傾向などは生まれつき備わっているという考え方。デカルトは生得説の代表的人物の一人である。

empiricism
経験説

特定のスキルや能力、行動の傾向などは生まれてからの学習によって獲得されるという考え方。ジョン・ロックは経験説の代表的人物の一人である。

habituation
馴化

ある刺激を提示されると最初は反応が喚起されるが、同じ刺激を繰り返し提示し続けると、徐々に反応が減少していくこと。

dishabituation
脱馴化

馴化が生じて刺激に対する反応が生じなくなった後で、それとは別の新しい刺激を提示すると再び反応が見られるようになること。

臨床心理学・精神医学

anima
アニマ

ユングが提唱した概念。元型の一種で、すべての男性の無意識に存在する女性イメージ。アニマは男性が現実生活でどのように女性と関わるかに無意識的に影響を及ぼす。

animus
アニムス

ユングが提唱した概念。元型の一種ですべての女性の無意識に存在する男性イメージ。アニムスは女性が現実生活でどのように男性と関わるかに無意識的に影響を及ぼす。

structured interview
構造化面接

質問項目や質問の順番があらかじめ決まっておりその通りに進めていく面接のこと。客観性を保つことが可能であるが情報量に限界がある。

semi-structured interview
半構造化面接

質問する領域は事前に準備するものの、質問内容や質問順序は実際の面接の流れに応じて修正したり、追加したりしながら進める面接のこと。

non-structured interview
非構造化面接

事前に質問項目が準備されておらず、何を話すのかは面接の流れに応じて柔軟に変化させながら進める面接のこと。

transference
転移

心理臨床場面において、クライエントが過去の重要な他者に抱いた感情をセラピストに向ける現象のこと。陽性転移と陰性転移がある。

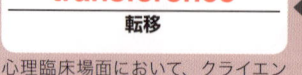

countertransference
逆転移

心理臨床場面において、クライエントの転移に反応して治療者が自分自身の未解決の感情や態度をクライエントに向けること。

id
イド
フロイトが提唱した3つの心の機能のうちの1つ。生まれながらに持っている本能的な欲動や衝動の源泉。エス（Es）とも呼ばれる。

ego
自我
フロイトが提唱した3つの心の機能のうちの1つ。イドの衝動を現実的な形に調整する役割を持つ。自我の機能の1つに防衛機制がある。

superego
超自我
フロイトが提唱した3つの心の機能のうちの1つ。両親からのしつけなどによって内在化された良心や道徳規範のこと。

problem-focused coping
問題焦点型コーピング
現在抱えている問題について情報を収集したり解決法を考えたりして、問題そのものの解決を行うことでストレスを減らそうとするストレス対処法。

emotion-focused coping
情動焦点型コーピング
現在抱えている問題によって生じたネガティブな感情を和らげることでストレスを減らそうとするストレス対処法。気晴らしや回避などがある。

projective test
投影法
あいまいな刺激を提示し、その刺激に対して比較的自由な回答を求める心理テスト。ロールシャッハテストやTATなどがある。

questionnaire method
質問紙法
質問項目に対して、「はい」「いいえ」といった少数の回答カテゴリーの中からどれに自分の回答があてはまるかを判断する心理テスト。Y-G性格検査やMMPIなどがある。

performance test
作業検査法
ある作業を一定条件のもとで行い、その作業態度や遂行結果から、対象者のパーソナリティを測定する心理テスト。内田クレペリンテストなどがある。

INDEX [単語索引]

□**太字**：[心理院単]専門用語866語
□細字：[心理院単]一般用語400語
▶数字は各単語が掲載されているページ数を表しています。

A

- □ **abandonment depression** 40
- □ ability 154
- □ **absolute threshold** 229
- □ abstract 180
- □ **abuse** 16
- □ **academic achievement** 140
- □ **accommodation** 66, 239
- □ accompany 206
- □ accomplish 182
- □ accumulation 188
- □ achieve 164
- □ **achievement motivation** 146
- □ **achievement quotient** 140
- □ acknowledge 196
- □ **acting out** 40
- □ action 156
- □ **action potential** 130
- □ **Action research** 96
- □ activation 168
- □ **acute stress disorder** 40
- □ **adaptation** 104
- □ **addiction** 30
- □ adjustment 160
- □ **adjustment disorder** 60
- □ **administer** 88
- □ **adolescence** 62
- □ **adulthood** 64
- □ **advance organizer** 122
- □ adverse 184
- □ **affect** 142
- □ **affect attunement** 60
- □ **affiliation motivation** 146
- □ **affordance** 116
- □ agency 180
- □ **aggressive** 144
- □ aging 62
- □ **agoraphobia** 42
- □ **agreeableness** 140
- □ aim 168
- □ **alcoholism** 30
- □ **alexithymia** 42
- □ **algorithm** 110, 237
- □ alleviate 206
- □ **alliance** 28
- □ alternative 166
- □ **alternative hypothesis** 235
- □ **altruism** 96
- □ ambiguous 180
- □ **ambivalence** 42
- □ **amnesia** 130
- □ **amplification** 42
- □ **amygdala** 128
- □ **analogue study** 90
- □ **analogy** 106
- □ analysis 156
- □ **analyst** 18
- □ **anger** 142
- □ **anima** 240
- □ **animism** 74
- □ **animus** 240
- □ annoyance 144
- □ **anorexia nervosa** 28
- □ **anterograde amnesia** 233
- □ **antidepressant** 42

☐ antisocial personality disorder	42	☐ aversive	120
☐ anxiety	14	☐ avoidance	118
☐ anxiety disorder	20	☐ avoidant personality disorder	42
☐ **apparatus**	36	☐ aware	160
☐ apparent	172	☐ **awareness**	18
☐ **apparent movement**	110		
☐ **appearance**	94		
☐ **applied behavioral analysis**	42	## B	
☐ apply	180	☐ **baseline**	82
☐ appreciation	184	☐ **basic emotions**	148
☐ approach	154	☐ **basic fault**	60
☐ appropriate	158	☐ **basic trust**	68
☐ **Aptitude Treatment Interaction**	122	☐ **behavior**	118
☐ **archetype**	42	☐ **behavior therapy**	20
☐ **arousal**	126	☐ **behaviorism**	118
☐ article	166	☐ belief	156
☐ **as-if personality**	60	☐ **bereaved**	22
☐ **Asperger syndrome**	42	☐ **bias**	92
☐ assert	208	☐ **Big Five**	136
☐ **assessment**	18	☐ **binge eating**	44
☐ **assign（A to B）**	86	☐ **binocular**	110
☐ **assimilation**	66, 239	☐ **binocular disparity**	110
☐ associate	196	☐ **binocular vision**	229
☐ assume	168	☐ **biology**	126
☐ **attachment**	62	☐ **bipolar disorder**	44
☐ attempt	164	☐ **blood pressure**	126
☐ **attention**	102	☐ **bond**	64
☐ **attitude**	92	☐ **borderline personality disorder**	44
☐ **attraction**	92	☐ **boundary**	20
☐ attribute	180	☐ **brain**	126
☐ **auditory**	104	☐ **Broca's aphasia**	233
☐ **authoritarian personality**	136	☐ **bulimia nervosa**	44
☐ **authority**	92	☐ **bullying**	26
☐ **autism**	22	☐ **burnout syndrome**	44
☐ **autism spectrum**	42	☐ **bystander effect**	96
☐ **autobiographical**	108		
☐ **autogenetic training**	42		
☐ **autokinetic movement**	116	## C	
☐ **automatic thought**	42	☐ **Cannon-Bard theory**	146, 237
☐ **autonomy**	62	☐ capacity	158
☐ available	158	☐ **cardiovascular**	126
☐ **average**	78	☐ **care**	16

INDEX

- caregiver — 64
- case — 14
- case study — 82
- castration — 28
- catharsis — 44
- causal — 80
- causal relation — 236
- cause — 160
- cautious shift — 96, 231
- cell — 128
- central trait — 230
- cerebral cortex — 128
- chance — 78
- character — 134
- characteristic — 168
- childhood — 62
- chronic — 22
- chronological age — 134, 232
- chumship — 74
- circular reaction — 70
- clarify — 188
- classical conditioning — 228
- classification — 168
- client — 14
- client centered therapy — 44
- clinical — 14
- clinical psychology — 26
- close — 162
- cluster — 192
- co-dependency — 44
- coefficient — 88
- cognitive — 102
- cognitive dissonance theory — 96
- cognitive map — 110
- cognitive therapy — 28
- cognitive behavioral therapy — 36
- cohesion — 30
- cohort — 70
- cohort study — 234
- collaboration — 22
- collage therapy — 44
- colleague — 208
- collective unconscious — 28
- commitment — 172
- common — 154
- comorbidity — 36
- comparative psychology — 184
- comparison — 80
- compensation — 26
- competence — 64
- complete — 78
- complex — 18
- complicated — 162
- comprehensive — 186
- compulsive — 30
- concept — 102
- concern — 164
- conclusion — 78
- concrete — 172
- concrete operational stage — 70
- condition — 76
- conditioned — 118
- conduct — 82
- cone — 110, 230
- confidence — 134
- configuration — 108
- confirm — 188
- confirmation bias — 100
- conflict — 142
- conformity — 94
- confounding — 88
- confuse — 208
- congruence — 36
- connotation — 208
- conscientiousness — 140
- conscious — 16
- consequence — 174
- conservation — 70
- consistent — 160
- constellation — 44
- constraint — 196
- constructive — 186
- consultation — 26
- contempt — 148

245

☐ **content analysis**	88	☐ deal	166
☐ context	156	☐ **decay theory**	237
☐ **contingency**	122	☐ **declarative memory**	110, 238
☐ continuity	192	☐ **deduction**	110
☐ **continuous reinforcement**	124, 228	☐ defect	208
☐ contradictory	198	☐ **defense**	24
☐ contribute	182	☐ **defense mechanism**	46
☐ **control**	76	☐ **deficiency needs**	148
☐ **control group**	84, 234	☐ deliberate	182
☐ controversial	194	☐ **delinquent**	96
☐ **convergent thinking**	136, 232	☐ **delirium**	46
☐ **conversion disorder**	44	☐ **delusion**	46
☐ convey	170	☐ **dementia**	46
☐ **coordination**	68	☐ demonstrate	174
☐ **cope**	20	☐ **denial**	46
☐ **coping**	20	☐ **dependent personality disorder**	46
☐ **corpus callosum**	130	☐ **dependent variable**	86, 234
☐ **correlation**	82	☐ **depersonalization**	46
☐ **correlational relation**	236	☐ **depressed mood**	24
☐ correspond	208	☐ **depression**	16
☐ **cortex**	126	☐ **depressive disorder**	36
☐ **counseling**	18	☐ **depressive position**	46
☐ **counterbalance**	88	☐ **depth**	104
☐ **countertransference**	28, 240	☐ **depth psychology**	46
☐ credibility	202	☐ derive	208
☐ **crisis**	22	☐ **descriptive statistics**	234
☐ **crisis intervention**	44	☐ **design**	78
☐ critical	166	☐ **desire**	20
☐ **critical period**	70	☐ determine	162
☐ **Cronbach's alpha**	86	☐ **detour behavior**	148
☐ **cross-cultural**	84	☐ **develop**	62
☐ **cross-sectional study**	68, 234	☐ **development**	62
☐ crucial	174	☐ **developmental disorder**	46
☐ **crystallized intelligence**	136, 232	☐ **developmental psychology**	66
☐ **cure**	30	☐ **deviation IQ**	140
☐ current	158	☐ devote	208
		☐ **diagnosis**	20
D		☐ **dialogue**	30
		☐ **differentiation**	122
☐ **daily hassles**	44	☐ difficulty	158
☐ **dark adaptation**	229	☐ **diffusion of responsibility**	100
☐ **data**	76	☐ direction	162

INDEX

☐ disability	128
☐ discipline	174
☐ discrepancy	188
☐ discrete	180
☐ discriminate	186
☐ **discrimination**	120, 228
☐ **discriminative threshold**	229
☐ **disease**	18
☐ **dishabituation**	239
☐ **disorientation**	36
☐ **displacement**	46
☐ **display rule**	148
☐ disrupt	208
☐ **dissociative disorder**	46
☐ **dissociative fugue**	46
☐ **dissociative identity disorder**	48
☐ **distal stimulus**	116
☐ distinction	172
☐ distort	208
☐ **distraction**	144
☐ **distress**	18
☐ **disturbance**	26
☐ **divergent thinking**	110, 232
☐ **DNA**	130
☐ dominate	208
☐ **dopamine**	128
☐ **double bind**	48
☐ **double blind test**	90
☐ draw	168
☐ **dream analysis**	48
☐ **drive**	236
☐ **duration**	104
☐ **dynamics**	24
☐ **dysphoric**	36
☐ **dysthymic disorder**	48

E

☐ **early learning**	124
☐ **eating disorder**	48
☐ eclecticism	202
☐ effect	152
☐ **effect size**	86
☐ **ego**	16, 241
☐ **ego boundary**	48
☐ **egocentrism**	70
☐ **elaboration**	112
☐ **elaboration likelihood model**	98
☐ **elaborative rehearsal**	238
☐ **elderly people**	64
☐ **electroencephalogram**	130
☐ **elicit**	118
☐ eliminate	188
☐ emerge	186
☐ **emotion-focused coping**	241
☐ **emotion regulation**	148
☐ **emotional**	142
☐ **empathic understanding**	34
☐ **empathy**	18
☐ emphasis	162
☐ empirical	166
☐ **empiricism**	239
☐ employ	194
☐ **empowerment**	48
☐ **encode**	112
☐ encounter	170
☐ **encounter group**	48
☐ **endogenous**	48
☐ engage	172
☐ enhance	186
☐ entity	198
☐ environment	198
☐ **epigenetic theory**	70
☐ **episodic memory**	112
☐ epistemic	168
☐ equivalent	186
☐ **escape**	120
☐ estimate	208
☐ ethical	172
☐ **etiology**	34
☐ **euphoria**	148
☐ evaluate	180
☐ **event-related potential**	132
☐ evidence	152

☐ evidence based approach	48	☐ fantasy	50
☐ evoke	182	☐ fear	142
☐ evolutionary	170	☐ feature	172
☐ **examine**	80	☐ **feeling**	142
☐ exert	198	☐ **fight-or-flight response**	128
☐ expand	208	☐ **figure**	102
☐ expect	172	☐ finding	164
☐ **experiment**	76	☐ **fixation**	36
☐ **experimental condition**	86	☐ **flashback**	50
☐ **experimental group**	86, 234	☐ **flooding**	50
☐ **experimental neurosis**	124	☐ **fluid intelligence**	138, 232
☐ **explicit**	106	☐ focus	156
☐ **explicit memory**	238	☐ **focusing**	26
☐ explore	180	☐ **foreclosure**	70
☐ exposure	166	☐ **forgetting**	104
☐ **exposure therapy**	48	☐ **forgetting curve**	116
☐ expression	158	☐ form	154
☐ **expressive therapy**	48	☐ **formal group**	230
☐ extend	210	☐ **formal operation**	70
☐ extensive	194	☐ formula	182
☐ external	158	☐ foster	186
☐ **external speech**	70, 239	☐ foundation	180
☐ **external validity**	84	☐ fragile	202
☐ **extinction**	120	☐ frame	182
☐ **extrinsic motivation**	236	☐ framework	174
☐ **extroversion**	138	☐ **free association**	50
☐ **eye contact**	94	☐ frequently	162
☐ eye movement	108	☐ **frontal lobe**	132
		☐ **frustration**	142

F

		☐ **fulfill**	50
		☐ function	158
☐ **face recognition**	106	☐ **functional autonomy**	146
☐ **facial expression**	104	☐ **functional fixedness**	116
☐ facilitate	170	☐ **functioning**	14
☐ **facilitator**	48	☐ **fundamental attribution error**	98
☐ **factor**	134		
☐ **factor analysis**	88	## G
☐ **fairy tale**	50		
☐ **false belief task**	74	☐ **gang age**	74
☐ **false memory**	112	☐ **gender**	92
☐ familiar	174	☐ **general adaptation syndrome**	60
☐ **family functioning**	28	☐ **general factor**	232

general intelligence	136	hypnotize	50
generalization	228	hypochondriasis	50
generalize	120	hypothalamus	132
generalized anxiety disorder	50	hypothesis	76
generate	82	hysterical	34
genetic	126		
genogram	50		
genuineness	36		

I

Gestalt psychology	112	id	50, 241
gestalt therapy	36	ideal	174
gesture	94	identical	182
good-enough mother	60	identification	24
grief	16	identify	164
group polarization	98	identity	62
grouping	116	identity crisis	74
growth	62	identity diffusion	72
growth needs	148	idiographic	138
guilt	144	idiographic approach	236
		illuminate	202

H

		illustrate	184
habituation	68, 239	image	104
hallucination	50	imagine	176
halo effect	98	imitate	92
healing	26	immune	126
helping behavior	98	impairment	164
hemisphere	126	implication	194
heuristics	112, 237	implicit	104
hierarchy	146	implicit memory	238
hippocampus	128	impress	210
histrionic personality disorder	50	impression	94
hold	172	imprinting	72
holding	30	improve	176
holistic	34	impulse	38
homeostasis	146	incentive	144, 236
hospitalism	70	incidence	194
hospitalization	36	inclination	210
hostility	144	include	156
human nature	188	incorporate	202
humanistic psychology	36	incorrect	190
humiliation	36	independent variable	82, 234
hyperarousal	146	index	82
		indicate	160

☐ **individual differences**	134	☐ intend	204
☐ **individuation**	30	☐ intense	176
☐ **induce**	120	☐ intensity	176
☐ **induced motion**	116	☐ intensive	186
☐ **induction**	106	☐ intention	190
☐ inevitably	198	☐ interact	190
☐ **infant**	62	☐ **interaction**	78
☐ **infantile autism**	38	☐ interfere	198
☐ inference	178	☐ **interference theory**	237
☐ **inferential statistics**	234	☐ **intermittent reinforcement**	122, 228
☐ inferior	204	☐ **internal consistency**	86
☐ influence	156	☐ **internal speech**	72, 239
☐ **informal**	96	☐ **internal validity**	86
☐ **informal group**	230	☐ **internal working model**	72
☐ **information processing**	108	☐ internalizing	186
☐ **informed consent**	34	☐ interpersonal	158
☐ **in-group**	98, 230	☐ interpret	178
☐ inherent	190	☐ interrelated	198
☐ **inhibition**	104	☐ interrupt	210
☐ initially	176	☐ **intersubjective**	32
☐ initiate	204	☐ **interval scale**	86
☐ innate	186	☐ **intervention**	18
☐ inner	162	☐ **interview**	18
☐ **inpatient**	38	☐ **intimate**	68
☐ **insight**	118, 228	☐ **intrapsychic**	24
☐ insistence	204	☐ intricate	204
☐ **insomnia**	52	☐ **intrinsic**	146
☐ inspection	186	☐ **intrinsic motivation**	236
☐ inspire	210	☐ **introjection**	38
☐ instinct	204	☐ **introspection**	82
☐ **institutionalize**	52	☐ **introversion**	138
☐ instruction	198	☐ **intrusive thought**	52
☐ **instrumental conditioning**	120	☐ **intuition**	108
☐ intact	180	☐ **inventory**	84
☐ intake	198	☐ **investigation**	80
☐ **intake interview**	52	☐ involve	166
☐ integrate	190	☐ **irrational**	28
☐ **intellectual**	134	☐ **irrational belief**	52
☐ **intellectualization**	52	☐ **isolation**	92
☐ **intelligence**	134	☐ issue	158
☐ **intelligence quotient**	138		
☐ **intelligence test**	136		

INDEX

J

James-Lange theory	146, 237
jealousy	144
joining	52
just noticeable differences	112
justice	94
justify	204
juvenile	64

K

knowledge	154

L

laboratory	80
latent learning	122
lateralize	132
law of effect	124
leader	94
learn	118
learned helplessness	124
learning difficulty	34
learning set	124
levels of processing	112
libidinal	38
lie scale	140
life cycle	68
life event	32
lifetime	64
light adaptation	229
likelihood	82
Likert scale	88
linguistic	106
listening	24
literature	162
locate	210
logical	184
longevity	64
longitudinal study	68, 234
long-term memory	106, 238
loss	16

M

magnitude	194
main effect	84
maintain	180
maintenance rehearsal	238
major depression	34
maladjustment	34
malicious	146
maltreatment	20
manage	168
manic defense	52
manifestation	184
manipulation	82
marginal man	98
masked depression	52
material	160
maternal	64
maternal deprivation	72
mature	64
maximize	204
mean	76
measure	76
mediator	210
medication	32
memory	102
mental	14
mental age	134, 232
mental disorder	52
mental health	16
mental illness	26
mental image	108
mental retardation	52
mental rotation	112
mentality	34
mention	204
mere exposure effect	100
meta analysis	88
metacognition	112
metaphor	198

☐ methodology	82
☐ midlife crisis	74
☐ mindfulness	38
☐ minimize	194
☐ misattribution	94
☐ mistrust	68
☐ modality	112
☐ mode	84
☐ model	118
☐ moderate	194
☐ modify	178
☐ module	108
☐ monitor	198
☐ monocular	112
☐ monocular vision	229
☐ mood	142
☐ mood disorder	52
☐ morale	96
☐ mortality	198
☐ motion after effect	116
☐ motivation	144
☐ motive	144
☐ motive to avoid success	148
☐ mourning	22
☐ mourning work	52
☐ multiple	172
☐ multiple-factor theory of intelligence	232
☐ mutism	54
☐ mutual	200
☐ mythology	32

N

☐ narcissistic	26
☐ narcissistic personality disorder	54
☐ narcolepsy	54
☐ narrative	18
☐ nativism	239
☐ nature	156
☐ need	154
☐ negative reinforcement	120
☐ negatively	176
☐ neglect	28
☐ neonatal	68
☐ nervous system	128
☐ neural	126
☐ neuroimaging	130
☐ neurological	128
☐ neuron	132
☐ neuropsychology	128
☐ neuroscience	130
☐ neurosis	28
☐ neurotransmitter	130
☐ neutral	174
☐ nominal scale	88
☐ nomothetic	138
☐ nomothetic approach	236
☐ non-REM sleep	233
☐ non zero-sum game	231
☐ nonsense syllable	112
☐ non-structured interview	240
☐ nonverbal	104
☐ norm	98
☐ normal	16
☐ normal distribution	88
☐ note	170
☐ notice	180
☐ notion	158
☐ novel	64
☐ nuclear family	74
☐ null hypothesis	80, 235

O

☐ obedience	96
☐ object	16
☐ object loss	60
☐ object permanence	72
☐ object relations theory	54
☐ objective	170
☐ observation	80
☐ observe	184
☐ obsessive-compulsive disorder	60

obtain	182	panic disorder	26
occipital lobe	132	paper	174
occur	160	paradigm	168
odd	200	paradox	200
Oedipus complex	54	parallel	210
omission training	124	parallel play	72
onset	66	paranoia	38
open-ended question	88	paranoid personality disorder	54
openness	140	paranoid-schizoid position	54
operant conditioning	122, 228	parasympathetic nervous system	132, 233
operant level	124	parietal lobe	132
operate	194	participant	78
operation	66	patient	14
operationalization	86	pattern recognition	116
opposite	186	peer	64
optical	108	perception	102
optimist	138	perceptual constancy	116
optimize	210	perceptual defense	229
order	152	perceptual-motor skill	114
ordinal scale	88	perceptual sensitization	229
ordinary	182	perfectionism	136
organ	130	performance	154
organism	118	performance test	138, 241
organization	170	period	154
orientation	160	peripheral	132
origin	166	peripheral trait	230
originate	210	permanent	186
outcome	162	permit	178
out-group	98, 230	persist	200
outlier	88	personality	134
outline	194	personality disorder	38
outpatient	34	personality test	136
overachiever	228	person-centered approach	38
overcome	168	perspective	160
overdiagnose	54	persuasive	96
overestimate	204	pervasive developmental disorder	54
overlap	190	pessimistic	136
overwhelm	210	phase	162
		phenomenon	178
P		philosophy	176
panic attack	54		

☐ physical	152	☐ previous	162
☐ **physical abuse**	38	☐ **primacy effect**	231, 239
☐ physics	190	☐ **primary group**	98
☐ **physiological**	126	☐ **primary need**	148
☐ **Picture Frustration Study**	138	☐ **priming**	108
☐ **placebo**	128	☐ **primitive**	68
☐ **plasticity**	130	☐ principal	178
☐ **play**	62	☐ principle	166
☐ **play therapy**	30	☐ prior	182
☐ **pleasant**	146	☐ priority	194
☐ **pleasure**	144	☐ **prisoners' dilemma**	98
☐ **point of subjective equality**	114	☐ **proactive**	108
☐ **population**	78, 235	☐ **problem-focused coping**	241
☐ pose	194	☐ **problem solving**	114
☐ positive	152	☐ **procedural memory**	114, 238
☐ **positive illusion**	98	☐ **procedure**	78
☐ **positive reinforcement**	120	☐ proceed	204
☐ **positivist**	86	☐ process	152
☐ **posttraumatic**	26	☐ produce	160
☐ **posttraumatic stress disorder**	54	☐ profound	184
☐ postulate	210	☐ progress	170
☐ potential	156	☐ prohibition	190
☐ **practice**	18	☐ **project**	22
☐ **praise**	120	☐ **projection**	38
☐ **preconscious**	54	☐ **projective identification**	54
☐ predict	168	☐ **projective technique**	138
☐ **predisposition**	136	☐ **projective test**	241
☐ prefer	194	☐ prominence	204
☐ **preferential looking method**	72	☐ promote	178
☐ **prefrontal cortex**	130	☐ property	212
☐ **prejudice**	96	☐ proportion	196
☐ **Premack principle**	122	☐ propose	196
☐ premise	174	☐ **prosocial behavior**	98
☐ **preoccupation**	32	☐ prospect	204
☐ **preoperational period**	72	☐ **prospective memory**	114
☐ prepare	210	☐ protection	190
☐ **preschooler**	72	☐ **prototype**	114
☐ present	154	☐ prove	178
☐ pressure	164	☐ provide	154
☐ presume	212	☐ provoke	206
☐ prevalence	190	☐ **proximal stimulus**	116
☐ **prevention**	22	☐ **psyche**	22

☐ psychic	24	☐ reactance	96
☐ psychoanalysis	18	☐ reaction	158
☐ psychoanalyst	38	☐ reaction formation	56
☐ psychodrama	56	☐ readily	182
☐ psychodynamic	24	☐ readiness	66
☐ psychogenic	56	☐ reality testing	56
☐ psychological	152	☐ realize	176
☐ psychometric	84	☐ realm	190
☐ psychopathology	20	☐ rear	212
☐ psychophysics	114	☐ reasonable	190
☐ psychosis	32	☐ reassurance	200
☐ psycho-social moratorium	72	☐ recall	104
☐ psychosomatic	38	☐ receive	184
☐ psychotherapy	14	☐ recency effect	231, 239
☐ puberty	66	☐ reciprocal	94
☐ punishment	122, 229	☐ recognition	102
☐ purpose	164	☐ recognize	164
☐ pursuit	200	☐ recollection	110
☐ puzzle	206	☐ reconstruct	114
		☐ recovery	178
		☐ recurrence	56
## Q		☐ refer	168
		☐ refine	206
☐ qualitative approach	90	☐ reflect	164
☐ qualitative study	235	☐ reframing	56
☐ quantitative	84	☐ regard	174
☐ quantitative study	235	☐ regression	30
☐ questionnaire	84	☐ regression analysis	90
☐ questionnaire method	241	☐ regulate	188
		☐ rehearsal	106
		☐ reinforcement	118, 229
## R		☐ reinforcer	120
		☐ rejection	178
☐ race	170	☐ relapse	190
☐ random assignment	90	☐ relate	200
☐ random sampling	90	☐ relationship	152
☐ range	156	☐ relaxation	26
☐ rapid	188	☐ release	122
☐ rapprochement	56	☐ relevant	170
☐ rate	76	☐ reliability	82, 235
☐ ratio scale	90	☐ relief	32
☐ rational-emotive therapy	40	☐ rely	168
☐ rationalization	56		
☐ raw	206		

☐ remain	162
☐ **remember**	102
☐ remind	196
☐ remove	184
☐ **REM sleep**	233
☐ render	212
☐ repertoire	200
☐ repetition	200
☐ replace	200
☐ **replicate**	84
☐ represent	166
☐ **representation**	106
☐ reproduce	212
☐ **research**	76
☐ **resilience**	26
☐ resist	200
☐ **resistance**	24
☐ resolve	184
☐ resource	206
☐ **respondent**	90
☐ response	152
☐ restore	206
☐ retain	188
☐ **retention**	110
☐ **retina**	108
☐ **retinal image**	108
☐ **retrieve**	106
☐ **retrieval failure theory**	237
☐ **retrograde amnesia**	233
☐ reveal	178
☐ reverse	196
☐ review	182
☐ **reward**	122
☐ rigid	172
☐ risk	154
☐ **risky shift**	100, 231
☐ **rod**	114, 230
☐ **role**	92
☐ **role playing**	56
☐ **role-taking**	74
☐ **rumination**	24

S

☐ **saccade**	114
☐ salient	196
☐ **sample**	80, 235
☐ **savant syndrome**	30
☐ **scale**	78
☐ **schedule of reinforcement**	124
☐ **schema**	72
☐ **schizoid personality disorder**	56
☐ **schizophrenia**	20
☐ **schizotypal personality disorder**	56
☐ school	152
☐ **school counseling**	32
☐ **school refusal**	32
☐ **script analysis**	60
☐ scrutinize	206
☐ search	152
☐ **secondary group**	100
☐ **secondary need**	148
☐ **secure**	64
☐ **secure base**	66
☐ seek	174
☐ **selective attention**	114
☐ **self**	14
☐ **self-awareness**	28
☐ **self-concept**	134
☐ **self-confidence**	136
☐ **self-consciousness**	94
☐ **self-control**	32
☐ **self-defeating**	40
☐ self-directed	200
☐ **self-disclosure**	92, 230
☐ **self-efficacy**	136
☐ **self-esteem**	134
☐ **self-fulfilling prophecy**	100
☐ **self-help group**	56
☐ **self-presentation**	100, 230
☐ **self-regulation**	40
☐ **self-report**	80
☐ **self-representation**	40
☐ **self-serving bias**	100

INDEX

☐ self-understanding	32		☐ social desirability	140
☐ self-worth	34		☐ social dilemma	100
☐ semantic memory	114		☐ social facilitation	100, 231
☐ semi-structured	90		☐ social inhibition	231
☐ semi-structured interview	240		☐ social learning theory	124
☐ sensation	106		☐ social loafing	100, 231
☐ sense	102		☐ social psychology	96
☐ sensitivity	176		☐ social referencing	94
☐ sensory	104		☐ social skill	58
☐ sensory memory	114, 238		☐ social skills training	58
☐ sentence completion test	138		☐ social support	28
☐ sentiment	146		☐ social withdrawal	40
☐ separation	24		☐ socialization	94
☐ separation anxiety	66		☐ solitary	92
☐ separation-individuation	30		☐ solve	178
☐ sequence	172		☐ somatic	196
☐ serious	164		☐ somatoform disorder	58
☐ serotonin	128		☐ sophisticated	178
☐ serve	166		☐ source	156
☐ session	22		☐ species	158
☐ setting	176		☐ specific factor	232
☐ severe	160		☐ speech	162
☐ severity	22		☐ spiritual	22
☐ shame	144		☐ split brain	132
☐ shape	172		☐ splitting	58
☐ shaping	122		☐ spontaneous recovery	124
☐ share	170		☐ spontaneously	196
☐ short-term memory	106, 238		☐ squiggle method	58
☐ shy	40		☐ stability	176
☐ sibling	72		☐ standard deviation	90
☐ side effect	130		☐ standardize	90
☐ sign	188		☐ state	142
☐ signal	170		☐ statement	82
☐ significant difference	86		☐ static	200
☐ significantly	78		☐ statistics	84
☐ similar	154		☐ stereotype	92
☐ simultaneously	192		☐ stimulus	118
☐ situation sampling method	90		☐ store	106
☐ size constancy	116		☐ strategy	170
☐ skill	192		☐ stress	142
☐ sleeper effect	100		☐ stress management	28
☐ social anxiety disorder	56		☐ stressor	58

☐ strict	202	
☐ structure	164	
☐ **structured interview**	240	
☐ struggle	192	
☐ study	152	
☐ **subgroup**	90	
☐ **subject**	76	
☐ subjective	160	
☐ **subjective contour**	116	
☐ **sublimation**	58	
☐ **subscale**	84	
☐ **substance abuse**	22	
☐ **substance dependence**	34	
☐ **substitution**	32	
☐ suffer	192	
☐ sufficient	188	
☐ suggest	156	
☐ **suicide**	16	
☐ **summary**	84	
☐ **superego**	32, 241	
☐ superficial	192	
☐ **supervision**	30	
☐ supply	196	
☐ suppose	192	
☐ suppress	202	
☐ surrounding	192	
☐ **survey**	78	
☐ survival	182	
☐ survivor	212	
☐ susceptibility	188	
☐ suspicion	202	
☐ **symbolic play**	68	
☐ **sympathetic nervous system**	132, 233	
☐ **sympathy**	40	
☐ **symptom**	20	
☐ **symptomatology**	34	
☐ **synchronicity**	58	
☐ syndrome	212	
☐ synthesize	206	
☐ systematic	174	
☐ **systematic desensitization**	58	

T

☐ **tantrum**	74
☐ **task**	102
☐ **taxis**	124
☐ **temper**	66
☐ **temperament**	70
☐ **temporal lobe**	130
☐ temporary	192
☐ **tension**	144
☐ term	156
☐ **terror**	144
☐ **test**	76
☐ **test battery**	58
☐ **test-retest reliability**	86
☐ **thalamus**	132
☐ **Thematic Apperception Test**	140
☐ theory	152
☐ **theory of mind**	74
☐ **theory of multiple intelligences**	138
☐ **therapy**	14
☐ **thinness**	40
☐ **thought**	102
☐ **threat**	142
☐ **three mountains task**	74
☐ **threshold**	110
☐ **tissue**	128
☐ **toddler**	70
☐ **token economy**	58
☐ **trait**	136
☐ **trait theory**	138, 233
☐ **transactional analysis**	58
☐ **transfer**	120
☐ **transference**	20, 240
☐ transformation	188
☐ transient	206
☐ **transition**	66
☐ **transitional object**	58
☐ transmission	192
☐ **traumatic**	20
☐ **treatment**	14

INDEX

☐ trial	80
☐ trial and error	124, 228
☐ triarchic theory	140
☐ trigger	212
☐ trust	166
☐ two-factor theory	140
☐ two-factor theory of intelligence	232
☐ type Ⅰ error	235
☐ type Ⅱ error	235
☐ type A behavior pattern	140
☐ typology	140, 233

U

☐ ulcer	132
☐ unconditional positive regard	60
☐ unconditioned	120
☐ unconscious	16
☐ uncover	206
☐ underachiever	228
☐ undergo	206
☐ undergraduate	202
☐ underlying	166
☐ undermine	196
☐ undermining effect	148
☐ undertake	212
☐ unfolding	196
☐ uniform	202
☐ unify	212
☐ unipolar	40
☐ unity	202
☐ universal	176
☐ unpleasant	146
☐ urge	40
☐ useful	160
☐ usual	184

V

☐ valence	184
☐ validity	80, 235
☐ valuable	180
☐ value	78
☐ variable	80
☐ variance	80
☐ vary	192
☐ vicariously	122
☐ victim	24
☐ view	154
☐ viewpoint	176
☐ violation	202
☐ vision	104
☐ visual cliff	66
☐ visual field	106
☐ vocabulary	66
☐ vocalization	74
☐ voluntary	192
☐ vulnerable	202

W

☐ weaning	68
☐ well-being	16
☐ Wernicke's aphasia	233
☐ will	164
☐ withdrawal	24
☐ witness	110
☐ working memory	108
☐ working through	60
☐ workplace	94
☐ wound	60

Y

☐ Yerkes-Dodson's law	148
☐ youth	68

Z

☐ zero-sum game	100, 231
☐ zone of proximal development	74

【著者紹介】
山崎　有紀子（やまざき　ゆきこ）
1973年三重県生まれ。心理系大学院受験対策塾プロロゴス主宰。明治学院大学文学部心理学科卒業後、愛知淑徳大学大学院コミュニケーション研究科心理学専攻博士後期課程満期退学。大学非常勤講師、心理系大学院受験対策講座講師を経て現職。著書に『心理英語 読解＆文法マスター』（ナツメ社）、『心理英語問題集』『臨床心理士・指定大学院合格のための心理学問題集』（いずれも分担執筆、オクムラ書店）などがある。
ホームページ：http://www.prologos.jp
メール：info@prologos.jp

ナツメ社Webサイト
https://www.natsume.co.jp
書籍の最新情報（正誤情報を含む）は
ナツメ社Webサイトをご覧ください。

本書に関するお問い合わせは、書名・発行日・該当ページを明記の上、下記のいずれかの方法にてお送りください。電話でのお問い合わせはお受けしておりません。
・ナツメ社webサイトの問い合わせフォーム
　https://www.natsume.co.jp/contact
・FAX（03-3291-1305）
・郵送（下記、ナツメ出版企画株式会社宛て）
なお、回答までに日にちをいただく場合があります。正誤のお問い合わせ以外の書籍内容に関する解説・個別の相談は行っておりません。あらかじめご了承ください。

心理院単
しんりいんたん

2014年4月30日　　初版発行
2024年12月10日　　第18刷発行

著　者	山崎有紀子	©Yamazaki Yukiko, 2014
発行者	田村正隆	
発行所	株式会社ナツメ社	
	東京都千代田区神田神保町1-52　ナツメ社ビル1F（〒101-0051）	
	電話　03(3291)1257（代表）　　FAX　03(3291)5761	
	振替　00130-1-58661	
制　作	ナツメ出版企画株式会社	
	東京都千代田区神田神保町1-52　ナツメ社ビル3F（〒101-0051）	
	電話　03(3295)3921（代表）	
印刷所	ラン印刷社	

ISBN978-4-8163-5604-9　　　　　　　　　Printed in Japan
〈定価はカバーに表示しています〉
〈落丁・乱丁本はお取り替えします〉

本書の一部分または全部を著作権法で定められている範囲を超え、ナツメ出版企画株式会社に無断で複写、複製、転載、データファイル化することを禁じます。